GOUVERNEMENT DU HAUT-SÉNÉGAL ET NIGER

GUIDE

DE

L'OFFICIER MÉHARISTE

AU

TERRITOIRE MILITAIRE DU NIGER

A LA MÊME LIBRAIRIE

Au Cœur de l'Atlas. *Mission au Maroc*, 1904-1905, par le marquis de SEGONZAC, préfaces de MM. Etienne, vice-président de la Chambre, et du général Lyautey, commandant la division d'Oran, note géologique de Louis Gentil, maître de Conférences à la Faculté des Sciences de Paris. 177 reprod. photogr., 15 cartes dans le texte et hors texte. 1910, un fort vol. in-8. 20 fr.

Mission scientifique au Dahomey, par Henry HUBERT, docteur ès-sciences, administ. adjoint des Colonies. Ouvrage honoré d'une subvention de l'Association française pour l'avancement des sciences et de souscriptions officielles du ministère des Colonies et du Gouvernement général de l'Afrique Occidentale Française. Illustré de 49 reprod. photogr. prises par l'auteur et accompagné d'une carte géologique. 1908, un vol. in-8 . . . . . . 15 fr.

Le Plateau Central Nigérien. *Une mission archéologique et ethnographique au Soudan français*, par le lieutenant L. DESPLAGNES; avec une étude anthropologique de M. le Dr Hamy, membre de l'Institut; une note minéralogique de M. Lacroix, membre de l'Institut : 236 reprod. photogr., et une carte en couleurs. 1907, un vol. in-8 . . . . 12 fr.

Mission Arnaud Cortier. Alger-Cotonou (15 fév.-24 juin 1907). **Nos Confins Sahariens.** Étude d'Organisation militaire saharienne, par le capitaine ARNAUD et le lieutenant CORTIER. Illustré de 96 reprod. photogr. et de cartes. 1908, un vol. in-8 . . . . 12 fr.

Mission Arnaud Cortier. **D'une rive à l'autre du Sahara**, par le lieutenant M. CORTIER ; carnet de route de la mission, étude de l'Adr'ar' et des Ifor'as, résultats astronomiques ; illustré de 118 reprod. photogr. et de cartes. 1908, un vol. in-8. . . . . 12 fr.

A travers la Mauritanie Occidentale *de Saint-Louis à Port-Etienne*, par A. GRUVEL, maître de conférences à la Faculté des Sciences de Bordeaux et R. CHUDEAU, docteur ès-sciences, chargé de missions en Afrique Occidentale ; volume premier, parties générale et économique, 82 reprod. photogr. et cartes. 1909, un vol. in-8 . . . . 10 fr.

Annuaire du Gouvernement général de l'Afrique Occidentale Française. 1910. Notices géographiques, historiques, économiques, sur chaque colonie, accompagnées de 10 cartes en couleurs ; 10 plans. Un fort volume in-8 de 900 pages. Prix net . . . . 6 fr.

Les Touareg du Sud-Est. — **L'Aïr**, leur rôle dans la politique saharienne par le lieutenant JEAN, de l'Infanterie coloniale. Ouvrage illustré de reprod. photogr. et de cartes. 1908, un vol. in-8 . . . . 12 fr.

NOTICES

Publiées par le Gouvernement de l'Afrique Occidentale Française

A L'OCCASION DE L'EXPOSITION COLONIALE DE MARSEILLE

La Guinée, par M. F. Rouget, *ép.*
Le Haut-Sénégal et Niger, *ép.*
Les chemins de fer en Afrique Occidentale Française :
I. — *Dakar à Saint-Louis*, ép
II. — *Haut-Sénégal : De Kayes au Niger* . . 3 fr. 50
III. — *Guinée, Côte d'Ivoire, Dahomey* . . . 3 fr. 50
La Côte d'Ivoire . . . 7 fr. 50
Le Dahomey. . . . . 7 fr. 50
Les Postes et Télégraphes 3 fr. 50
L'Enseignement, par M. Lemée 2 fr. » »
Service médical au Haut-Sénégal et Niger . . . . 1 fr. » »
Service météorologique. 1 fr. » »
Le Sénégal, par M. M. Olivier 7 fr. 50
L'Afrique Occidentale Française, par M. G. François . . 7 fr. 50
La Mauritanie . . . . 3 fr. 50
L'Assistance médicale indigène. 1 fr. 50

Toutes ces notices (format in-8 raisin) sont accompagnées de nombreuses reproductions photographiques.

GOUVERNEMENT DU HAUT-SÉNÉGAL ET NIGER

GUIDE

DE

L'OFFICIER MÉHARISTE

AU

TERRITOIRE MILITAIRE DU NIGER

RÉDIGÉ SOUS LA DIRECTION DU

Lieutenant-colonel VENEL, commandant le Territoire

PAR

Le Capitaine BOUCHEZ, de l'Infanterie coloniale

Adjoint du Commandant de Territoire

Préface de M. CLOZEL

Lieutenant-Gouverneur du Haut-Sénégal-Niger

PARIS

ÉMILE LAROSE, LIBRAIRE-EDITEUR

11, RUE VICTOR-COUSIN, 11

1910

ÉPIGRAPHE

« L'officier méhariste doit connaître le chameau et connaître le désert ; c'est là la science technique et elle est vaste.

Il faut ajouter qu'elle est indispensable ; sans elle, la section méhariste la mieux au point sera, en quelques jours de marche, complètement ruinée et il faudra de longs mois au plus expert pour la rendre à nouveau susceptible d'une utilisation sérieuse. »

L'Officier Méhariste, p. 26.

PRÉFACE

———

Mon cher Colonel,

« Vous m'avez demandé quelques lignes de préface à votre « Guide de l'officier méhariste » ; j'ai grand plaisir à vous les adresser. C'est d'abord pour moi une occasion de vous remercier publiquement de la collaboration si précieuse que vous m'avez donnée pendant deux ans à la tête du territoire militaire du Niger et ensuite de contribuer à faire connaître tout ce que nous devons à l'intrépidité, à l'endurance, à l'abnégation de nos vaillants méharistes.

« Le haut Sénégal Niger possède une frontière saharienne d'un développement de 4.000 kilomètres environ.

« Pour protéger cette immense étendue de pays nous disposons d'à peine 500 méharistes répartis en cinq détachements : Kiffa, Tombouctou, Agadès, N' Guigmi, Bilma ; ces deux derniers encore incomplètement formés. Quatre de ces groupes stationnés dans le territoire, de Tombouctou au Tchad, se sont trouvés pendant deux ans sous votre commandement.

« J'ai apprécié mieux que personne la sagesse et la précision des directives que vous leur avez données et j'ai rendu pleine justice à l'extraordinaire vigueur physique et morale dont ont fait preuve nos officiers sahariens.

« Deux sont morts à l'ennemi avec un héroïsme stoïque qui n'a pas surpris leurs camarades mais dont on aurait peut-être pu parler un peu plus en France.

« La faiblesse des effectifs oblige en effet les officiers employés aux méharistes à se prodiguer. Nous avons ensemble cherché le remède et vous avez parfaitement compris que c'était à nos populations sahariennes elles-mêmes qu'il fallait s'adresser pour assurer la bonne police du Sahara. Si elles n'ont pas encore toute la fidélité et la valeur militaire de nos braves tirailleurs soudanais, elles possèdent ce que ceux-ci n'acquièrent que péniblement : le sens de l'orientation dans le désert, l'endurance à la soif, la connaissance du chameau, outil indispensable des longues randonnées dans ces pays arides. Grâce à vos travaux, à ceux des capitaines Dario et Bouchez, du vétérinaire Boiron qu'un trépas héroïque vient malheureusement de nous enlever, la question est désormais à point et la solution facile. Lorsque chaque noyau de tirailleurs méharistes sera entouré, appuyé et éclairé par un certain nombre de goumiers recrutés parmi les sahariens, Maures, Touareg ou Tébous, la garde de notre frontière se trouvera assurée de façon à défier toute agression. Non seulement les populations sédentaires pourront vivre et progresser en paix sous notre égide, mais la partie du Sahara dont la garde nous incombe connaîtra une sécurité qu'elle n'a jamais connue, si haut que nous remontions dans l'histoire du passé.

« La part qui vous reviendra dans la préparation de ces résultats marquera, mon cher Colonel, votre passage au Soudan et vous vaudra toujours mon affectueuse estime.

CLOZEL.

TABLE DES MATIÈRES

PREMIÈRE PARTIE

Généralités.

CHAPITRE I

BUT ET HISTORIQUE DES FORMATIONS MÉHARISTES . . . 7

Nécessité et objet, p. 7. — Premiers essais (1899-1904), p. 11. — Première formation régulière (1905), p. 13. — Création des sections méharistes (1906), p. 14. — Développement (1907), p. 15. — Mise au point (1909), p. 16.

CHAPITRE II

L'OFFICIER MÉHARISTE. 19

Rôle, p. 19. — Conditions physiques, p. 23. — Conditions techniques, p. 26. — Conditions morales, p. 28. — Vocation, p. 30.

CHAPITRE III

LA TROUPE MÉHARISTE. 33

Le sous-officier européen, p. 33. — Le tirailleur méhariste, p. 35. — Les chameliers-bergers, p. 37. — Principes de conduite de la troupe, p. 38.

CHAPITRE IV

Caractéristiques, p. 42. — Conformation et races, p. 43. — Elevage, p. 45. — Dressage, p. 46. — Allures, p. 50. — Alimentation, p. 53. — Condition, p. 56. — Utilisation, p. 58.

DEUXIÈME PARTIE

TITRE I

Constitution de la Section Méhariste.

—

CHAPITRE I

Composition, p. 65. — Commandement, p. 66. — Allocations, p. 67. — Recrutement, p. 69.

CHAPITRE II

Principes, p. 71. — Age, p. 73. — Aptitudes, p. 74. — Achat, p. 76. — Immatriculation et marque, p. 77. — Mise en service, 78. — Durée de service, p. 79. — Réforme et vente, p. 80.

CHAPITRE III

Principes, p. 82. — Armement et munitions, p. 84. — Effets réglementaires d'équipement, p. 86. — Effets supplémentaires, p. 89. — Objets de campement, p. 92. — Paquetage de route, p. 93.

CHAPITRE IV

Principes, p. 97. — Selle, p. 99. — Bride, p. 106. — Entraves, p. 107. — Bât, p. 108. — Tonnelets à matériel de puisage et divers, p. 112. — Outils et médicaments, p. 117.

CHAPITRE V

Principe, p. 121. — Solde et Indemnités, p. 122. — Masse individuelle, p. 123. — Masse de ravitaillement, p. 125. — Masse de

CHAPITRE II

NOMADISATION 186

CHAPITRE III

RECONNAISSANCE 196

CHAPITRE IV

CONTRE-REZZOU 205

CHAPITRE V

COMBAT 221

TITRE IV

Réparation de la Section Méhariste.

CHAPITRE I

REPOS 231

CHAPITRE II

PATURE 237

CHAPITRE III

Principes, p. 244. — Maladies et remèdes, p. 246. — Blessures et traitement, p. 249. — Soins accessoires, p. 259.

CHAPITRE IV

Principes, p. 260. — Mode, p. 261. — Entraînement par transports, p. 263. — Entraînement par nomadisation, p. 265.

TITRE V

Perfectionnement de la Section Méhariste.

—

CHAPITRE I

Avantages, p. 269. — Possibilité, p. 272. — Méthode, p. 276.

CHAPITRE II

Caractéristiques, p. 282. — Organisation, p. 284. — Convocations, p. 286.

CHAPITRE III

Caractéristiques, p. 288. — Organisation, p. 290. — Utilisation, p. 293.

CHAPITRE IV

Caractéristiques, p. 296. — Organisation, p. 299. — Avenir, 305.

PLANCHES

AVANT-PROPOS

Le *Guide de l'Officier méhariste* ne vise pas au rôle péremptoire d'un règlement de manœuvre ou de service ; il n'a nullement la prétention de fixer la doctrine définitive des troupes méharistes ni de donner pour toutes les questions qui se rattachent à celles-ci la solution obligatoire.

Il cherche seulement, sous l'aspect d'un manuel méthodique et facile à consulter, à présenter un résumé aussi complet, mais aussi concis que possible des observations et études faites par un certain nombre des officiers qui ont été placés à la tête des unités méharistes du Territoire Militaire du Niger.

Il offre donc cette première caractéristique de n'être pas, comme plusieurs des essais de même nature qui l'ont précédé, l'opinion d'un seul ; mais de dégager au contraire d'opinions, souvent diverses en leur détail, bien que toutes compétentes, une partie commune qui acquiert alors, pour l'état actuel de nos connaissances, la valeur d'un principe.

Il offre une seconde caractéristique : c'est d'éviter l'absolu ; dans les questions qui ne sont pas encore au point, qui n'ont pas encore placé en lumière un enseignement précis, il se garde de trancher arbitrairement ; il met au contraire en relief la lacune pour que chacun travaille à la combler, et se borne, là, à un profitable avertissement.

Il reflète ainsi à peu près exactement l'état actuel de notre science méhariste : des données générales, certaines et démontrées, qui peuvent se faire jour maintenant après les ignorances et les tâtonnements des débuts ; des incertitudes de détail encore nombreuses, mais toutes en voie de se dissiper.

Tel quel, ce « Guide » sera précieux au jeune officier arrivant de France et appelé à servir aux sections méharistes ; il n'est pas à craindre que ce dernier puisse voir en lui un mentor méticuleux comme ceux d'autrefois, fixant des règles étroites pour chaque cas sans pouvoir prévoir toutes les circonstances, et par suite mettant trop souvent l'officier aux colonies dans l'obligation, selon la vigueur de son caractère et de son initiative, ou bien d'y déroger par sentiment du devoir, ou bien, pour s'y soumettre, de faire mal face aux nécessités réelles. Il le considérera au contraire comme le guide au sens propre du titre, comme le conseiller toujours présent même dans les longues randonnées durant lesquelles il se trouvera presque, dès le début, livré à lui-même, et qui remplacera alors l'officier ancien et rompu au métier auquel tout jeune débutant désireux de s'instruire est si heureux de pouvoir recourir avec confiance.

Plus tard, quand, devenu plus expérimenté dans ce service spécial, il commencera à pouvoir se former des opinions personnelles, le « Guide » lui servira encore pour faire un choix entre les idées neuves qu'il pourra concevoir, pour lui éviter de refaire des essais déjà tentés ou de s'engager dans des voies qu'il croirait nouvelles et que ses aînés ont déjà reconnues fausses ; il lui offrira une base sérieuse pour étayer ses études et ses efforts.

Pour les officiers méharistes déjà formés par un ou plusieurs séjours antérieurs aux sections montées, le « Guide » sera également le bienvenu ; ils seront heureux de voir admises et sanctionnées la plupart des idées qu'ils ont mises au jour, de se rendre compte des raisons qui ont fait abandonner quelques-unes d'entre elles suggérées par des considérations trop locales ou trop momentanées ; ils éprouveront une légitime satisfaction à constater que les résultats de leur expérience et de leurs travaux ne sont pas perdus, puisque leurs successeurs en héritent, et ils puiseront dans cette pensée une nouvelle force pour pousser plus loin encore leurs connaissances et se perfectionner dans leur spécialisation.

A ces officiers méharistes de la première heure arrivés aux

sections montées à leur création, qui, eux, n'ont trouvé aucune
directive antérieure pour orienter leurs efforts et qui ont eu tout
à improviser, il convient de rendre hommage au seuil de ces
pages.

Tous ont fait leur devoir, plus que leur devoir ; ils se sont
montrés indifférents aux fatigues et aux privations, inaccessibles
au découragement, pleins d'entrain et d'initiative et ils ont su
communiquer à leur troupe leur énergie et leur foi dans la réussite : c'est à leurs efforts qu'est dû le bel outil militaire que constituent maintenant nos sections méharistes.

Parmi eux il convient de citer d'une façon spéciale, ceux dont
les travaux et études ont été mis le plus largement à contribution
pour l'élaboration de ce « Guide » : Capitaine CAUVIN, Commandant BETRIX, Capitaine DARIO et tout particulièrement
M. le Vétérinaire BOIRON.

————

PREMIÈRE PARTIE

GÉNÉRALITÉS

CHAPITRE PREMIER

BUT ET HISTORIQUE DES FORMATIONS MÉHARISTES

Nécessité et objet.

Quand, après avoir traversé le Soudan et conquis ses races noires, nos troupes arrivèrent en 1894 à Tombouctou et aux confins Sahariens, elles se trouvèrent en présence de populations Berbères bien différentes de celles qu'elles étaient habituées jusque-là à combattre et à vaincre.

La caractéristique de ces nomades était d'être insaisissables : alors qu'on devait les croire bien loin, ils venaient frapper un coup brusque, puis disparaissaient le plus souvent sans laisser le temps de la riposte ; leur poursuite n'offrait pas de chance de réussite, car leur vitesse de marche était facilement double de la nôtre ; les atteindre dans leurs campements était chose impossible pour une troupe à pied ou à cheval, forcément incapable de franchir les larges zones désertiques en défendant l'approche ; sans doute les battions-nous quand ils venaient à nous et acceptaient le combat, mais ils ne l'acceptaient que de plus en plus rarement, à mesure qu'ils comprenaient mieux notre force en pays sédentaire et notre impuissance à la leur faire sentir chez eux.

Pour la première fois notre marche en avant qui durait depuis des années rencontra, du fait du pays et de ses habitants, un obstacle qu'elle devait remettre à plus tard de vaincre ; nos troupes ne dépassèrent pas la lisière du sable et la pénétration vers le Nord ne put être alors envisagée.

L'objectif immédiat, d'ailleurs conforme au plan général, fut de continuer notre extension vers l'Est, en longeant au Sud la zone désertique, pour nous ménager un couloir en pays sédentaire reliant le Soudan au Territoire du Tchad.

Nos troupes, au fur et à mesure qu'elles progressaient vers l'Est, de 1894 à 1904, date à laquelle elles s'installèrent à N'Guigmi sur les bords même du lac, se bornèrent donc en principe à occuper des points successifs de la bordure Nord des pays sédentaires, c'est-à-dire d'abord le Niger de Tombouctou à Niamey, puis la ligne Niamey-Zinder-Gouré-N'Guigmi.

On voulut faire de cette ligne, dont nous ne pouvions alors nous écarter, une barrière opposée aux nomades, en vue, d'une part, de protéger contre leurs déprédations les sédentaires qui tous avaient, sans difficultés sérieuses, reconnu notre autorité. Et, d'autre part, de réduire ces nomades en les empêchant de commercer ou de s'approvisionner dans les villages, c'est-à-dire en rendant leur vie au désert difficile ou impossible.

Le résultat ne fut pas atteint, malgré les mesures prises par la suite (service de renseignements par les habitants, défense d'accueillir sur aucun marché les dissidents, armement de partisans lancés contre eux, armement des villages, etc...) et ayant pour but de mettre en œuvre une coopération des sédentaires ou rares fractions nomades, qui n'eut été réelle que si l'action de nos détachements avait pu leur donner confiance ; ces détachements, infanterie ou cavalerie, restaient impuissants parce qu'ils étaient trop peu mobiles en comparaison de ceux de l'adversaire qui passait ou frappait derrière eux, évitait à son gré leur contact, entrant presque autant que par le passé en zone de sédentaires où les indigènes demeuraient secrètement à peu près les mêmes à son égard. Somme toute, le nomade nous échappait totalement.

La situation ne pouvait se prolonger et il fallait que nos tirailleurs, qui jusque-là avaient suffi à tout, s'élevassent à hauteur de cette nécessité nouvelle qui s'imposait à nous : acquérir une mobilité suffisante pour nous rendre maîtres des nomades.

Pour leur en donner les moyens l'on en vint, dès 1899, ou même un peu avant, à envisager la seule solution possible ; celle qui (pour ne pas remonter aux temps de Xénophon ou de la colonisation romaine, ni même à l'an VII et au « régiment de dromadaires » de la campagne d'Egypte) avait été appliquée, au cours des conquêtes coloniales contemporaines, par les troupes anglaises dans le Soudan oriental et les troupes algériennes dans le Sahara septentrional : donner à nos tirailleurs ce qui assurait tous les avantages du nomade : le chameau.

Il fallait, bien entendu, par une logique appropriation, le leur donner non comme instrument de guerre, mais comme moyen de transport ; faire d'eux, non une troupe de pseudo-cavalerie, mais de l' « Infanterie montée », les mettre à même d'être portés rapidement en présence de l'adversaire, mais là les retrouver à « pied » et toujours semblables à eux-mêmes pour le « combat d'infanterie ».

Les premiers essais, ébauchés dès 1897, commencés en 1899, présentèrent, ainsi qu'on le verra au cours de l'historique qui suit, des difficultés insoupçonnées, provenant des particularités de l'animal que nous ne connaissions pas encore ; mais dès que l'on sortit, vers fin 1904, de la période des tâtonnements, l'on put être assuré d'arriver à constituer des fractions méharistes essentiellement mobiles, menant la même vie que les nomades, se déplaçant avec la même vitesse, susceptibles comme eux de franchir des parcours de 200 ou 300 kilomètres sans eau et de vivre des mois dans le sable sans autres ressources que celles emportées.

Dès lors nous avions acquis la possibilité de défendre efficacement notre ligne de postes bordant et protégeant la zone des sédentaires ; notre conception du début, de mater les Touaregs en leur interdisant l'accès de cette zone de sédentaires, devenait effectivement réalisable et nous pouvions avec sécurité en attendre les effets, d'ailleurs lointains et non dépourvus d'inconvénients puisque, en interdisant le commerce entre nomades et sédentaires pour frapper les premiers, nous privions les seconds d'une ressource possible, nous infligions un temps d'arrêt ou nuisions à l'exploitation des salines, etc...

Mais notre horizon s'élargit ; nous comprîmes que notre nouveau moyen d'action nous permettait de faire plus vite et mieux ; nous songeâmes à réduire les nomades non plus seulement en gardant la zone des sédentaires et en leur en interdisant l'accès, mais en allant chez eux; et, devenus libres de tourner nos efforts vers le Nord, puisque nous venions d'atteindre en pays de sédentaires les frontières de l'Est de l'Afrique Occidentale et de nous installer sur les bords mêmes du lac en contact avec le territoire du Tchad, nous osâmes concevoir la conquête Saharienne.

Le plan envisagé comportait deux tâches successives — d'abord soumettre toutes les tribus Berbères de l'Afrique Occidentale ressortissant du Territoire Militaire du Niger, et faire liaison sur sa frontière septentrionale avec l'Algérie, — ensuite parcourir et étudier en détail les confins Sahariens jusqu'à cette frontière, maintenir la pacification des nomades, prendre contact avec eux dans leurs campements pour les habituer et les façonner à notre autorité, escorter les caravanes pour les protéger contre les rezzous venant de l'extérieur, poursuivre et disperser ces rezzous ; en résumé, faire la police et la pénétration du désert.

Tel fut l'objet de l'organisation officielle et de la constitution régulière des unités méharistes qui furent décidées en 1903.

L'historique de ces unités, résumé au cours de paragraphes suivants, montrera comment elles vinrent à bout de la première tâche, maintenant accomplie sauf l'exception du Tibesti (qui cessera dès autorisation de l'autorité supérieure) ; — combien elles sont à hauteur de la seconde qui, au moment actuel, reste seule inachevée.

Pour les temps futurs le *Guide* ne pourrait envisager leurs divers programmes d'utilisation qu'en entrant dans des considérations d'organisation coloniale d'ensemble et d'économie politique africaine qui ne sont pas de son ressort.

Toutefois, il peut mentionner ces constatations admises que les nomades du territoire Militaire du Niger sont trop peu nombreux, trop dépourvus de vitalité de race et d'homogénéité sociale pour subsister isolés ; — que les quelques centaines d' « Imochar » qui les dirigent ne peuvent avec le temps que se transformer et se fondre dans les autres classes ou disparaître ; — que les « Imrad », classe intermédiaire, font passer en première ligne

les considérations d'avantages matériels ; — que les « Bellahs »,
classe dédaignée des autres mais qui leur est actuellement indispensable parce que seule elle a l'habitude du travail, marque des
tendances au détachement ; — qu'au bout d'une période dont la
durée dépendra des influences extérieures, l'ensemble se sédon-
tarisera et fusionnera avec les races noires.

Cette sédentarisation se fera-t-elle sur la bordure des pays sédentaires en abandonnant complètement la zone saharienne et
en en faisant un désert absolu ? Ou bien, pour peupler au lieu de
dépeupler, tâchera-t-on, au contraire, de localiser cette sédentarisation dans certaines parties habitables de la zone saharienne
que le travail améliorerait ? Et les races noires, après avoir autrefois reculé peu à peu vers le sud la limite de leurs cultures,
pourront-elles, mieux adaptées par ce mélange de sang Berbère,
reconquérir sur le sable l'espace perdu ?

Que ce soit l'une ou l'autre de ces directives qui soit plus tard
adoptée, que l'on veuille la réalisation rapide par une action coer-
citive sur les nomades en sacrifiant une faible minorité à l'intérêt du grand nombre, ou bien que l'on veuille une réalisation
progressive par l'action évolutrice prolongée, grâce à nos unités
méharistes toutes les solutions sont possibles et d'une application assurée parce que, par elles, nous commandons effectivement aux nomades et sommes arbitres de leur sort.

Premiers essais (1899-1904).

Utiliser le méhari pour monter des tirailleurs était une conception simple en apparence ; c'était de plus, comme on l'a vu, une
nécessité impérieuse ; aussi, fort peu après notre arrivée à la lisière saharienne et sur plusieurs de ses points à la fois, l'initiative locale passa à l'exécution sans que l'on pût encore se douter
des difficultés que l'on allait rencontrer.

Dans la région de Tombouctou, après deux ans de tentatives
malheureuses en ce sens, un peloton méhariste fut formé en
1899 ; l'on y essaya successivement diverses méthodes sans persé-
vérer dans aucune, le peloton ne fut jamais susceptible de rendre
les services qu'on en attendait : ce premier mais assez médiocre

essai établissait un fait nouveau, c'est qu'il ne suffit pas d'avoir des chameaux, il faut savoir s'en servir, c'est-à-dire diriger leur emploi et leur régime d'après des règles très étroites dont l'ignorance ne peut manquer d'amener, avec une décevante rapidité, la perte de ces animaux.

A mesure qu'on chercha à la pénétrer, la science du méhariste parut plus complexe; l'on renonça au peloton dont les animaux disparurent un à un et qui fut supprimé, et l'on se borna à un système mixte : pour une reconnaissance de quelques jours en pays plus ou moins désertique le détachement de tel ou tel poste était pourvu de chameaux fournis par des indigènes et qui leur étaient rendus au retour.

Ce système offrait bien des inconvénients : le départ d'un détachement de marche ainsi constitué ne pouvait être immédiat, il fallait plusieurs jours de préparation ; malgré cela il gardait toujours le caractère imparfait d'une formation improvisée ; les tirailleurs juchés sur des bêtes de hasard, sans instruction spéciale, sans harnachement ou équipement adaptés, n'étaient susceptibles que d'un bien faible rendement ; cette troupe, à force d'énergie, pouvait fournir un effort mais seulement très bref ; elle ne pouvait le soutenir ni le répéter ; au bout de quelques jours les hommes étaient exténués, les animaux ruinés et il fallait rentrer, le plus souvent sans avoir atteint le rezzou poursuivi ou le campement que l'on voulait connaître.

Aussi l'emploi de ces détachements montés resta très restreint ; Goundam et Raz-el-Ma seuls en firent parfois usage, et il en résulta que jusqu'en 1903 l'action des postes de la région de Tombouctou à l'égard des nomades resta très faible.

Pendant ce temps la région de Zinder (ou plutôt les postes qui devaient en faire partie plus tard) avait travaillé de son côté, et même avec plus de persévérance et de succès, à l'utilisation du chameau.

Le premier détachement qui la traversa, celui de la mission JOALLAND en 1899, fut monté à chameau de Zinder au Tchad ; dès la création de la résidence de Zinder en 1900, la compagnie occupant le poste employa souvent des chameaux dans ses reconnaissances ; ce qui lui permit de rayonner au loin, d'atteindre

N'Guigmi, Agadez, etc... Il ne s'agissait pas encore de formations méharistes régulièrement autorisées et organisées, mais l'on commençait à concevoir ce type et l'on s'en rapprochait bien davantage que dans la région de Tombouctou ; les chameaux, produits de prises ou d'impôt, étaient constamment à la disposition des commandants d'unités, les tirailleurs recevaient dans certains postes une instruction spéciale sur la manière de monter à chameau et les soins à lui donner (Capitaine Moll).

Les officiers se rendaient tous compte que, pour conduire un détachement monté, il fallait tout un ensemble de connaissances techniques, et résolument ils s'étaient mis à les acquérir ; ce fut l'œuvre de plusieurs années ; leur instruction nous coûta de nombreux chameaux, mais elle atteignit en 1903 un degré suffisant chez cinq ou six lieutenants ou capitaines pour qu'à l'aide des données mises en lumière par eux l'on put songer à une organisation régulière des unités méharistes.

Première formation régulière (1905).

Ce projet de première organisation régulière prit consistance en fin 1904, entra en réalisation dès le début de 1905, au moment même où la création du Territoire Militaire du Niger donnait une vigueur particulière à notre action sur le pays ; autorisée par une dépêche ministérielle (colonies) du 17 janvier 1905, admettant le principe d'unités montées à chameau dans les confins militaires de l'Afrique Occidentale Française, l'organisation fut sanctionnée par la lettre du Général Commandant supérieur D. C. 140 de novembre 1905 qui est le premier document constitutif sur la question.

La première compagnie méhariste du bataillon de Tombouctou était transformée provisoirement en compagnie montée à chameau sous les ordres d'un des officiers qui avaient fait leur éducation méhariste à Zinder.

Elle comportait 3 officiers, 10 sous-officiers, 140 tirailleurs ou gradés indigènes, 200 chameaux de selle, 60 chameaux de bât.

Elle était fractionnée en deux groupes, l'un effectivement monté, comptant 100 fusils et les cadres nécessaires, qui constituait la partie mobile, l'autre, formé du reste de la compagnie, et qui constituait une sorte de dépôt fixe, placé d'abord à Ras-el-Má, puis à Tombouctou.

La formation de cette grosse unité (achat des animaux et du matériel, adaptation des cadres, instruction des tirailleurs) présenta de sérieuses difficultés et prit toute l'année 1905, l'ensemble parut un peu lourd et ne put entrer avant l'année suivante dans la phase de rendement.

Dans l'Est, les progrès continuaient selon des principes différents. Les compagnies de Tahoua, de Zinder et de Gouré avaient chacune monté une de leurs sections (50 à 60 hommes) avec des chameaux fournis par le service local qui avait également pourvu à l'achat du harnachement et du matériel ; les tirailleurs avaient là aussi reçu une instruction particulière et étaient spécialisés ainsi que les cadres ; ces formations légères donnaient de très bons résultats et avaient déjà fourni de longs raids.

Création des sections méharistes (1906).

L'année 1906 marque à la fois la période de premier fort rendement des formations méharistes et celle de leur organisation d'ensemble sous une forme régulière.

Pour la première fois les méharistes des divers postes en bordure de la zone désertique firent dans celle-ci de la pénétration à grande envergure par une série de raids dont le parcours total dépassa 10.000 kilomètres ; ils atteignirent Taoudénit le 8 mai, 700 kilomètres Nord de Tombouctou, — occupèrent définitivement, le 7 juillet, Agadez à 460 kilomètres Nord de Zinder et Bilma à 650 kilomètres Nord de N'Guigmi, — visitèrent, à 250 kilomètres Nord de Bilma, l'oasis de Djado, près de laquelle ils dispersèrent un rezzou Adjeur après le très vif engagement d'Orida (13 septembre), — firent deux jonctions avec les troupes algériennes, à Gattara, près Taoudénit, le 20 mai, et à Iférouane, au nord d'Agadez, le 12 octobre.

Les méharistes avaient cette fois donné leur mesure et montré qu'ils méritaient une place à part dans nos troupes : cette place leur fut donnée le 15 novembre 1906 par l'ordre N° 63 du Général Commandant supérieur portant organisation de l'Infanterie montée à chameau.

Cet ordre supprimait la compagnie montée de Tombouctou trop lourde et décidait que les compagnies de Tombouctou, Tahoua, Zinder, Gouré, seraient « mixtes », c'est-à-dire auraient une de leurs sections montée (60 fusils sous les ordres d'un lieutenant, 200 chameaux); cette création des sections montées peut être considérée comme l'acte fondamental et décisif de la constitution des troupes méharistes dans le Territoire Militaire du Niger.

Développement (1907-1908).

En 1907 les sections méharistes complétèrent rapidement leur organisation intérieure en améliorant leur matériel ainsi que le recrutement de leurs animaux faisant désormais partie de l'unité au même titre que les chevaux d'un corps de cavalerie; celle de Gao, formée dès 1906 et ayant déjà fait ses preuves, mais qui ne fut fondue dans l'organisation commune qu'à compter du 1er juillet, par ordre du Commandant supérieur N° 98 du 10 mai 1907, se mit rapidement à la hauteur de ses aînées.

Le principe s'établit qu'elles n'avaient plus à vivre en pays de sédentaires, dont elles se détacheraient complètement le jour où leurs postes-greniers point d'attache pourraient être poussés loin au Nord ; qu'en attendant elles devaient presque constamment « nomadiser » en zone désertique, c'est-à-dire se déplacer lentement de pâturages en pâturages, comme les nomades, pour mettre en état leurs animaux, n'interrompant cette nomadisation que pour se lancer en reconnaissance ou en contre-rezzou.

En réalité, les circonstances firent que ce furent les reconnaissances qui occupèrent presque tout le temps les sections, durant l'année 1907 : Escorte de l'azalay à Taoudénit, jonction avec les troupes algériennes à Timiamouin et au nord d'Iférouane, pacification de l'Azbin, exploration du parcours Agadez-Bilma, l'un des plus difficiles du désert, démonstration de trois sections en pays Oulliminden, contre-rezzous nombreux contre les Tebbous de l'Est, etc., etc...

L'année 1908 qui s'ouvrit par un bel engagement contre un parti Tebbou dans les dunes d'Agadem (17 janvier), comporta une période de repos et de remise en état indispensables après la dure campagne précédente, notamment pour les sections de Gao, d'Agadez et surtout celle de Gouré dont le centre était porté à N'Guigmi ; mais aussitôt refaite chaque section reprenait les reconnaissances à grande envergure, les jonctions avec les troupes algériennes, les contre-rezzous, opérations devenues si fréquentes et si habituelles qu'on ne les citait plus.

L'organisation d'ensemble reconnue bonne fut maintenue ; tout au plus marqua-t-on un retour (vraisemblablement peu durable) à l'idée des formations lourdes en transformant la section de Tombouctou en compagnie montée à l'effectif de 180 hommes et 500 chameaux, appuyée par une section de 80 de montagne comptant 20 canonniers et 60 chameaux.

Mise au point (1909).

L'année 1909, ou du moins ceux de ses mois précédant celui où sont écrites ces lignes, a été activement occupée : parcours de Taoudénit effectué deux fois, et un peu laborieusement, par la grosse unité de Tombouctou, pointes hardies dans l'Est vers la frontière du Borkou par la section de N'Guigmi tout à fait remise en état, jonctions avec les troupes algériennes dans l'Adrar et dans l'Azaouack, escorte de la caravane Bilma-Faschi, exploration du puits de Gueljet au nord de Tahoua, ces dernières opérations effectuées sans pertes d'animaux, avec une sûreté et une aisance qui établissent définitivement la supériorité des formations légères que constituent les sections montées.

Ce jeu souple et facile des sections méharistes dénote les très sérieux progrès réalisés dans leur organisation intérieure : recrutement des chameaux, matériel, instruction des tirailleurs, connaissances techniques des officiers surtout, ce dernier point capital se manifestant d'ailleurs par les études de valeur écrites par plusieurs d'entre eux.

Enfin Bilma vient de montrer la précision acquise de la tactique méhariste en donnant un modèle de contre-rezzou bien

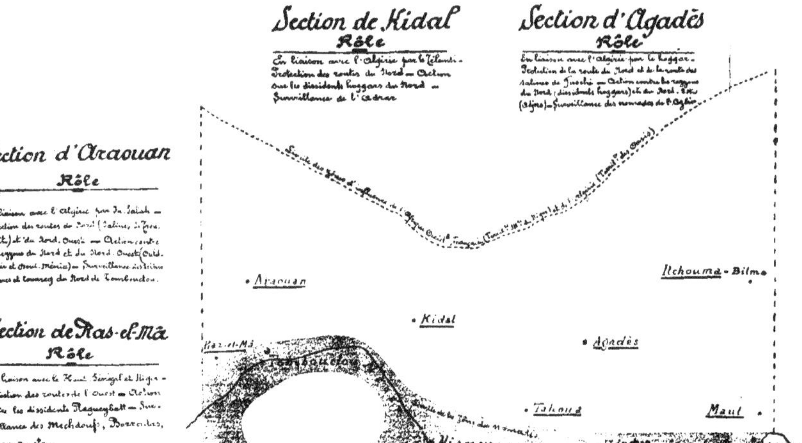

Section d'Araouan
Rôle
En liaison avec l'Algérie par In-Salah — Protection des routes du Nord (salines à Taoudéni) et du Nord-Ouest — Action contre les razzous du Nord et du Nord-Ouest (Ajjers et Oued Mériem) — Surveillance des tribus maures et touareg du Nord de Tombouctou.

Section de Ras-el-Mã
Rôle
En liaison avec le Haut Sénégal et Niger — Protection des routes de l'Ouest — Action contre les dissidents Regueybatt — Surveillance des Mechdouf, Berabiches, Tormoz, etc.

Section de Kidal
Rôle
En liaison avec l'Algérie par le Tilemsi — Protection des routes du Nord — Action avec les dissidents hoggars du Nord — Surveillance de l'Adrar

Section d'Agadès
Rôle
En liaison avec l'Algérie par le Hoggar — Protection de la route du Nord et de la route des salines de Fachi — Action contre les razzous du Nord (dissidents hoggars) et du Nord-Est (Ajjers) — Surveillance des nomades de l'Azbin

Section d'Itchouma
Rôle
Face au Tibesti impénétré — Protection des routes de l'Est et du Nord conduisant à Agbiri — Action contre les razzous (rebbous et Tibestiens) et du Nord-Est (O...) — Surveillance des populations du Kaouar et oasis voisines.

Section de Maï
Rôle
Face au Borkou hostile et en liaison ... Territoire du Tchad — Protection des routes de l'Est et du Sud-Est conduisant à ... — Action contre les razzous du Sud-Est et de l'Est (Borkouans) — Surveillance des Toubbous

Section de Tahoua.
Rôle
En liaison avec Agadès à l'Est et Kidal à l'Ouest — Surveillance des routes intérieures Kidal-Agadès, Minako-Tahoua, etc. — Réserve de méharistes — Surveillance des nomades de l'Azaouak.

Araouan
Kidal
Agadès
Ras-el-Mã
Tombouctou
Itchouma - Bilma
Tahoua
Maï
Niamey
LAC TCHAD

conduit : nouvelle d'un rezzou de 150 nomades — détermination exacte de son parcours probable — départ immédiat pour lui couper la route — rencontre et attaque au puits d'Achegour (31 juillet 1909) — après un vif engagement, dispersion du rezzou qui laisse entre nos mains tous ses prisonniers et toutes ses prises.

Les sections étaient, dès les premiers mois de l'année, arrivées à un degré suffisant de perfection pour se détacher entièrement de la zone de sédentaires et pour être livrées à la vie exclusive en zone désertique assignée à la phase finale de leur développement parfait : c'est à quoi a pourvu l'arrêté du Gouverneur Général N° 201 du 16 février 1909 créant, en pleine zone de nomades, les postes-greniers de Araouan, Kidal et Maul et les donnant pour points d'attache aux ex-unités de Tombouctou, de Gao et de N'Guigmi.

Ainsi l'année 1909, qui aura eu pour caractéristique la mise au point de l'organisation intérieure des sections, se caractérise aussi par la mise au point de l'organisation d'ensemble ; pour parfaire cette dernière, il ne reste plus qu'à appliquer deux modifications déjà proposées et préparées : création d'une section de plus ayant pour point d'attache Itchouma, à 165 kilomètres au Nord-Est de Bilma — disjonction de l'unité trop lourde d'Araouan en deux unités légères, l'une gardant Araouan comme point d'attache, l'autre ayant le sien à Raz-el-Mà.

Dès lors les troupes méharistes du Territoire Militaire du Niger (7 sections dont 6 à 60 hommes, 200 chameaux, une, celle d'Araouan, dite peloton et renforcée à 100 fusils, 300 chameaux) auront une répartition simple, logique et équilibrée qui leur permettra de faire face à tous les besoins et à toutes les circonstances :

3 Sections gardant le front Est Nord-Est et Nord : Maul, Itchouma, Agadez.

3 Sections gardant le front Ouest Nord-Ouest et Nord : Raz-el-Mà, Araouan (renforcée à 100 fusils), Kidal.

1 Section de réserve au centre et un peu en arrière : Tahoua.

Dès lors aussi, le triomphe du système des unités légères sur le système des unités lourdes, mettra complètement ces troupes sous la formation logique dont l'expérience a consacré la supériorité et la valeur exclusive :

Plus de « compagnie méhariste » — qui ne peut être que trop peu active ou mal administrée — qui, au point d'attache, se refait mal, parce que le nombre des animaux rend difficile la surveillance, favorise les épizooties, épuise les pâtis — qui, dans le désert, est lourde, lente, peu maniable, vite usée, parce que la mobilité varie en raison inverse de l'effectif et que les puits ou les pâturages sont toujours insuffisants pour elle — dont la force est en disproportion avec celle des rezzous, parce que ceux-ci sont pénétrés de ce principe oublié par elle : que pour vivre et agir dans le Sahara il ne faut pas être trop nombreux.

Mais des « sections méharistes » indépendantes (1 lieutenant, 2 sous-officiers européens, 60 tirailleurs, 200 chameaux) qui offrent les caractéristiques suivantes : pas d'entraves à l'activité de la section, puisque son administration est attribuée au commandant de la compagnie dite mixte à laquelle elle compte, — au contraire tout l'allant et l'entrain que lui communique le jeune lieutenant de choix placé à sa tête, — de l'homogénéité parce que la troupe est peu nombreuse et n'a qu'un seul officier, — une remonte meilleure parce que, au point d'attache, 200 chameaux peuvent encore être choisis, surveillés, bien nourris et soignés, — dans le désert de la légèreté, de la rapidité, de la souplesse, de l'endurance parce que (étant donné que l'on n'emmène jamais plus de la moitié des animaux) 60 hommes avec 100 chameaux ne font qu'une petite troupe et se suffisent de peu, — d'ailleurs, effectif toujours comparable à celui de l'adversaire et force toujours suffisante pour faire face sans aléa à toutes les circonstances à prévoir, — au total constitution aussi voisine que faire se peut de celle des rezzous, par conséquent possibilité de vivre, de se déplacer et d'agir dans les mêmes conditions qu'eux, c'est-à-dire parfaite appropriation au rôle de pénétration et de police du Sahara.

CHAPITRE II

Rôle.

L'officier méhariste est l'âme de la section, c'est par lui qu'elle a acquis la vie et la forme ; dans le désert elle ne peut subsister et agir que par lui et s'il disparaissait sans avoir su communiquer son énergie à ses cadres et à ses hommes, elle serait, dans la plupart des cas, vouée à l'anéantissement.

Instruire une section, recruter ses animaux et les entraîner, la pourvoir de son matériel, la mettre en état de vivre et de marcher est une tâche dont les multiples difficultés n'apparaissent que lorsqu'on aura vu plus loin, détail par détail, ce qu'est le méhari et ce qu'est une fraction méhariste : et pourtant ce n'est qu'une besogne préparatoire, car la situation normale de l'unité est le mouvement, et c'est en mouvement qu'il faut surtout considérer le rôle de l'officier placé à sa tête.

Une fois quitté le point d'attache et entreprise la reconnaissance qui va durer trois ou quatre mois, le lieutenant commandant la section se trouve seul officier avec sa troupe : de ses deux sous-officiers européens il aura généralement laissé l'un au point d'attache avec les hommes malades et les animaux non emmenés, l'autre sera à peu près complètement absorbé par la surveillance du convoi : l'officier aura donc à tout voir lui-même, et à pourvoir à tout par lui-même.

Sa troupe ne pourra se nourrir que s'il a minutieusement cal-

culé les vivres et vérifié leur état au départ, s'il surveille avec
fermeté leur consommation, s'il sait faire recourir à la seule ressource possible dans bien des cas : la chasse.

Il lui incombera de lui assurer constamment sa ration d'eau et
ce devoir primordial sera pour lui une préoccupation constante,
parfois un souci profond ; s'il lui a été possible d'emporter des
vivres pour la durée de la reconnaissance, il n'aura jamais pu
prendre plus de cinq ou six jours d'eau et le nombre d'étapes
entre chaque puits ne lui est souvent donné que par des renseignements douteux, l'état de ces puits est toujours incertain ; il
lui faut donc calculer et limiter toujours la consommation d'eau
individuelle, combiner un usage opportun de ses tonnelets de réserve, ne pas se trouver entièrement dépourvu si le puits sur lequel il compte est vide et avoir assez pour atteindre le suivant.
Mais ce n'est là encore que la nécessité courante, il pourra se produire que le deuxième puits fasse lui aussi défaut et la question
de l'eau pourra se poser pour toute la section comme une alternative de vie ou de mort ; le salut dépendra alors de l'officier
seul, qui aura à rester maître des esprits affaissés ou surexcités
par la soif, à déterminer le sens de l'effort suprême qu'il faut
donner et à obtenir cet effort de tous.

Pour les chameaux ce sera moins l'eau que le pâturage qu'il
faudra trouver ; si cet animal peut rester un temps plus ou moins
prolongé sans boire, il est indispensable qu'il mange chaque
jour ; la ration journalière représente d'ailleurs un volume trop
grand pour que la section avec ses seuls moyens puisse en transporter de réserve, d'où l'obligation pour l'officier de trouver
chaque jour un pâtis bon ou suffisant : c'est chose laborieuse au
désert et pourtant il le faut, sans quoi les animaux seraient ruinés
en quelques jours, mourraient un à un et la section démontée, incapable de transporter ses vivres et son eau, ne pouvant marcher
à pied dans le sable qu'avec une dérisoire lenteur, aurait un sort
trop certain.

Voilà déjà une lourde tâche pour le lieutenant méhariste que
de *faire vivre* sa section ; mais il lui faut aussi la *conduire*, et
conduire une section méhariste sur un parcours de quelques centaines de kilomètres. sans carte le plus souvent, dans un pays à

peu près dépourvu de points de repère et d'habitants, avec des guides plus ou moins sûrs sans l'être jamais entièrement, c'est une besogne complexe : à chaque instant il devra être orienté avec précision, apprécier la situation d'esprit du guide dont le choix aura été méticuleux, juger des circonstances où il faudra s'en remettre à lui et de celles accidentelles où il faudra n'en plus tenir compte : il sait qu'une faible erreur de direction peut être non seulement l'interminable étape exténuante, mais le manque de pâturages, le manque d'eau et toutes leurs conséquences ; et pourtant les hésitations qui pourront l'assaillir et qu'il devra trancher sans autre base que son intuition ne devront jamais apparaître, ses hommes devront toujours le voir imperturbable, sûr de lui-même et confiant en ses seuls moyens, parce que dans le désert une section égarée est en danger, et que quand le tirailleur noir a conscience de ce danger contre lequel il se sait impuissant, son moral est atteint.

C'est beaucoup de déterminer la direction, il reste à *faire marcher* la section dans cette direction ; il ne s'agit évidemment pas là de règles mécaniques toujours prètes (haltes horaires, vitesses constantes, etc...), les circonstances extrêmement variables selon les lieux, la saison, les ressources en pâturages ou en eau, posent chaque fois un problème dont il faut trouver la meilleure solution par la combinaison des marches de jour et de nuit, la détermination de la vitesse, le découpage en étapes, etc., etc... ; l'exétion du programme comportera presque toujours des dizaines d'heures de selle à travers les dunes et sous le soleil, durant lesquelles il faudra veiller aux innombrables petits détails dont l'oubli ou la négligence peuvent augmenter la fatigue des hommes ou celle des animaux ; il comportera aussi des bivouacs de jour sans ombre, et des bivouacs de nuit par un froid d'autant plus pénible qu'il marquera une différence d'une quarantaine de degrés avec la température du jour ; et à ces bivouacs il faudra savoir donner des soins aux hommes malades ou aux animaux blessés, revoir l'état du harnachement et des charges, etc...

Il va de soi que, pendant les marches, l'officier méhariste aura tout naturellement à dresser l'itinéraire parcouru auquel il devra joindre les observations de toute nature susceptibles de contribuer à l'étude du pays généralement non connu.

Remarquons que jusqu'ici nous n'avons considéré le rôle de l'officier qu'à l'égard de sa vie et de la conduite de sa section ; son rôle à l'égard des populations nomades qui s'ajoute au premier n'est pas moins complexe.

Même en « nomadisation », c'est-à-dire lorsqu'elle se déplacera de pâturages en pâturages, sans limite de temps, dans le but principal de refaire ses animaux, la section aura à s'occuper des campements nomades ; le lieutenant méhariste est chargé à leur égard de fonctions politiques et administratives sous la direction du commandant de cercle ou de région, il lui incombe de visiter les campements soumis pour faire sentir notre présence et notre autorité, de les recenser, de régler les petits différends intérieurs des tribus et les questions pendantes d'ordre courant, d'assurer le service de renseignements sur les multiples incidents du désert, etc., etc., de là avec les nomades rencontrés de nombreux et longs palabres qui ne sont fructueux que s'il connait la mentalité Touareg, est au fait des usages ou des tendances des tribus et sait diriger l'entretien de façon à parvenir à la vérité malgré les détours d'esprit et la subtilité souvent remarquable de ses interlocuteurs.

Mais ce ne serait que peu d'assurer le contact avec les nomades soumis, il faut en même temps faire la police des insoumis, et pour cela être sans cesse en éveil ; avec la prodigieuse mobilité des rezzous et l'envergure de leurs déplacements l'on peut en rencontrer à l'improviste à peu près en n'importe quel point de la zone désertique ; d'où la nécessité la plupart du temps de ne marcher ou de ne s'arrêter qu'avec un service de sûreté à assez longue distance, d'assurer une garde du convoi ou des chameaux au pâturage, de tenir les hommes et les animaux constamment prêts à la poursuite ou à la défense et à la riposte.

La « nomadisation » n'est d'ailleurs que le cas le plus simple, marquant les intervalles entre les périodes de pleine action ; la section en déplacement aura généralement un objectif précis dont la poursuite entraînera des obligations supplémentaires et souvent primordiales qu'il faudra combiner avec toutes les précédentes malgré les contradictions fréquentes, ce qui augmentera d'autant la besogne et la difficulté.

Cet objectif sera une reconnaissance dirigée sur un point d'accès particulièrement difficile par la rareté des pâturages et de l'eau, — une escorte de caravanes durant laquelle la marche de la section sera en partie subordonnée à celle des milliers de chameaux de charge, — un contre-rezzou, c'est-à-dire la poursuite d'un rezzou signalé, ce qui exigera le relèvement de la piste, la lutte de vitesse, l'attaque d'adversaires en nombre généralement très supérieur, souvent armés de fusils à tir rapide, tenant avec la solidité de gens qui n'ont accepté la lutte qu'à la dernière extrémité et parce que de son résultat dépend la possession du butin enlevé. L'officier méhariste devra conduire le combat avec toute la décision et l'énergie nécessaires à une petite fraction isolée qui donne à fond sans éventualité de renfort ; il faudra que sa poursuite très vive pour assurer la dispersion complète reste toujours méthodique pour éviter que ses hommes ne s'égarent ou ne lui échappent, et qu'il sache l'arrêter avant l'épuisement des animaux ; le retour au point d'attache avec ses bêtes fatiguées sera parfois le plus lourd de la tâche, s'il a dû s'engager à plusieurs centaines de kilomètres en pays dépourvu d'eau et de pâturages, s'il a des blessés à transporter et soigner par ses seuls moyens, si ses prises et ses prisonniers sont nombreux et l'alourdissent.

Cette esquisse générale et rapide définit bien incomplètement le rôle du lieutenant méhariste et la lecture du « Guide » pourra seule le montrer dans toute sa complexité et toutes ses difficultés ; elle suffit toutefois à donner une idée sommaire de son caractère pénible mais passionnant, et à montrer que ce n'est qu'un officier de choix qui pourra le remplir.

Conditions physiques.

Pour suffire à son rôle l'officier méhariste doit être d'une endurance physique à toute épreuve ; cette condition, la moindre de celles qu'il lui faut réaliser, est mentionnée la première de toutes parce qu'elle est éliminatoire.

Le lieutenant commandant une section n'a pas le droit d'être accessible à la fatigue, parce que, quelle que soit sa force de volonté, la dépression physique pourrait nuire en certains cas à la lucidité de son esprit et que, seul officier avec la troupe, il lui doit les ressources de ses facultés dans toute leur intégrité.

Il ne pourra donc être qu'un homme doué d'un tempérament particulièrement résistant, ayant fait ses preuves d'adaptation au climat d'Afrique, et accoutumé à la fatigue comme aux privations.

Ces dons naturels il faudra qu'il les conserve intacts malgré la rude existence qu'il aura à mener ; son état d'entraînement constant contribuera puissamment à cette conservation, mais pour l'assurer complètement il faudra qu'il sache se procurer en toutes circonstances le maximum de confort compatible avec la vie méhariste.

Ce mot de confort rapproché de celui de méhariste semble contradictoire et, si relative que soit évidemment l'acception à lui donner en ce cas, il y a lieu de la préciser.

Un esprit simpliste conclurait facilement qu'étant donné les conditions de la vie méhariste il faut renoncer à toute habitude européenne, n'avoir pas de bagages avec soi, vivre d'une poignée de dattes, s'étendre sur le sable pour dormir, etc... ; c'est un aspect purement imaginatif de la question, il serait possible sans conséquences graves d'agir ainsi durant une marche de quelques jours dont on se remettrait ensuite par un temps de repos plus ou moins prolongé ; mais pour suffire pendant deux ou trois années à des marches de trois ou quatre mois chacune, séparées l'une de l'autre par quelques journées seulement d'un demi-repos qui est encore une grande activité, il faut indispensablement se placer dans des conditions telles que la dépense physique se répare au fur et à mesure ; la vie nomade n'étant pas l'exception mais la règle, ne doit plus constituer une rupture d'habitudes mais offrir au contraire la satisfaction de toutes les habitudes, bien entendu réduites et adaptées au préalable.

L'officier méhariste devra donc d'abord se faire des habitudes spéciales : — habitude d'être chez lui sur les quatre mètres carrés d'ombre de sa tente aussi bien que dans une habitation des pays sédentaires, — habitude de goûter un sommeil aussi réparateur sur sa couchette de fer pliante que dans un lit large et moins dur,

— habitude d'accueillir avec appétit une nourriture toujours accommodée et servie à l'européenne mais forcément très peu variée, — habitude d'écrire avec autant de liberté d'esprit, en plein air assis sur un pliant et devant sa petite table, qu'il le ferait dans un bureau, — habitude de limiter à la contenance de deux cantines tout ce dont il éprouvera le besoin constant (linge ou vêtements de rechange, ustensiles de table ou de cuisine, objets de toilette ou d'usage courant), — habitude surtout d'avoir son petit matériel classé avec ordre et facilement à sa portée immédiate, — habitude enfin d'être toujours contenté par le service de son ordonnance une fois qu'il l'aura dressé.

Avec un peu d'adaptation coloniale ces habitudes seront moins difficiles à prendre qu'on ne pourrait le croire, et une fois prises il sera toujours possible de leur donner satisfaction ; les deux chameaux de bagages alloués (provisions à part) suffisent à porter : l'un le campement et la tente, l'autre les deux cantines, et tout voyageur expérimenté sait avec quelle facilité l'on peut, moyennant l'emploi d'objets pliants ou spécialement confectionnés, se constituer un bagage complet sous un volume et un poids réduits.

Quand l'officier méhariste, s'étant fait les habitudes nécessaires, aura avec lui un bagage qu'il aura su constituer de façon à leur donner constamment complète satisfaction sans avoir jamais à constater une absence ou un oubli, nous dirons qu'il aura réalisé le « confort méhariste ».

Ce confort (qui dans une mesure très voisine devra être donné également au sous-officier) assurera le rendement constant de l'officier ; il a aussi pour effet de maintenir à sa tenue et à sa façon de vivre l'aspect coutumier qui ne peut que contribuer à son autorité et à son prestige sur la troupe comme sur les nomades, au lieu que le laisser-aller de personne et d'allure que certains des premiers méharistes paraissaient avoir tendance à considérer bien à tort comme révélant « l'homme de brousse » ne saurait avoir que des résultats tout contraires auxquels s'ajoute l'inconvénient de se répercuter sur la troupe en se décuplant.

Il est bien entendu d'ailleurs que, malgré ses avantages, quand viendra le moment du raid court et décisif, de l'effort intense,

parce que bref, qui portera en quinze ou vingt heures la section
sur le rezzou signalé à 100 kilomètres de là, l'officier méhariste
n'hésitera pas à attacher à sa selle sa « peau de bouc » et son
sac de vivres et à partir sans plus, en laissant derrière son bagage
au convoi, mais, le résultat obtenu, quand il mettra ses hommes
au repos et ses bêtes au pâturage, il retrouvera de suite son chez-
lui mobile qui lui permettra de se refaire lui aussi.

Conditions techniques.

L'officier méhariste commande de l'infanterie indigène montée
dont le rôle final est, somme toute, de combattre à pied ; il doit
donc être tout d'abord l'officier de tirailleurs complet.

Il doit aussi être, de toute l'unité, celui qui monte le mieux à
méhari ; cette condition, dont il n'est parlé ici que pour mémoire,
est facile à réaliser : la conduite du chameau ne présente pas les
innombrables finesses de l'équitation, tout Européen jeune et
souple est assuré d'être en quelques jours bien en selle et maître
de sa bête ; l'entraînement constant le perfectionnera promptement et, sans avoir la prétention de rivaliser avec le Touareg qui
vit depuis l'enfance sur sa ralah, il n'aura pas de peine à être
bientôt très supérieur au meilleur de ses tirailleurs qui, lui, restera toujours loin de la perfection.

Il doit enfin connaître le chameau et connaître le désert : c'est
là la science technique proprement dite, et elle est vaste.

Il est inutile d'en donner un aperçu par une longue nomenclature ; que l'on jette les yeux sur la table des matières de ce *Guide*
et l'on pourra se faire une idée de l'abondance et de la diversité
des notions qu'elle comporte.

Il faut ajouter qu'elle est indispensable, sans elle la section
méhariste la mieux au point sera en quelques jours de marche
complètement ruinée et il faudra de longs mois au plus expert
pour la rendre à nouveau susceptible d'une utilisation sérieuse.

Aussi ne saurait-elle s'acquérir entièrement par quelques lec-
tures ni par quelques mois de pratique ; les plus expérimentés de
nos officiers méharistes ont mis plusieurs séjours à en démêler
les éléments actuels et ils apprennent encore chaque jour.

Le débutant aura son instruction technique facilitée par l'expérience de ses devanciers dont il trouvera les fruits dans leurs travaux ou dans ce *Guide* ; mais il aura bien à faire avant de se sentir assis dans son rôle et de manier comme il convient sa section dès le début ; pourtant les exigences de la relève ne permettront dans la plupart des cas de laisser que quelques jours près de lui l'officier qu'il remplace et il sera presque immédiatement livré à lui-même.

De là le devoir pour l'officier arrivant de s'être préparé à l'avance par l'étude livresque afin d'offrir un terrain déjà défriché à l'enseignement direct ; le devoir ensuite de consacrer, dès l'arrivée, un travail intensif à l'acquisition des connaissances indispensables, à l'exécution de la première reconnaissance qu'il aura à diriger ; puis sur un parcours sûr, déjà connu et de durée moyenne il se lancera dans le désert, car c'est en nomadisant que l'on devient méhariste : la section lui aura été laissée en état au moment du passage de service, s'il évite l'écueil de croire facile un commandement hérissé pour lui de difficultés, s'il se garde d'une initiative trop mal éclairée encore pour ne pas être maladroite, s'il a au contraire conscience de l'importance de chaque détail et du besoin de s'en reporter à l'enseignement reçu pour en décider, les conditions seront bonnes malgré tout pour un essai ; sans doute la marche ne sera pas conduite avec la maîtrise d'un technicien expert, mais si elle ne coûte pas trop de chameaux ce sera beaucoup déjà ; aurait-elle causé quelques pertes qu'il faudrait éviter le découragement et ne voir dans le fait qu'une revanche à prendre à brève échéance ; quand le débutant aura pu nomadiser un mois ou deux sur un parcours connu, s'en écarter un peu en atteignant et dispersant un rezzou et rentrer sans avoir usé ses animaux, il pourra commencer à se croire méhariste et songer aux parcours nouveaux ainsi qu'aux reconnaissances à grande envergure ; il lui restera à continuer à travailler pour compléter ses connaissances et les développer.

Il est bien certain que la période d'adaptation du nouvel arrivant inexpérimenté à laquelle on vient de faire allusion, se traduirait à peu près à coup sûr par une diminution momentanée du rendement de la section, ou même souvent par un abaissement de sa « condition » ; ces inconvénients sont évités si ce nouvel arrivant est un méhariste déjà entièrement formé par un séjour antérieur.

C'est là un premier avantage de la spécialisation des officiers dans le service méhariste ; il en est d'autres d'ordre plus général : l'ensemble de nos connaissances techniques actuelles est bien loin d'être complet, nombreuses sont encore les découvertes à faire, les principes à déterminer, les perfectionnements à apporter ; il y a là une œuvre de progrès à laquelle doivent contribuer tous les officiers méharistes, mais l'expérience établit que chacun d'eux ne pourra au cours de son premier séjour y apporter qu'une part bien modeste ; ce premier séjour c'est l'école spéciale d'où l'on sort avec le brevet de méhariste, qui, pour n'être pas inscrit sur parchemin, n'en est pas moins un titre suffisamment établi par le fait que le titulaire a été maintenu à la tête d'une section, donc a été reconnu apte ; le second séjour et les suivants seront la période durant laquelle l'officier, sacré maitre en la matière, définitivement spécialisé et tout à fait sur son terrain dès le retour, a la mission de choix d'abord de commander les sections dont l'emploi est le plus délicat ou de remettre sur pied celles mal au point, ensuite de se servir de ces sections comme troupe d'expérience pour les innovations et les essais que lui suggéreront son expérience antérieure et qui aboutiront au développement de la science méhariste.

Conditions morales.

L'officier méhariste doit être avant tout un homme d'action ; c'est-à-dire que pour donner à sa troupe l'impulsion d'un organe sans cesse agissant il faut qu'il possède une surabondance de vie débordant sur ses hommes, une pléthore d'activité susceptible de dépense continue, un besoin toujours à satisfaire de rendement intensif ; il faut qu'il ait sans cesse des desseins arrêtés et la préoccupation de les réaliser, que l'objectif atteint il pense seulement à en chercher un autre et le choisisse plus lointain que le précédent ; il faut qu'il ait la confiance en soi génératrice du succès, ne juge aucune tâche inégale à ses forces, et, entre toutes choses, n'en redoute qu'une seule : être momentanément placé dans l'obligation de ne faire rien.

L'action s'allie bien avec l'entrain de la jeunesse, aussi l'officier méhariste est-il jeune, mais les défauts de la jeunesse lui sont interdits, c'est pourquoi, et c'est la seconde condition indispensable, il doit être un caractère pondéré ; dans le commandement d'une section la moindre décision mérite d'être épesée et rien ne peut être laissé à l'impulsion ; les conditions constantes d'effort physique, la brusquerie et l'acuité des situations, la répercussion continue de l'impression de la troupe placent le système nerveux dans un état de jeu trop anormal pour qu'il ne faille pas en rester toujours maître, et annihiler complètement son influence.

Entendons bien que pondération veut dire subordination de tout acte au raisonnement, mais n'implique nullement lenteur dans la combinaison d'un plan ni prévention contre l'esprit d'entreprise ; bien au contraire, l'officier méhariste doit être couramment l'homme des décisions promptes et des coups d'audace, seulement ses décisions et ses coups d'audace seront toujours la résultante d'une résolution froide et non d'un entraînement irréfléchi ; quand il aura ordonné le tour de force c'est qu'il sera utile, et il aura méthodiquement mis en œuvre tous les moyens de le réaliser.

Dans ces conditions la réussite ne sera la plupart du temps qu'une question de volonté, et cela entraîne la troisième condition à remplir par l'officier méhariste : il lui faut une de ces volontés puissantes qui irradient pour ainsi dire de l'individu, se communiquent à ceux qui l'entourent et semblent commander même aux circonstances ; ce sera là son soutien dans les fortunes diverses, sa sauvegarde contre le découragement, son ressort dans la chance rebelle ; ce sera sa seule sécurité de ne se laisser jamais arrêter par les difficultés ou les obstacles qu'il rencontrera devant un objectif et de toujours atteindre celui-ci.

C'est la volonté qui constituera le principal facteur de l'autorité morale illimitée qu'il doit avoir sur ses hommes, qui lui permettra de leur tenir secrète une situation critique ou, s'ils en sont conscients, de les galvaniser pour réagir ; c'est elle qui, près du but, pourra le faire n'avancer que lentement quand il brûlera d'impatience mais qu'il saura la nécessité de ménager les forces pour l'effort final, et qui, au moment de cet effort final, produira l'indomptable fougue d'un élan irrésistible et victorieux.

Activité, pondération, volonté sont les trois caractéristiques obligatoires ; le défaut ou la faiblesse d'une seule d'entre elles rendrait inapte au rôle.

Tous les officiers méharistes posséderont donc ces trois qualités fondamentales qui, réunies et fortement accusées, impliquent la possession de facultés dérivées non moins indispensables : initiative, jugement, énergie pour ne citer que celles-là ; ce qui les distinguera entre eux au point de vue valeur du caractère, c'est l'accentuation plus ou moins marquée de ces qualités fondamentales et de ces facultés dérivées, le degré plus ou moins haut de compréhension du devoir et l'élévation de conscience.

Vocation.

Est-ce à dire que trempé au physique et au moral comme on l'a dit, muni d'autre part d'un bon acquis technique, l'officier méhariste sera complet ?

Non, il lui manquerait une chose encore et la plus indispensable de toutes : la vocation.

L'on ne sert pas aux sections méharistes par discipline ou par calcul, mais seulement par goût.

Qu'il renonce à cette voie celui qui se sentirait de l'attachement à des habitudes soit physiques, soit intellectuelles déjà ancrées ou de la difficulté d'adaptation à une vie très particulière et anormale pour un européen. — qui aurait le besoin permanent du commerce de ses pareils et ne pourrait, pour un temps, détacher complètement sa pensée du monde civilisé pour la consacrer tout entière aux choses du désert, — qui ne saurait pas voir les beaux côtés du rôle, ou serait sceptique sur l'utilité des résultats et resterait indifférent à tout ce qui ne se traduit pas par un avantage matériel.

Au contraire, qu'il entre aux méharistes avec confiance celui qui, facilement détachable des contingences physiques, peu sou-

cieux des banalités courantes comme des formes usées, capable
d'enthousiasme et de désintéressement, se sent une âme d'explo-
rateur curieuse de nouveauté et d'aventures, éprise d'inconnu et
de mystère, avide de sensations imprévues et d'émotions fortes.

Nulle part ailleurs il ne trouverait un plus bel emploi de sa
jeunesse militaire, un développement plus complet de sa person-
nalité, un champ aussi vaste ouvert à ses aspirations ; et il peut
être assuré que parmi les pionniers de la conquête soudanaise
qui avaient cru que nul commandement de lieutenant ne pourrait égaler le leur quand ils se voyaient, souvent pendant de
longs mois, lancés seuls avec leur peloton dans la brousse encore
impénétrée, il en est beaucoup qui restent rêveurs en comparant
leur rôle d'alors à celui du méhariste d'aujourd'hui, qui regrettent
de ne l'avoir vu créer que trop tard pour eux et pour qui est passée l'époque ardente de leurs deux premiers galons déjà lointains.

Avec la vocation, l'officier méhariste perdra de vue les côtés
durs et pénibles de sa vie et sera apte à goûter les nobles satisfactions qu'elle seule pourra lui donner aussi intenses : l'indépendance
dans toute sa mesure de réalisation pratique, la responsabilité élevée au degré où elle devient une jouissance pour les âmes fortes,
l'attrait d'une joute sans trêve avec la difficulté toujours renaissante
et toujours vaincue, l'ivresse du danger constamment bravé sous
toutes ses formes même les plus insidieuses, la fierté de se mesu-
rer à toutes les situations et de s'en rendre maître en tirant tout
de soi-même.

Il aura ainsi l'esprit préparé à apprécier les joies d'ordre tout
spécial qu'elle dispense aux adeptes : le fortifiant effet de la soli-
tude qui vivifie et agrandit les âmes trop vigoureuses pour être
déprimées par elle, l'émotion de fouler un sol vierge de pas européens et de saisir la nature sous un de ses aspects insoupçonnés,
— le recul des bornes familières de la pensée qui s'élève et s'étend
— l'imprécise et pénétrante poésie du désert qu'il faut avoir res-
sentie pour la concevoir, mais qui imprègne tous les Sahariens
et qu'évoquent les horizons nus comme ceux du large... l'im-
mensité enveloppant l'être infime... les rêves du mirage peuplant
le vide...

Il sera à même enfin de priser à leur vraie valeur les récompenses morales qui (plus certaines que les récompenses honorifiques souvent longues à venir) ne tromperont jamais son attente : maintien en sa main d'un outil militaire parfait et qu'il a su manier, confiance absolue de sa troupe parce qu'il ne l'a jamais déçue ; dévouement de ses tirailleurs à sa personne parce qu'il s'est consacré tout entier à eux, satisfaction personnelle du devoir accompli dans sa conception la plus haute, constatation du rendement fourni et conscience d'avoir été utile ; estime et considération de ses chefs, classement comme officier de choix et d'avant-garde.

Aussi gardera-t-il de son passage aux méharistes un souvenir cher, en même temps qu'une trempe de caractère acquise ; et, même s'il est appelé plus tard aux satisfactions du haut commandement, elles ne lui feront jamais oublier le temps enthousiaste de sa vingt-cinquième année où, quittant le rivage de la mer de sable le cœur cuirassé du triple airain antique, il se lançait avec sa section méhariste dans le Sahara, tout petit devant lui et se sentant pourtant maître de ses hasards.

CHAPITRE III

Le sous-officier européen

Du sous-officier méhariste européen, le *Guide* peut dire beaucoup en peu de mots : il mène la même vie que le lieutenant et le seconde dans toutes les parties de son commandement, par conséquent ce qui a été mentionné à l'égard de l'officier s'applique à lui toutes proportions gardées et il doit posséder, réduites à sa mesure, les qualités du chef de la section.

Son devoir étant d'aider le plus possible ce dernier dans toutes les parties matérielles de sa tâche, il lui faudra acquérir assez rapidement la pratique des particularités du service méhariste pour pouvoir assurer une surveillance effective et minutieuse des détails dont aucun n'est dénué d'importance au désert ; comme tout sous-officier de troupe montée, il devra donner aux animaux une grosse part de ses préoccupations, par conséquent acquérir toutes les données techniques qui les concernent et s'intéresser à eux ; il lui faudra d'ailleurs être apte aux utilisations les plus variées, aussi bien à diriger une patrouille à longue portée, à faire réparer un harnachement ou à panser un chameau blessé qu'à dresser un petit croquis, enregistrer un peu de correspondance ou tenir une comptabilité simple.

Il lui incombe d'être un modèle constant pour les gradés indigènes et de donner à tous les tirailleurs l'exemple de la subordination la plus absolue aux ordres du lieutenant commandant ;

c'est son empressement à se soumettre le premier à une consigne qui la rendra souvent moins pénible aux tirailleurs et qui les entrainera à l'exécution entière.

En contact intime avec eux, il devra par son impartialité et son égalité de caractère gagner toute leur confiance, ce qui le mettra à même d'être toujours et à chaque moment au courant des tendances d'esprit de chacun d'eux, d'exercer par conséquent l'influence qui convient à la circonstance ; son action comprise ainsi pourra en certains cas difficiles être un facteur du plus haut prix pour le maintien du moral de la troupe indigène et l'obtention d'un gros effort.

Tour à tour, — ou bien seul Européen laissé pendant plusieurs mois au poste-grenier pour assurer sa défense, faire l'instruction méhariste de quelques tirailleurs nouveaux arrivés, et diriger la remise en état ainsi que l'entraînement des animaux non en route, — ou bien laissant ce premier emploi à l'autre sergent de la section pour accompagner le lieutenant commandant celle-ci en reconnaissance et chargé alors du convoi qui aura parfois à rester en arrière ou à marcher seul, il doit se tenir prêt à être livré à lui-même comme chef de poste ou de petit détachement méhariste ; il ne devra jamais perdre de vue enfin que la section en action peut brusquement perdre son chef et que ce serait alors à lui d'assurer la lourde tâche de la commander pour l'achèvement de l'entreprise ou le retour au point d'attache.

La grande importance habituelle du rôle de sous-officier méhariste, et l'extrême importance qu'il peut prendre éventuellement, disent assez que seul un sous-officier d'élite et digne d'une confiance absolue peut prétendre à en être chargé ; il ne le remplira d'ailleurs d'une façon parfaite que si un dévouement absolu à la personne de son chef le porte à n'être pour ainsi parler qu'une émanation de celui-ci, chez lequel il trouvera d'ailleurs toujours, quand il saura les mériter, l'estime, la bienveillance et l'affection qu'un officier peut éprouver pour son collaborateur de tous les instants au milieu des fatigues et des hasards partagés de la vie au désert.

Le tirailleur méhariste.

Nos tirailleurs méharistes sont recrutés dans les races du Soudan. Les éléments Bambaras, Toucouleurs, Sarakholais, qui, jusqu'à ces dernières années, fournissaient presque à eux seuls nos troupes indigènes, commencent à se faire assez rares et sont réservés surtout aux corps de la côte ; il en résulte que des éléments nouveaux Mossi, Djerma, etc... entrent dans la composition des sections, parfois en majorité.

Aucune des races de l'ancien ou du nouveau recrutement n'ayant des prédispositions spéciales au service méhariste, la question de préférence de race se ramène aux seules considérations qui guident à l'égard des tirailleurs non montés.

Ce n'est point ici le lieu de développer ces considérations ; l'on peut seulement les résumer en disant que le tirailleur Bambara et le gradé Toucouleur restent, bien entendu, les prototypes du genre mais que ce serait une erreur de ne pas concevoir de bon recrutement en dehors d'eux : les Bobos, les Mossis, les Djermas, sortis de chez eux offrent, avec des caractéristiques de détail un peu différentes, un élément excellent à condition d'apprendre à en tirer parti comme nous avons dû l'apprendre pour les Bambaras et les Toucouleurs, aux premiers temps de leur emploi ; en résumé, tant qu'il ne s'agit que de races noires, pas de préventions contre telle ou telle de ces races : sauf un petit nombre d'entre elles chez lesquelles personne ne songerait à prendre des soldats, toutes peuvent fournir des tirailleurs qui se classeront entre eux surtout par la façon dont ils seront instruits, encadrés et commandés.

D'une race noire ou d'une autre, nos tirailleurs méharistes proviennent tous de pays de sédentaires au climat plus ou moins humide mais où la température ne s'abaisse jamais au voisinage de zéro comme dans les confins sahariens ; ils sont habitués à rencontrer de l'eau chaque fois qu'ils ont soif et à avoir une nourriture dont le mil ou le riz est toujours la base mais qui est préparée d'une façon assez variée ; ils ont une ou plusieurs femmes les débarrassant des soins courants (lavage du linge, cuisine, etc...) ; tous plus ou moins habitués au cheval, ils n'ont généralement jamais utilisé le méhari avant d'entrer au service.

En les transportant dans le désert à l'air sec et aux nuits froides, en les mettant à une faible ration d'eau, en les réduisant le plus souvent en route à la boule de farine de mil séchée, en les tenant loin de leurs femmes pendant un temps indéterminé, et enfin en les campant sur un chameau, nous les transplantons complètement.

L'on ne saurait compter par suite que le tirailleur noir puisse s'adapter au désert comme le nomade qui y est né, ni tirer parti du méhari comme le Saharien qui le connaît et se sert de lui depuis l'enfance ; en effet, il reste toujours un peu dépaysé dans le sable et ne s'attache jamais complètement à sa monture.

Nos soldats indigènes ne seront des sahariens et des méharistes parfaits que lorsque nous les prendrons parmi les Touareg et l'on verra au titre V de ce *Guide* comment nous pouvons dès maintenant préparer ce recrutement impossible à l'heure actuelle ; mais pour l'instant nos sections sont de l' « infanterie montée », c'est-à-dire que leurs tirailleurs ne montent à chameau que pour se transporter eux et leurs vivres à l'endroit nécessaire et que c'est à pied qu'ils agissent et combattent : ils satisfont admirablement au rôle ainsi défini.

L'on peut s'en étonner si l'on songe que la vie méhariste étant aussi étrangère et nouvelle pour le tirailleur noir qu'elle peut l'être pour l'officier ou le sous-officier européen, ils ne sont sollicités envers elle par aucun des attraits ou des mobiles qui peuvent y attacher ces derniers.

Le tirailleur, en effet, a servi dès l'abord sous nos ordres par amour de la guerre et par amour du butin ; ce dernier appât disparu, le premier mobile a subsisté pendant quelque temps, mais il n'existe plus guère aux sections méharistes où le combat n'est après tout que l'épisode relativement rare, en sorte que maintenant le tirailleur sert encore un peu à cause de ses tendances naturelles au métier de soldat mais surtout à cause des avantages pécuniaires que nous lui offrons.

Or, le méhariste n'a qu'une très faible indemnité (0,15 par jour) de plus que le tirailleur non monté qui, lui, mène dans les postes de la zone de sédentaires une vie facile et constamment appropriée à ses habitudes ; encore cette allocation correspond-elle à peu près au supplément de dépenses qu'entraîne pour le méhariste l'entretien séparé de sa famille quand il est en nomadisation ou en reconnaissance, c'est-à-dire pendant la majeure partie du temps; l'on tâche bien de l'avantager par l'avancement à la première classe ou au grade de caporal et de sergent, mais la limitation du nombre des places rend le résultat peu marqué : la situation du tirailleur méhariste comparée à celle du tirailleur non monté se traduit donc au total par des désavantages de toute nature sans compensations.

Dans ces conditions il faut admirer sans réserves la façon de servir du tirailleur méhariste. N'ayant pour ressort que son instinct de soldat, son attachement à l'officier qui le commande et son esprit de discipline, il continue à apporter dans cette vie anormale toutes les qualités qui ont fait sa réputation quand nous l'employions dans son milieu.

S'il est, plus que dans celui-ci, susceptible de défaillances passagères explicables, ce n'est jamais que sous l'influence des facteurs les plus nouveaux pour lui (soif, froid, etc...), elles sont peu fréquentes, très rares avec des cadres éprouvés et l'autorité morale du chef en triomphe vite ; en tous les cas pour l'action, qu'elle soit individuelle ou collective, il se retrouve l'homme solide et éprouvé sur lequel on peut, comme par le passé, compter sans limite ; et au combat il reste toujours le soldat indigène sans pareil qu'il s'est montré partout.

Le tirailleur méhariste a fait ses preuves. Si récente que soit la création des sections, chacune d'elles a déjà son livre d'or dans lequel l'on n'aurait qu'à puiser pour montrer des traits individuels d'audace paisible, de dévouement admirablement simple, d'attachement obstiné au devoir militaire naïvement conçu ou bien des exemples collectifs de superbe endurance, d'efforts disproportionnés et de faits d'armes glorieux.

Les chameliers bergers.

Le tirailleur noir n'étant pas susceptible de donner au méhari les soins constants qu'il exige, il a fallu, pour assurer ces soins, prévoir dans la section méhariste des « chameliers-bergers » dont il y a lieu de faire mention ici, puisqu'ils font partie de son personnel régulier.

Ces gardiens sont au nombre de 13 à 15 par section ; ils sont recrutés parmi les « Bellahs » ou « Bougadiés », c'est-à-dire parmi les serviteurs des Touareg, habitués à vivre dès l'enfance avec le chameau et à s'occuper de lui ; ils surveillent les animaux au pâturage, leur choisissent les meilleures herbes, les leur donnent parfois à la main dans certains cas ; ils conduisent les animaux de bât ou haut le pied, opèrent le chargement et le déchargement, réparent le harnachement ; enfin, et c'est là le côté le plus important de leur rôle, ils soignent les animaux malades ou blessés sous la surveillance des cadres.

L'un d'eux est « chef chamelier » ; c'est généralement un bellah déjà âgé et homme d'expérience, qui possède à fond l'ensemble des connaissances nomades sur le chameau et est à même, en bien des cas, de renseigner utilement en ce qui le concerne.

Les « chameliers bergers » sont des gens entrainés à toutes les fatigues et vivant de peu ; l'on n'a jamais à craindre qu'ils deviennent une gêne pour la section en route ; assez intelligents dans certaines contrées et partout rompus aux choses du désert, ils peuvent au contraire, en dehors de leur rôle habituel, rendre des services occasionnels : dresser une bête, relever une piste, rechercher un puits, servir de courrier, etc... ceux de l'Est font bonne contenance au feu et ont parfois rendu des services dans la défense du convoi de la section.

Principes de conduite de la troupe.

La troupe méhariste est une troupe à fort rendement : elle ne peut comporter que des éléments utiles ou sûrement susceptibles de le devenir.

On ne la composera, comme on l'a déjà dit, que d'éléments de choix ou crus tels ; tous ceux qui se révéleraient mal choisis seraient remplacés.

Cette sélection, dès le début, sera ordinairement facile pour les sergents européens parce que le lieutenant commandant pourra promptement juger, par expérience, de leurs aptitudes au service méhariste et que la moyenne de nos sous-officiers est d'assez haute valeur pour qu'il en existe deux au moins satisfaisant aux conditions parmi les 12 de la « compagnie mixte » à laquelle compte la section.

Elle le sera un peu moins pour les tirailleurs parce que parmi les hommes bien instruits dans le service à pied et jusque-là de bonne conduite qui seront désignés pour la section, le lieutenant commandant ne pourra le plus souvent qu'après un assez long temps réservé à leur adaptation se prononcer en connaissance de cause sur la valeur méhariste de chacun ; à ce moment ils auront déjà passé la période d'instruction spéciale qu'il faudrait recommencer pour un remplacement et cette considération, autant que celle d'éviter de trop fréquents changements, le déterminera souvent à garder quelques hommes seulement moyens ; en tous les cas il n'hésitera pas à se débarrasser des tirailleurs imperfectibles dont l'exemple pourrait nuire gravement à l'esprit ou au moral de la section : les indisciplinés caractérisés qu'en route et sans prison il n'a pas les moyens de mater comme dans une compagnie, les veules avérés qu'aucun ressort ne pourrait empêcher d'être un poids mort.

La question de sélection ne se pose pas pour les chameliers bergers : ils n'ont pas d'engagement, le lieutenant commandant les choisit lui-même, il en essaye jusqu'à ce qu'il en ait trouvé de bons et les garde alors le plus longtemps possible.

A la sélection des tirailleurs doit s'ajouter un très bon encadrement indigène qui constitue un facteur plus important encore que dans toute autre troupe ; les gradés indigènes devront, en principe, avoir gagné leurs galons au service méhariste, et il est en effet d'usage dans les corps de réserver les emplois de caporaux et sergents des sections aux tirailleurs y servant ; cette précaution assure en général de bons gradés rompus à leur service spécial, non dépourvus de goût pour lui puisqu'ils y ont rengagé, et ayant fait leurs preuves. Le lieutenant commandant ne manquera généralement pas de sujets de mérite à proposer ; si toutefois cela se produisait dans une section, une autre en aurait sûrement à lui fournir, et en tous les cas il existe toujours dans les compagnies mixtes des caporaux ou sergents anciens méharistes qui y ont été remis comme tirailleurs ou caporaux uniquement pour leur assurer un avancement très mérité et que la limitation des cadres des sections ne permettait pas de leur donner assez rapidement dans celle-ci.

La troupe bien composée et encadrée, ce qu'il faudra pour en obtenir beaucoup c'est d'abord que le lieutenant commandant fasse lui-même ses preuves à ses yeux ; l'on sait, en effet, que le tirailleur et le méhariste plus que les autres, puisque, non commandé, il se trouverait chez lui dans la brousse, mais dans le désert se sentirait perdu, ne se met complètement dans la main de son chef que lorsqu'il l'a lui-même classé comme tel ; ses appréciations sont généralement justes et il sait discerner la vraie valeur, toutefois l'on peut déterminer les caractéristiques qui influent le plus vivement sur son jugement et qui, par suite, deviennent des principes d'action sur lui ; ce sont, outre l'intrépidité et l'endurance personnelle :

A) *L'esprit de justice :* Ne jamais prononcer ou laisser prononcer une punition sur présomption même très forte et sans certitude absolument établie de la culpabilité ; pour apprécier la signification des attitudes et paroles tenir compte des façons d'être indigènes et de la connaissance insuffisante de la langue ; se préoccuper des mobiles des fautes en faisant la part de la mentalité ; motiver la sanction aux yeux du tirailleur qui doit toujours en concevoir complètement la légitimité.

B) *Le calme et le sang-froid :* Pas de mouvements d'humeur ou d'énervement, le moins de paroles possible ; jamais de surprise manifestée ou d'hésitation apparente quelles que soient les circonstances — des ordres tranquilles, simples, nets et jamais changés.

C) *Fermeté raisonnée :* Garder constamment l'attitude du chef, mais sans ostentation autoritaire et en laissant percer à l'occasion l'affection réelle ; ne jamais transiger même moralement devant l'impression d'une tendance adverse individuelle ou collective, mais n'avoir voulu que le possible; dans les détails du service, être impitoyable pour ce qui est primordial (service de sûreté, souci de la monture, consigne de l'eau, etc...) mais pour ce qui est secondaire ne pas rechercher les occasions de prendre en faute.

D) *Connaissance du caractère indigène :* Manifestation du souci du bien-être du tirailleur et de l'intérêt à ce qui le touche, preuves matérielles à l'occasion. Inaccessibilité aux ruses naïves du caractère indigène, montrer que l'on ne se laisse pas tromper ou que c'est en toute connaissance de cause que l'on agit comme si on l'était. Ne jamais donner un espoir que l'on n'est pas absolument certain de réaliser, ni décevoir une seule fois la confiance. Avoir, au moment du besoin, le mot, le geste ou le regard que l'on sait approprié à tel ou tel pour l'encourager ou le fouetter dans l'effort.

Une fois le tirailleur conquis, l'autorité moarle, premier facteur de conduite de la troupe méhariste et le seul certain, sera acquise : elle permettra d'obtenir de cette troupe tout ce qu'elle peut donner.

Mais il faudra se servir de cette autorité avec doigté et ne pas l'user par un emploi exagéré : proscrire toute complication superflue des détails du service, supprimer les fatigues évitables, rester humain dans le souci contradictoire de ménager en même temps le tirailleur et la monture, sentir dans l'effort l'approche du maximum de contention d'énergie et savoir produire à temps le moment de détente devenu obligatoire.

Il faudra aussi, pour aider le jeu de l'autorité, ménager le moral du tirailleur en ne lui révélant, que lorsqu'il nécessitera des mesures spéciales, le danger insidieux qui, par cette forme, pourrait avoir prise sur lui : incertitude sur la direction, insécurité des ressources en eau, etc..., ou, au contraire, surexciter et rendre inébranlable ce moral en lui montrant prochain le danger ouvert et franc, car, et c'est là dire toute la valeur de la troupe méhariste, le plus puissant levier d'action sur elle c'est de lui faire voir un adversaire à atteindre et elle sera capable des efforts les plus disproportionnés pour avoir la joie de se battre.

CHAPITRE IV

Caractéristiques.

A qui ne l'a jamais pratiqué, le chameau apparaît volontiers comme un animal d'une robustesse exceptionnelle : à peu près sans besoins, d'une endurance à toute épreuve et d'une capacité de travail presque illimitée.

Il y a loin entre la réalité et cette réputation conventionnelle qui ne met en relief qu'un de ses aspects.

Le chameau est robuste, c'est exact, mais en même temps délicat :

Il n'a que des besoins appropriés à son habitat, mais ils sont impérieux et précis ; il peut rester fort longtemps sans boire, mais il lui faut manger chaque jour ; les maigres végétaux sahariens suffisent à sa provende, mais il lui en faut en grande quantité, certains seulement lui conviennent, ils doivent varier selon les saisons, ils ne sont consommés que dans des conditions données, etc...

Son endurance, extrême à l'égard de certaines influences, est faible à l'égard de certaines autres ; il dépense ses forces jusqu'aux dernières, continue à marcher malade ou couvert de blessures et ne s'arrête que pour mourir, mais un changemen de climat, un dérangement d'habitudes, un défaut d'alimentation, un excès de fatigue, une de ses multiples maladies dont beaucoup sont encore mal déterminées suffisent en deux ou trois jours à causer sa mort.

Sa capacité de travail est considérable, mais seulement pendant un temps déterminé ; il peut, avec de fortes charges, fournir un effort moyen de marche pendant deux ou trois mois, ou un effort intense de vitesse pendant deux ou trois jours, mais ensuite il lui faudra plusieurs mois de repos complet et de suralimentation pour se réparer.

Ces diverses caractéristiques, qui ne sont qu'indiquées ici, ressortiront avec plus de précision au cours des paragraphes suivants ; l'on peut toutefois déjà concevoir que le chameau est une machine animale puissante mais fragile qui n'est susceptible d'un sérieux rendement qu'à condition de la connaître à fond et de la manier avec toutes les précautions qu'elle exige.

Conformation et races.

Point n'est besoin de s'appesantir sur la conformation spéciale du chameau (disons une fois du dromadaire pour être plus précis), au sujet de laquelle on a pu citer entre autres caractéristiques d'appropriation au rôle « la réunion des membres antérieurs en haut formant une première voûte, celle des membres « postérieurs une seconde, et la colonne vertébrale cintrée une « troisième solidement appuyée et fixée aux deux premières », « les pieds aplatis pourvus de larges semelles qui s'évasent encore à l'appui et ne s'enfoncent pas dans le sable », etc...

L'on constate dans toute l'étendue du territoire du Niger une certaine unité de type, mais l'on peut toutefois de l'ouest à l'est différencier trois races, comprenant chacune, avec prédominance de l'une ou de l'autre catégorie, le chameau porteur ou « djmel » et le chameau de selle ou « méhari » qui n'est ici qu'un animal spécialement choisi et dressé, mais sans origine distincte.

Le *Chameau des Bérabichs* se rencontre dans les tribus Maures et Touareg de l'ouest et du nord de Tombouctou.

Le corps est trapu et fortement musclé, la taille généralement peu élevée, le cou relativement court, le poil long et grossier. La tête, portée assez basse, ne s'élève guère au-dessus de l'horizontale passant par la pointe du garrot ; courte et forte, elle présente un front étroit et très bombé, des yeux peu ouverts et peu intelligents, des oreilles petites, peu détachées et légèrement couchées en arrière.

Cette race fournit surtout des animaux de bât : c'est d'elle que proviennent les « chameaux du fleuve », c'est-à-dire les animaux qui, par une sélection coûteuse, s'acclimatent à vivre sur les bords mêmes du Niger.

Le *Chameau des Oulminden*, se rencontre dans les tribus Maures et Touareg de l'ouest, du nord et de l'est de Gao.

La taille est élevée, les membres bien musclés et fins, le corps peu chargé en graisse, la poitrine large et profonde, le cou long. La tête, portée très haute, est longue et fine et présente un front large et haut, des yeux très ouverts, doux et expressifs, des oreilles grandes, bien détachées et plantées presque droites.

Cette race fournit de très bons méharas qui, sans avoir peut-être la valeur des chameaux de course que l'on trouve dans le Nord chez les Hoggars, s'en rapprochent beaucoup.

Le *Chameau de l'Azbin* se rencontre dans les tribus Touareg de l'ouest et du nord d'Agadez, le chameau Tebbou qui se rencontre plus à l'est semble n'en être qu'une variété.

Il est lui aussi de haute taille, quoique un peu moins grand que le chameau des Oulminden ; son dessus est bien fait, sa poitrine très fortement ogivale est profonde ; ses membres, quoique un peu grêles, sont secs et puissants ; le cou long, mince et greffé un peu haut porte une tête fine. La robe varie ; la plus répandue est la robe fauve plus ou moins claire, mais on rencontre aussi beaucoup de chameaux pie-gris, lesquels ont presque toujours les yeux vairons ; cette dernière robe très répandue dans l'Azbin est fort rare dans les autres régions.

Cette race, dont les plus beaux spécimens se trouvent dans la tribu éleveuse des Igdalen Kel Tafeï fournit des méharas appréciés à peu près au même titre que ceux des Oulminden ; elle fournit aussi des chameaux de bât moins grands, plus épais, plus longs dans leur dessus, aux membres plus volumineux, caractérisés comme ceux des Bérabich par un cou ramassé, une tête grosse et une démarche lourde.

Élevage.

Le peuplement du territoire du Niger en chameaux est considérable et l'on peut être certain de rester bien au-dessous de la réalité en l'évaluant à 40.000 têtes.

Toutes les tribus possédant des chameaux pratiquent plus ou moins l'élevage, qui peut être considéré comme très rémunérateur, puisque le prix moyen du chameau d'âge est de 120 francs et que certains méharas réputés arrivent à valoir 150 et même 200 francs.

Quand il n'est qu'une préoccupation accessoire comme chez les Touareg guerriers ou caravaniers, qui, en cas d'insuffisance de production propre, se remontent dans les tribus maraboutiques, les chamelles sont divisées en deux catégories, les « seidah » réservées uniquement à la selle (et rendues stériles à l'aide de procédés artificiels), les « naya » utilisées seulement pour la selle pendant la période de quatre ou cinq mois qui suit celle où elles ont été fécondées.

Certaines tribus comme celle des Bérabichs dans la région de Tombouctou, celle des Igdalen dans l'Azbin, ont des troupeaux de chamelles réservées uniquement à la reproduction qui sont sélectionnées et ne reçoivent jamais ni le bât ni la selle. Un mâle bien choisi suffit pour une quarantaine de chamelles dont il est d'ailleurs le meilleur gardien.

La femelle est en âge d'être fécondée lorsqu'elle atteint sa troisième ou quatrième année ; les accouplements se font, généralement, pendant la saison d'hivernage et la gestation ne dure guère plus de douze mois, c'est donc aussi pendant l'hivernage qu'ont lieu les naissances.

Le chamelon est sevré à un an, un peu avant que la mère ne soit à nouveau fécondée ; dès deux ans il vit en groupe au pâturage ; à trois ans, bien que sa taille soit encore bien peu élevée, sa conformation est déjà assez accusée pour permettre son classement pour la selle ou pour le bât.

Les qualités recherchées pour la selle sont une tête fine, une encolure bien sortie, une poitrine profonde sans être épaisse, un garrot élevé, une croupe plus basse, une cuisse large et longue, un jarret assez bas ; pour le bât on recherche un animal plus étoffé, plus près de terre, au cou court, aux membres plus gros.

Dès le classement fait, ou en tous les cas avant la quatrième année, le dressage commence, dirigé comme on verra plus loin, il est généralement terminé en très peu de mois et le chameau est dès lors utilisé mais avec précaution, car il n'a pas atteint encore son plein développement.

Vers la cinquième année ou le début de la sixième, le chameau mâle est castré ; cette opération, pratiquée par grattage ou section du cordon et enlèvement des testicules, n'a que des effets excellents ; le hongre est beaucoup plus docile que le chameau entier qui, aux époques du rut, s'inquiète, s'amaigrit et devient méchant ou même dangereux ; il s'affine dans ses formes, est plus léger, plus souple dans ses allures ; son entretien est plus facile et les Touareg prétendent, avec beaucoup de raison, qu'il n'a rien perdu de sa force ni de sa vigueur.

C'est à six ans et pas avant que le chameau commence à atteindre son développement complet ; beaucoup de Touareg admettent même qu'un animal n'est entièrement fait que vers sept ou huit ans. En tous les cas le bon méhari d'âge a de six à dix ans ; il conserve toutes ses forces jusque vers la quinzième ou seizième année ; elles décroissent à partir de cet âge, bien qu'un chameau puisse vivre jusqu'à vingt ou même vingt-cinq ans et que certaines chamelles n'ayant jamais servi qu'à la reproduction puissent, au dire des Touareg, se prolonger jusqu'à vingt-cinq ou même trente ans.

Dressage.

Le dressage commence, comme on l'a dit déjà, entre la troisième et la quatrième année.

Il consiste d'abord à habituer le chamelon à suivre l'homme ; ce résultat, facilité souvent par des moyens de douceur, est en tous les cas obtenu en très peu de jours, en un ou deux parfois, en fixant à la mâchoire inférieure, au niveau de l'espace inter-dentaire, une corde solide et rugueuse dont les tractions accentuées jusqu'à une douleur plus ou moins intense, contraignent l'animal à marcher derrière son conducteur, d'abord en lui résistant, bientôt de lui-même.

Ensuite le dressage diffère selon qu'il s'agit d'un chamelon destiné au bât ou à la selle.

Dans le premier cas il est simple : le chamelon, suivant le conducteur comme précédemment, est d'abord habitué à porter le bât indigène qui consiste en substance en deux gros coussins appuyant sur le dos de part et d'autre de l'épine dorsale, réunis entre eux au-dessus de celle-ci par une armature en bois formant chevalet, et destinés à supporter les deux charges de poids équivalent, accouplées par des cordes de brêlage et tenant par équilibre.

Puis le chamelon est immédiatement joint à une caravane à long parcours, la longe de la mâchoire inférieure, qui lui sera dorénavant toujours laissée, étant attachée à la queue d'un chameau vieux et tranquille ; il porte le bât d'abord vide, puis avec des charges de plus en plus fortes ; au retour on le détache et, comme il suit de lui-même le convoi, on l'habitue à s'en séparer à la première traction de longe du conducteur ; après quoi son éducation est considérée comme terminée.

Quand il s'agit d'un chamelon destiné à la selle, le dressage est au contraire un travail compliqué, une œuvre toute de patience et de douceur qui prend un ou plusieurs mois ; l'on se bornera ici à en indiquer simplement les phases sans entrer dans ses détails, d'ailleurs un peu variables selon les tribus, et qui n'auraient pas d'utilité immédiate puisque nous ne pouvons songer pour l'instant à effectuer l'opération nous-mêmes.

Le chamelon, suivant le conducteur qui le tient par la longe de la mâchoire inférieure ou par une longe liée sur le chanfrein pour former muserolle, est d'abord habitué à porter la selle indigène en bois recouvert de cuir qui consiste en substance en une plate-forme circulaire horizontale d'une trentaine de centimètres de diamètre soutenue par deux panneaux rigides formant dièdre et qui s'appuient de part et d'autre de l'épine dorsale de l'animal ; une mince sangle abdominale maintient la selle, posée en avant de la bosse, et dont la plate-forme est flanquée comme pommeau d'un prolongement vertical plus ou moins long et fragile, comme troussequin d'un dossier haut, large et solide très peu incliné en arrière ; c'est sur cette plate-forme que s'assoiera plus tard le méhariste et qu'il tiendra surtout par équilibre, en croisant les jambes de part et d'autre du pommeau et en les allongeant un peu au-dessous de l'horizontale pour poser sur le cou de la monture, au creux de sa courbe, les deux pieds placés l'un sur l'autre et presque en équerre.

Dès que la selle vide est supportée, le méhariste, sans se mettre encore sur cette selle mais en s'installant derrière elle et derrière la bosse sur un coussin, commence à monter, l'animal toujours tenu à la longe par un autre conducteur et placé soit dans le troupeau, soit à côté d'un autre bien dressé.

Quand la bête marche ainsi avec une suffisante docilité, le méhariste prend lui-même en main la longe, toujours en restant assis sur la croupe pour éviter au dos les blessures fréquentes au début d'un dressage.

Puis, quand l'animal évolue avec une certaine facilité dans ces conditions, le méhariste commence à lui façonner les épaules en prenant place sur la selle pendant des temps de plus en plus prolongés.

Enfin l'on apprend au chamelon à se séparer du troupeau et à marcher isolé, à obéir à la volonté de celui qui le monte pour se diriger, prendre les différentes allures, s'arrêter, etc...

Lorsque le dressage est considéré comme terminé, l'on place l'anneau nasal, cercle de cuivre de deux ou trois centimètres de diamètre qui perce la narine droite et auquel s'attache une corde mince et solide destinée à servir de rênes ; c'est le signe distinctif du chameau de selle, aucune des tribus du Territoire du Niger n'employant d'autre moyen de conduite.

Un méhari bien dressé doit savoir « barraquer » sans crier à une simple excitation de la voix du méhariste encore à terre ; l'on sait en quoi consiste ce mouvement qui reste toujours un peu saccadé : la bête pose ensemble à terre les deux genoux puis ensemble les deux jarrets, ce qui se fait par basculage sur les genoux ; elle abaisse ensuite les jambes jusqu'à ce qu'elles viennent reposer sur les canons postérieurs ; et enfin achève d'abaisser les avant-bras jusqu'à ce qu'ils reposent sur les canons antérieurs, en sorte que le ventre s'appuie à terre.

Il doit rester barraqué et immobile lorsque le méhariste se met en selle doucement et sans hâte, et ce n'est qu'à une légère pression du pied sur le cou qu'il doit se relever sans crier en exécutant dans l'ordre ci-après les mouvements inverses des précédents : redressement partiel de l'avant-bras, redressement de la jambe, relèvement des jarrets, relèvement des genoux.

Il doit ne se mettre en marche au pas qu'à une nouvelle pression du pied ; changer de direction à droite à une très légère traction de la rêne sur l'anneau ; changer de direction à gauche à une légère pression, sur le côté droit de l'encolure, de la rêne que le méhariste porte à gauche, partir au trot à une pression assez forte du pied droit sur le cou et accélérer l'allure lorsqu'il sent le pied gauche frotter le côté gauche de l'encolure.

La vitesse du pas ou du trot doit pouvoir être maintenue par une pression constante du pied sur le cou et par le balancement d'une longue badine dont un Targui se munit toujours avant de se mettre en selle.

L'effet du dressage ne se maintient que si le chameau n'est pas traité avec trop de dureté ; brutalisé, il refuse de marcher et se couche, si on continue à le frapper, il se roule à terre, ou bien il se relève brusquement en emportant l'homme qui le monte et qui aura besoin de beaucoup d'adresse pour le maîtriser ; il devient promptement méchant et agressif, mordant et donnant des coups de pied à toute approche.

Mais s'il est traité avec douceur, le chameau une fois dressé et habitué à son maître, est une monture maniable ; certainement plus compréhensif que le cheval, il fait preuve avec uniformité d'un caractère calme, craintif même ; les mouvements brusques, comme par exemple quelqu'un s'approchant de lui en courant et en gesticulant, l'énervent toujours un peu, mais il reste indifférent aux détonations ou s'y habitue très vite ainsi qu'à une paisible circulation d'hommes autour de lui.

Allures.

Les allures habituelles du chameau sont le pas et le trot (amble); le galop pour lequel ce gigantesque animal n'est pas construit, reste toujours une allure anormale et détraquée, jamais soutenue plus de 150 à 200 mètres, difficile à supporter pour l'homme en selle si exercé qu'il soit, et durant laquelle il est peu maitre de sa monture qui le conduit où elle veut.

Dans le trot (amble), il faut différencier nettement le trot allongé et le petit trot qui constituent presque des allures distinctes.

Le trot allongé est une allure régulière donnant une vitesse moyenne de douze kilomètres à l'heure assez souvent dépassée (jusqu'à vingt ou vingt-cinq kilomètres), soutenue pendant une ou deux heures, quelquefois plus ; mais elle ne peut être demandée qu'au chameau de selle légèrement chargé, occasionne très promptement des blessures et constitue pour l'animal un effort intense dont il a besoin immédiat de se refaire.

Sauf pour quelques bêtes de choix et fort rares, susceptibles de fournir assez longtemps cette allure sans se ruiner, les nomades n'emploient qu'exceptionnellement le trot allongé, dans la dernière heure de marche d'une surprise ou d'une poursuite, dans les tout à fait premières heures d'une fuite éperdue.

Le petit trot est une allure douce et aisée donnant une vitesse de huit à dix kilomètres à l'heure.

Pendant une durée très courte, deux ou trois heures, elle ne cause que peu de fatigue au chameau de selle monté par un Targui léger, peu encombré d'eau et de provisions, elle lui est déjà pénible et risque de le blesser si l'homme porte à sa selle un lourd bagage ; elle n'est demandée que tout à fait rarement au chameau de bât, qui ne peut la soutenir pendant fort peu de temps qu'à la condition d'être très peu chargé (50 à 60 kilogrammes) et monté ou attaché derrière un animal monté. Les rezzous ne l'emploient dans ces conditions que dans la retraite, après les premières heures de fuite échevelée.

Pendant une durée plus longue, le chameau de selle légèrement chargé peut seul la soutenir, mais s'il est en bon état, il le peut pendant dix heures et même vingt heures ou plus : c'est alors pour lui un très gros effort qui ne pourrait être renouvelé, au bout de peu de temps, que par une bête exceptionnelle. Les nomades, pour lesquels le petit trot est l'allure habituelle et préférée au cours des déplacements de quelques kilomètres de campement à campement, ne l'emploient dans ces conditions de durée prolongée que pour des trajets urgents, inférieurs ou très légèrement supérieurs à 150 kilomètres et après lesquels un repos immédiat de la monture est possible : par exemple porter un message, reconnaître un puits, etc... C'est cette allure qui, avec des bêtes de choix bien conduites, permet à des isolés ou à de très petits groupes touareg les tours de force de vitesse sur petit parcours, comme on en cite dans toutes les tribus, et dont cette indication de 150 kilomètres en quinze ou vingt heures ne fait que donner une idée.

Le pas varie en vitesse moins selon l'animal que selon le chargement, la température et l'état de fatigue ; d'ailleurs dans les évaluations ci-après l'on considérera surtout l'allure dans la marche en groupe, donc dans ses conditions moyennes.

Il peut se différencier en pas soutenu, pas moyen, pas lent.

Le pas soutenu donne une vitesse de six kilomètres à l'heure, facilement même un peu plus, toutefois exagérément poussé il deviendrait plus pénible à la bête que le petit trot ; c'est le pas que le méhariste isolé ou en petit groupe fait parfois, sur un bref parcours, alterner avec cette dernière allure ; comme elle, il peut être fourni quelques heures sans grande fatigue pour un chameau de selle portant un poids léger, mais, pour une durée plus longue, serait vite épuisant ; un bon chameau de bât, légèrement chargé, peut également le fournir quoique avec plus de peine et pendant une durée moindre.

Le pas moyen donne une vitesse de quatre kilomètres cinq cents à cinq kilomètres à l'heure ; c'est le pas des convois à assez long parcours (20 à 30 jours) ou même de ceux à long parcours (jusqu'à quatre mois aller et retour) mais dont les animaux sont peu chargés ; commode pour ceux portant 60 à 80 kilogrammes, il est à peu près un maximum pour ceux en portant 100 ; c'est aussi le pas courant du méhari monté, celui qu'emploient les harkas ou rezzous à grande envergure voulant conserver leurs animaux frais pour le moment de l'action.

L'étape moyenne, quand les circonstances s'y prêtent, est de six heures par jour (27 à 30 kilomètres) et la proportion de repos complet au pâturage d'un jour sur trois ; entre les points d'eau très éloignés les étapes sont, sans changement de vitesse, augmentées en durée jusqu'au double s'il le faut, les journées gagnées venant en majoration du prochain repos.

La vitesse utile du trajet est donc voisine de vingt kilomètres par jour.

Le pas lent donne une vitesse de trois kilomètres cinq cents à quatre kilomètres à l'heure ; c'est le pas des caravanes, même de celles à long parcours (jusqu'à quatre mois aller et retour), dont les animaux sont chargés à 120 ou 130 kilogrammes, et certaines bêtes parfois jusqu'à 200 kilogrammes, quand le poids (eau, provisions, etc...) doit diminuer en route ; le chameau marche sans contrainte en broutant de ci de là une touffe d'herbe rencontrée.

L'étape moyenne, quand les circonstances s'y prêtent, est également de six heures par jour (20 à 24 kilomètres), la proportion des repos de un jour sur trois, faute de points d'eau les étapes sont portées au double ou même au triple s'il est nécessaire avec augmentation, au prochain repos, des journées de gain.

La vitesse utile du trajet est donc voisine de quinze kilomètres par jour.

En somme, le chameau ne vaut pas par la vitesse mais par le fond aux faibles allures et son rendement sera d'autant plus fort que l'allure employée sera moins ample, parce qu'elle sera soutenue plus longtemps.

La seule allure vive, le trot allongé, si elle est plus rapide que le galop du cheval, n'est maintenue qu'un temps très court et l'épuise. C'est une allure déjà bien réduite, le petit trot, qui lui permet les beaux raids sur faibles parcours ; enfin c'est en marchant au pas et au pas moyen seulement (au pas lent, même s'il

est très chargé), c'est-à-dire sans faire le kilomètre plus vite
qu'un piéton, qu'il peut fournir n'importe lequel des longs parcours désertiques dont aucun ne serait possible sans lui.

Alimentation.

Le chameau, lorsqu'il s'abreuve, absorbe une grande quantité
d'eau, 50 à 60 litres parfois, mais il boit rarement.

Dans certaines tribus Touareg où les chameaux en liberté
sont habitués à venir d'eux-mêmes au puits quand ils ont soif, la
bête boit tous les deux ou trois jours en été, tous les cinq ou six
jours en hiver ; si elle consomme des herbes aqueuses, elle reste
souvent une vingtaine de jours sans ressentir la soif ; sur un pâturage d' « allouat » vert elle broute un mois ou plus sans demander d'eau et même elle la refuse.

Ces intervalles d'abreuvoir du chameau livré à lui-même
peuvent être prolongés sans inconvénient.

En route le Touareg ne fait boire le chameau que tous les trois
ou quatre jours pendant les fortes chaleurs, tous les huit ou dix
jours pendant la saison froide ; en cas de force majeure ces intervalles sont même parfois augmentés de deux ou trois jours, sans
que la bête en souffre si elle n'a pas fourni un travail intense ;
toutefois, lorsque la répartition des points d'eau le place dans
l'alternative de diminuer les intervalles ou de les accroître, il
adopte la première solution.

En station, et lorsque l'eau est rare le chameau peut ne boire
que plus rarement encore, ses besoins diminuant avec le repos.

En thèse générale, le chameau est abreuvé en deux reprises ;
on l'a fait manger avant la première et on l'a fait manger également dans l'intervalle de la première à la deuxième ; ces pratiques
sont logiques : le chameau à jeun boirait trop et sans profit,
l'eau traversant rapidement les intestins ; au contraire, quand le
rumen est rempli d'aliments, ceux-ci s'imbibent d'eau et la re
tiennent ; en faisant boire deux fois l'on est certain d'étancher complètement la soif.

Le chameau, auquel les Touareg tâchent de ne donner que de l'eau de puits ou de mare à fond pur, hésite devant une eau souillée mais en cas de besoin réel la consomme toujours.

Son instinct, comme celui de tous les animaux, notamment les ruminants, le fait rechercher les eaux salines ou natronées du nord du territoire, favorables à son appétit, à sa digestion et à l'assimilation de ses aliments.

Les Touareg ont constaté combien le sel lui est profitable ; plusieurs tribus transhument annuellement pour conduire les animaux aux sources salines, et celles qui ne peuvent recourir à cette ressource n'hésitent pas à leur donner du sel malgré son prix très élevé dans leur pays ; mais ces dernières ont des principes très différents en ce qui concerne le mode d'administration : les unes donnent le sel à des intervalles réguliers sans se préoccuper des circonstances climatériques, d'autres le donnent aux changements de saison (début des froids, début des chaleurs, premières pluies), certaines le font prendre avant l'abreuvoir, certaines après.

Ces pratiques diverses ne procèdent-elles que de plus ou moins grandes facilités locales ou bien ont-elles des avantages les unes sur les autres pour l'animal ? C'est une question encore insuffisamment éclaircie et qui reste à étudier.

En tous les cas il est établi que le chameau a besoin de cinq à six kilogrammes de sel par an : il ne se trouve pas mal de l'administration chaque mois par douzième avant un abreuvoir, reste à déterminer de quel autre mode d'administration il se trouverait mieux.

Facile à satisfaire au point de vue de l'eau, le chameau est certainement, parmi tous les ruminants, un des plus exigeants et des plus difficiles à nourrir.

Il ne suffit pas en effet de le mettre dans un endroit où il « semble y avoir du pâturage », il faut encore que ce pâturage lui convienne ; telle herbe, telle paille qui aujourd'hui est très recherchée par lui le laissera dans quelques mois, dans quelques jours parfaitement indifférent ; pendant la saison froide il lui faut des branchages ; pendant la saison chaude il les refuse.

Cette nourriture choisie et variée, il la lui faut en abondance, son rumen étant un vaste sac d'une capacité de 80 litres environ qui appelle une grosse quantité de matières alimentaires. Il la lui faut chaque jour et lorsque en route l'absence du pâturage l'oblige à passer une journée sans autre chose qu'un peu de paille emportée, il souffre, même si l'on a pris la précaution touareg de lui lier les mâchoires pour l'empêcher de ruminer.

Il ne la prend qu'à certaines heures et dans certaines conditions; en particulier il ne mange jamais pendant les moments chauds de la journée ; de dix heures du matin à quatre heures du soir, toutes les fois qu'il n'est pas en marche il se couche, rumine et se repose, il serait donc tout à fait inutile de le mettre alors au pâturage ; heureusement, il mange volontiers la nuit, surtout par les clairs de lune.

Il ne la prend que lentement ; aimant à brouter d'une touffe à l'autre et à se déplacer beaucoup sur le pâturage, il lui faut cinq ou six heures pour absorber sa ration journalière.

Nourrir le chameau est donc toute une science qui exige non seulement une connaissance parfaite de l'animal et de ses habitudes, mais aussi la connaissance des différents végétaux sahariens qui entrent dans son alimentation et dont l'énumération est longue, comme on le verra à l'un des titres suivants de ce *Guide*, au paragraphe qui en traite.

Les nomades y excellent, et tous savent discerner à chaque époque de l'année un bon pâturage ; le serviteur Bellah non propriétaire du chameau s'intéresse déjà à l'animal près duquel il vit, le Targui, lui, est aux petits soins pour son méhari qui lui permet d'aller razzier au loin et de s'échapper rapidement si le sort ne lui est point favorable. On le voit en route s'arrêter souvent pour donner à sa monture une touffe d'herbe savoureuse ; en arrivant à l'étape, son animal barraqué près de lui, il va couper délicatement la meilleure partie d'un arbuste, quelques poignées de fourrage choisi qu'il lui donne à la main, ne laissant l'animal en liberté qu'après lui avoir déjà vu prendre ainsi un peu de nourriture substantielle ; il entoure de précautions la chamelle qui lui fournit le lait, et met toute sa sollicitude à refaire dans un bon pâturage le chameau de bât épuisé par un long et dur travail de plusieurs mois : ce qu'il fait plutôt par affection pour son méhari il le fait par intérêt pour l'animal reproducteur et l'animal porteur, source de bénéfices.

Condition.

La condition d'un chameau se manifeste d'une façon très apparente.

Une bosse proéminente, une épaule et une cuisse bien en chair, un œil vif sont des indices certains d'un état de santé florissant.

Une bosse ne se devinant que par le squelette, une épaule et une cuisse amaigries, un œil terne indiquent, au contraire, que l'animal est malade ou fatigué.

La condition d'un chameau qui travaille exige, pour être maintenue, des précautions constantes et minutieuses dont ce qui a été dit aux paragraphes « alimentation » et « allures » a pu déjà donner une idée.

Elle s'abaisse avec une rapidité extrême sous l'influence des excès de fatigue ou du défaut d'alimentation ; dès que l'animal a usé ses réserves de graisse, toute grosse dépense de forces ou toute insuffisance momentanée de nourriture exige immédiatement du repos sur un bon pâturage, sous peine de dépérissement complet.

Elle peut être ruinée brusquement et la mort de l'animal peut survenir en très peu de jours sous l'influence de causes dont certaines nous échappent peut-être encore, mais dont la plupart nous sont maintenant connues et parmi lesquelles il faut mentionner en première ligne les blessures envenimées du harnachement ou de la charge qui, bien supportées en apparence, minent l'animal ; puis l'action des mouches (tsé-tsé, taons, moustiques même) qui anémient l'animal ou vicient son sang ; le voisinage d'un fleuve auquel très peu parviennent à s'habituer ; les maladies nombreuses auxquelles il est sujet (gale, toux, affections intestinales, etc...) et dont il sera parlé avec quelque détail à l'un des titres suivants de ce *Guide*, en mentionnant les méthodes curatives employées par les Touareg.

Le chameau peut tomber comme une masse à la suite d'un de ces coups de sang auxquels il est fréquemment sujet, à la suite aussi, s'il faut en croire les Touareg, de l'absorption de certaines herbes vénéneuses ; en thèse générale et ainsi qu'on l'a dit déjà, il marche jusqu'à la dernière limite de ses forces ; quand celles-ci sont absolument épuisées, il refuse de se lever et il oppose aux efforts faits pour l'y contraindre non plus les signes d'impatience et les cris des légères fatigues, mais une silencieuse inertie à laquelle le Targui ne se trompe pas ; il sait que la bête mourra sur place et l'abandonne.

La remise en condition d'un chameau qui n'est bien entendu possible que si un certain degré de dépérissement n'a pas été dépassé, exige toujours un temps très prolongé, l'animal ne se refait que lentement et il faudra parfois cinq ou six mois de repos sur le pâturage pour qu'il soit à nouveau en état parfait.

En route la remise en condition est à peu près impossible ; certains nomades ont bien la pratique, quand un chameau donne des signes de faiblesse et suit difficilement, de lui faire prendre de force un barbottage soit de mil imparfaitement pilé, soit de dattes desséchées ou de noyaux de dattes à moitié écrasés, mais c'est seulement la ressource des cas où le repos prolongé et le pâturage sont proches et où il ne faut qu'un dernier court effort pour y accéder.

En station la remise en conditions n'exige que de bons pâturages et du temps ; si, au début, l'animal est assez bas pour ne montrer qu'un faible appétit, on le fait manger à la main en ne lui présentant que des herbes choisies ; s'il doit se refaire, il recherchera bientôt de lui-même sa nourriture et il suffira de l'exciter à la prendre abondante en assurant la variété du pâtis par des déplacements fréquents du troupeau.

Il va de soi que, si l'animal est atteint soit de blessures de harnachement ou d'abcès consécutifs, soit de gale ou de toute autre maladie dont un nomade discerne toujours avec sûreté les symptômes, il lui est en même temps prodigué tous les soins de la science vétérinaire touareg qui, malgré qu'elle soit toute empirique et entachée de pratiques évidemment erronées, obtient en la plupart des cas des résultats sérieux.

Tant que le chameau amaigri et fatigué se répare, le mouvement qu'il se donne pour pâturer ou changer de pâturages lui tient lieu d'exercice journalier et ce serait compromettre gravement le résultat cherché que de l'utiliser, aussi peu que ce soit, pendant cette période.

Mais dès qu'il a refait sa provision de graisse et tout en continuant à recevoir une alimentation aussi abondante, aussi variée et aussi riche que possible, il est soumis à un travail régulier et progressif ayant pour objet son entrainement, question importante sur laquelle le *Guide* aura à revenir; la pratique touareg, respectueuse en cela des lois physiologiques courantes, est à ce sujet absolument générale dans toutes les tribus et pas un nomade ne partirait pour un trajet prolongé avec un animal au repos complet depuis longtemps.

Contrairement à ce qui convient pour le cheval, le chameau doit être gras avant le départ pour une longue randonnée, mais conformément à ce qui convient pour tous les animaux de selle ou de bât, il doit en même temps être entrainé au travail; c'est alors seulement qu'il est en état de fournir le maximum d'efforts avec le minimum de fatigue, c'est-à-dire d'usure, qu'il est au plus haut point de sa condition et tout à fait « en forme ».

Utilisation.

Le chameau ne saurait être, comme le cheval par exemple, un animal à utilisation continue, puisque, ainsi qu'on l'a vu déjà, la lenteur d'assimilation de ses aliments fait qu'une forte ration d'entretien est insuffisante pour le maintenir en état s'il n'a pas de plus, après chaque effort, une période de repos proportionnée à la fatigue subie; comme ce sont des efforts de plusieurs mois qu'exige généralement son travail et comme la réparation est, chez lui, plus lente que la dépense de forces, il ne peut être qu'un animal à utilisation fortement intermittente.

Les Touareg ne lui demandent qu'un travail effectif de quatre mois sur douze; ils considèrent que cette proportion ne cause qu'une usure normale de l'animal, mais que dépassée et portée à six mois sur douze, ce qui est le grand maximum, elle entraine inévitablement une usure plus ou moins prématurée.

Ce principe règle, d'une façon invariable et avec une uniformité frappante, l'utilisation du chameau chez les nomades du Territoire.

Dans les tribus caravanières, lorsque le parcours habituel prend de trois à cinq mois pour l'aller et le retour (caravanes de Zinder à la Tripolitaine, etc...) il n'est effectué qu'une fois chaque année ; lorsque les parcours sont plus restreints et ne prennent qu'un mois environ pour l'aller et le retour (caravanes entre les pays de sédentaires et l'Azbin, transports intérieurs, etc.) ils ne sont renouvelés que trois ou quatre fois l'an ou, en tous les cas, jamais plus de cinq fois.

Dans toutes les tribus guerrières il en est de même ; il n'est fait, chaque année, qu'un seul rezzou à long parcours (trois à cinq mois aller et retour) ou que trois à cinq rezzous à parcours restreint (un mois environ aller et retour).

Les règles de travail du chameau, en quelque lieu et en quelque circonstance que ce soit, présentent, en leur ensemble, une identité parfaite qui établit que les nomades, unanimes pour la fixation de la durée annuelle d'utilisation, sont également unanimes pour l'application d'un mode unique de cette utilisation.

En caravane (pas lent) ou en rezzou (généralement pas moyen) la marche s'exécute toujours dans les conditions de vitesse et de proportionnalité des jours de repos qui ont été déterminées au paragraphe « allures ».

L'étape s'effectue, en thèse générale, d'une seule traite ; seules quelques tribus qui ont la pratique exceptionnelle de marcher de jour pendant la saison chaude font alors un arrêt de trois heures, au plus fort du soleil.

Dès l'arrivée, les chameaux entravés sont envoyés au pâturage et y restent jusqu'au moment de se remettre en route, ils ne sont généralement pas gardés ou ne le sont que par quelques serviteurs bellahs détachés à cet effet ; c'est seulement dans les pays infestés de fauves ou bien lorsque des voleurs ou des rezzous sont à craindre, que les Touareg établissent une surveillance sérieuse autour du troupeau pendant les six heures de pâturage indispensables, et le rassemblent la nuit auprès du bivouac en faisant barraquer les bêtes près de chacune desquelles est placée une grosse botte de fourrage choisi.

Le départ a lieu, pendant la saison froide (octobre à février ou mars), vers sept heures du matin, après que le soleil a réchauffé le chameau, ce qui est indispensable, arrivée dans l'après-midi (entre une heure et sept heures), pâturage puis repos le reste de la soirée et toute la nuit — pendant la saison chaude, départ vers quatre heures du soir après le fort soleil, arrivée dans la nuit (entre dix heures soir et quatre heures matin), pâturage puis repos le reste de la nuit et toute la journée du lendemain ; ou bien encore, dans le cas seulement d'une étape de six heures au maximum, départ à dix heures du soir, pâturage et repos le lendemain de quatre heures du matin à dix heures du soir, mais ce système qui, s'il offre plus de temps de bonne pâture qu'il n'en faut, entraine les inconvénients du rassemblement et du chargement de nuit est, pour ces derniers motifs, assez rarement employé.

L'on voit que, en tous les cas, sur vingt-quatre heures le chameau a toujours à lui au moins douze heures successives parmi lesquelles — six heures ou davantage comprises dans l'intervalle durant lequel il accepte de pâturer, quatre heures soir à dix heures matin — et, après ces six heures de bonne pâture, six autres heures ou davantage qu'il peut alors employer à dormir ou ruminer, puisqu'il a mangé d'abord.

Si, pendant les périodes de travail, les conditions sont uniformes, elles le sont bien plus nettement encore durant les longs intervalles qui séparent ces périodes de travail.

Les chameaux sans entraves restent alors en liberté jour et nuit sur les pâturages situés dans un rayon de quelques kilomètres autour du campement, et ne les quittent qu'un moment de loin en loin pour venir à l'abreuvoir ; ils sont répartis en troupeaux de cinquante, parfois soixante-quinze ou cent têtes, nombre jamais dépassé et au delà duquel la surveillance devient difficile, l'épuisement des pâtis trop rapide.

Si les abords offrent de très grandes ressources en pâturages e des ressources suffisantes en eau, le campement reste parfois en place des semaines, voire des mois ; mais ce cas est rare, le plus souvent il faut « nomadiser », c'est-à-dire que les chameaux, et avec eux le campement, sont déplacés de pâturage en pâturage, en séjournant un jour, deux jours, huit jours sur chacun d'eux selon sa richesse ; l'itinéraire n'est fixé que par la condition de trouver chaque jour de bons pâturages et de les trouver peu éloignés les uns des autres à des intervalles d'une quinzaine ou d'une vingtaine de kilomètres par exemple, il aboutit parfois à des transhumances annuelles assurant à chaque saison les conditions climatériques les meilleures pour l'animal.

Dans ces déplacements de pâturage en pâturage, l'allure est le pas lent ou plus rarement le pas moyen ; les chameaux, non en condition, ne portent aucune charge ; ceux en état en portent une légère ou sont montés et font ainsi de l'entraînement au travail.

La « nomadisation » n'entraîne donc aucune fatigue ; elle peut se continuer sans limite de durée et sera même d'autant plus profitable à l'animal qu'elle sera prolongée davantage puisqu'il s'y répare de l'effort passé et se met en forme pour l'effort à venir.

En thèse générale, cette vie sans rendement effectif que mène le chameau pendant les deux tiers de son temps est sa vie habituelle et nécessaire : le travail utile et intense qui en absorbe le dernier tiers n'est et ne peut être pour lui que l'épisode.

Cette dernière constatation complète l'aperçu rapide que ce chapitre a donné du chameau et de sa vie dans les tribus nomades ; c'en est assez pour justifier ses caractéristiques indiquées au début et pour montrer que son mode d'emploi très spécial diffère entièrement de celui de tout autre animal de selle ou de bât.

Au cours des chapitres suivants, en voyant le chameau et sa vie dans la section méhariste, l'on constatera que la plupart des règles d'entretien et d'utilisation qui seront alors exposées sont une simple transposition des règles plus ou moins inconsciemment observées par les nomades et dont les principales viennent d'être résumées.

En effet, les premiers officiers qui se sont faits méharistes et ont commencé à utiliser le chameau sans le connaître encore et sans pouvoir l'étudier chez les nomades alors impénétrés, n'ont réussi qu'à en tirer un rendement très faible et ont subi des pertes énormes.

Ils ont naturellement cherché comment les Touareg arrivaient à des résultats tout différents et, observant davantage leur pratique à mesure que le contact devenait plus étroit, ils ont reconnu que celle-ci n'était qu'une application de règles stables non discernées, la plupart du temps, par les nomades obéissant simplement à la tradition ou à la routine, mais qu'un Européen pouvait dégager par l'analyse.

En appliquant eux-mêmes celles de ces règles qu'ils surent mettre au jour en nombre de plus en plus grand, ils virent cesser les insuccès du début, certains arrivèrent à des résultats aussi bons que ceux des nomades, quelquefois à des résultats meilleurs parce qu'ils raisonnaient l'application simplement empirique chez ces derniers.

C'est là qu'en est notre technique méhariste : elle procède surtout de la technique touareg ; à l'heure actuelle il n'en peut être qu'ainsi et il est bon qu'il en soit ainsi parce que nous nous servons depuis trop peu de temps du chameau pour avoir pu faire encore son étude physiologique directe.

Quand cette étude, qu'il faut commencer et que commencent nos vétérinaires et nos médecins, sera suffisamment avancée, ce qui exigera un long laps de temps car la matière est complexe, peut-être nous ouvrira-t-elle des horizons nouveaux ; jusque-là, et c'est sur cette conclusion qu'il faut rester en parlant du chameau au point de vue général, l'officier méhariste devra apprendre, près des Touareg, tout ce qu'il ignore encore de la bête même et ce qu'il a besoin d'en savoir ; pour les questions qui comportent une part d'invention (harnachement, chargement, etc., encore calqués sur le mode indigène) qu'il innove, car là il peut juger en toute connaissance de cause et faire mieux de lui-même, mais pour les questions qui ne comportent que de l'observation et de l'expérience (entretien, alimentation, règles de marche et d'utilisation, etc...) qu'il se dise que le plus sage pour l'instant est de pénétrer de plus en plus à fond les méthodes touareg, d'éliminer les erreurs de détail qui les entachent et d'en déterminer les lois pour les appliquer.

DEUXIÈME PARTIE

TITRE I
Constitution de la section méhariste.

CHAPITRE PREMIER

ORGANISATION

Composition.

Chacune des sections méharistes en service dans le territoire militaire du Niger a la composition suivante, fixée par l'ordre général du Commandant supérieur des troupes n° 63 du 15 novembre 1906 :

1 Lieutenant.
2 Sergents européens.
57 Gradés et tirailleurs.
200 Chameaux (dont 120 de selle).

En pratique, la proportion des gradés indigènes est de deux sergents et quatre caporaux par section.

L'ordre général précité autorise en outre les sections à employer un nombre de chameliers-bergers approprié aux besoins ; l'ordre général n° 32 du 15 mai 1908 a prévu que ce nombre ne dépasserait pas le vingtième de celui des animaux.

Dans la pratique chaque section compte :

1 Chamelier chef.
14 Chameliers-bergers.

Ce nombre permet deux chameliers par escouade pour les chameaux de selle, les six autres s'occupant des animaux de bât.

Deux au moins des chameliers sont aptes au métier de bourrelier indigène.

La proportion de 120 chameaux de selle pour 60 hommes n'a pas été prévue pour que chacun de ces derniers ait en route une monture haut le pied ; elle a pour objet de permettre à la section d'être constamment en marche ou en état de marcher alors que le chameau n'est susceptible que d'un maximum de travail de six mois par an.

A cet effet les 200 chameaux de la section sont divisés en deux groupes (voir titre II, chapitre IV) comprenant chacun 60 chameaux de selle et 40 animaux de bât, gardés par six chameliers (un par escouade pour les animaux de bât) ; chaque groupe marche à tour de rôle, la section n'emmenant ainsi jamais plus de 100 chameaux avec elle.

Le groupe momentanément inemployé reste à se reposer et à se refaire au pâturage dans les environs d'un point fixe qui est ainsi le point d'attache de la section ; y sont également déposées les réserves de munitions, de vivres, etc... enfermées dans un blockhauss que gardent les quelques tirailleurs non emmenés pour cause de fatigue, etc... ; l'ensemble porte le nom de poste-grenier (arrêté du Gouverneur Général n° 201, du 16 février 1909) ; comme la section est en principe faite pour le mouvement l'installation du poste-grenier est très rudimentaire (voir titre III, chapitre I, station).

Commandement.

Chaque section compte avec ses cadres à une des compagnies des bataillons de tirailleurs sénégalais de Tombouctou ou de Zinder, qui, pour ce fait, porte l'appellation de « compagnie mixte » (Ordre général n° 53 du 15 novembre 1906).

Ce rattachement est *purement administratif.*

Le rôle du commandant de la compagnie mixte se borne à donner satisfaction, dans la mesure des possibilités et des règlements, aux demandes d'hommes, d'argent, de vêtements, de vivres, etc... qui lui sont adressées par la section et à se faire fournir par elle tous les renseignements et pièces qui lui sont nécessaires pour la tenue des écritures de la compagnie dans lesquelles figurent son effectif et ses allocations (voir chapitre IV, comptabilité) ; dans l'ensemble ce rôle est à peu près de même nature que celui d'un commandant-major et de ses officiers comptables à l'égard d'une compagnie.

La section est en effet une « unité méhariste ».

Dans son service intérieur, le rôle du lieutenant commandant est à peu près de même nature que celui d'un capitaine dans sa compagnie.

Il assure l'instruction, la remonte et l'entretien, règle l'emploi du temps, etc... ; il a pour toutes les questions de commandement l'initiative et la responsabilité d'un commandant d'unité.

Pour l'utilisation de la section, le Lieutenant commandant relève directement et exclusivement du chef de bataillon hors cadres ou aux troupes commandant la région, qui peut déléguer partie de ses attributions au commandant du cercle auquel il a donné des directives.

Eux seuls ont qualité pour donner les ordres de mouvement, indiquer les objectifs de reconnaissance, fournir des directives d'action, etc... ; dans l'exercice de leurs attributions les commandants de région et de cercle laissent au lieutenant commandant la part d'initiative qui convient.

Pour une section, celle de Tahoua, réserve des troupes méharistes du Territoire Militaire du Niger (voir première partie, chapitre I), aucun ordre de mouvement ne peut être donné par le commandant du cercle ou le commandant de région sans autorisation préalable du lieutenant-colonel commandant le Territoire qui garde en main cette force disponible pour l'employer, selon les besoins, dans l'une ou l'autre région.

Allocations.

L'entretien des sections méharistes incombe en principe au budget colonial et figure dans les dépenses des corps auxquels elles comptent.

Les allocations qui assurent cet entretien sont nomenclaturées ci-après :

Au titre de la solde.

Les Européens ont droit à la solde coloniale du grade et à ses accessoires.

Il leur est alloué en outre une indemnité journalière de résidence exclusive de toute indemnité de route, cherté de vivres, etc... et en tenant lieu ;

Les gradés et tirailleurs indigènes ont droit aux soldes journalières et hautes payes des tirailleurs non montés.

Européens et indigènes perçoivent en outre, aux frais du budget local (budget annexe du Territoire Militaire du Niger), une indemnité spéciale de service méhariste (arrêté du Gouverneur Général n° 320 du 26 mai 1908) qui est fixée comme suit :

Lieutenants.	720 fr. par an.
Sous-officiers F.	600 « «
Sergent I.	0 fr. 40 par jour.
Caporaux I.	0 fr. 30 «
Tirailleurs I.	0 fr. 15. «

Au titre des masses.

Les masses du corps, pour subvenir aux besoins de la section, ont droit :

1° A des allocations de même taux que si elle n'était pas montée et qui sont :

Masse de ravitaillement: prime journalière fixée chaque année par le Gouverneur Général, basée sur le prix de revient de la ration dans chaque poste-grenier.

Masse d'armement : prime mensuelle fixe.

Masse de casernement : prime mensuelle fixée chaque année par le Commandant supérieur des troupes.

2° A des allocations spéciales aux sections méharistes et qui sont :

Masse individuelle d'équipement et d'habillement : première mise de 80 francs par méhariste (au lieu de 75 francs par tirailleur à pied) et prime journalière de 0,18 par méhariste (au lieu de 0,15 par tirailleur à pied). (Décret Présidentiel du 20 février 1909).

Masse de remonte : prime de 35 francs par an et par animal prévu à l'effectif (ordre général du Commandant supérieur n° 32 du 15 mai 1908).

Masse de harnachement : prime journalière de 0,10 par animal présent (Ordre général n° 32).

Masse de ravitaillement : prime journalière de 0,10 par animal présent, à charge de payer, outre les dépenses d'entretien des chameaux, celles de salaire des chameliers-bergers (ordre général n° 32).

Recrutement.

Les tirailleurs méharistes sont choisis parmi les tirailleurs non montés de la compagnie mixte dont l'instruction à pied est complète et qui sont volontaires ou semblent présenter les aptitudes requises.

Ils appartiennent aux races noires Bambara, Mossi, Djerma, etc...; l'introduction d'éléments berbères dans les sections n'est encore qu'à l'état de projet (voir titre V : Perfectionnement).

Les soldes et hautes payes sont celles indiquées au paragraphe précédent ; l'uniforme est le même que celui des tirailleurs non montés à quelques détails près ; l'armement est la carabine 90, modèle de gendarmerie avec baïonnette d'infanterie (voir chapitre III) ; la nourriture et l'entretien sont assurés dans des conditions voisines de celles des unités montées (voir chapitre V : administration).

Etant donné les conditions particulièrement pénibles du service méhariste pour les indigènes et l'intérêt qu'il y a à les encourager à y rester par rengagement, il est accordé (Instruction du commandant supérieur des troupes du 30 mai 1908) :

1° Des gratifications aussi larges que possible (Fonds des retenues aux punis de prison) aux tirailleurs méharistes qui se sont distingués par leur manière de servir et particulièrement par les bons soins qu'ils auront donnés à leurs chameaux.

2° Des congés de trois mois pour aller revoir leur famille et se reposer à ceux qui auront eu une bonne conduite et auront particulièrement satisfait leurs chefs pendant dix-huit mois.

L'avancement des indigènes est régi par les mêmes règles que pour les tirailleurs non montés ; en principe, toutes les places de gradés des sections méharistes sont réservées aux tirailleurs méharistes ; la moyenne du temps de service comme tirailleur de 2° ou 1re classe avant de passer caporal est de près de cinq ans ; la moyenne du temps de service dans le grade de caporal avant de passer sergent est de près de trois ans et demi.

Les cadres européens des sections méharistes se recrutent en principe parmi les sous-officiers de la compagnie mixte dont chacune d'elles dépend et fait l'objet d'un choix spécial dans les considérations duquel entrent en première ligne les services antérieurs aux méharistes (voir première partie, chapitre III : Le sous-officier méhariste).

Le lieutenant commandant la section est, toutes les fois qu'il sera possible, un officier spécialisé dans le service méhariste et affecté à la compagnie mixte en vue de ce commandement ; c'est en tous les cas un officier d'une valeur éprouvée (voir première partie, chapitre II : L'officier méhariste).

CHAPITRE II

REMONTE

Principes.

La remonte des sections méharistes est assurée par le fonctionnement d'une masse spéciale gérée par le corps dont les allocations (35 francs par an et par animal) ont été indiquées déjà (voir chapitre I) et dont le fonctionnement administratif sera résumé plus loin (voir chapitre V).

Le premier principe pratique est que les animaux soient achetés sur place ; l'expérience a démontré, en effet, qu'un changement de contrée est toujours nuisible au chameau.

Le deuxième principe est que les animaux soient achetés directement dans les tribus ; en effet, le système des dépôts de remonte, avec quelque compétence qu'il ait pu être examiné parfois, n'est pas à envisager : les chamelons, pour être pris avant que les propriétaires ne commencent à les fatiguer, devraient être achetés à trois ans ; ils ne sont suceptibles d'être utilisés dans une section qu'à six ans ; pendant trois ans donc, temps disproportionné à la durée de service courante de l'animal de troupe, il faudrait entretenir pour le dépôt un personnel spécial de chameliers-bergers, le plus souvent une escorte pour permettre la nomadisation, il faudrait risquer les chances d'épizootie, assurer le dressage (quatre ans) dont nos tirailleurs sont incapables, la castration (cinq ans) peu dangereuse, mais qui enfin peut entraîner des pertes, sans parler de celles résultant de notre connaissance encore insuffisamment approfondie de l'animal ; la considération de l'assez grosse avance de fonds à faire et des très gros aléas à prévoir est de nature à primer entièrement la considération d'amélioration de la remonte qui ne serait d'ailleurs certaine que si nous étions sûrement en état d'élever mieux le chameau que ne le fait la tribu.

Un troisième principe est de ne pas se montrer timide dans le renouvellement des animaux : un chameau réformé est presque toujours vendu un tiers de son prix d'achat, dans ces conditions il est souvent préférable de remplacer sans hésiter un animal amaigri et exténué dont la remise en condition est à peu près assurée, mais exigerait sept ou huit mois ou plus.

Le service intense de la section ne lui permet pas de garder d'animaux inutiles dont la présence rendrait plus fréquent le tour de travail de certains autres et nuirait à l'ensemble ; un roulement est prévu entre ses animaux qui assure à chacun d'eux le temps normal de réfection (voir titre IV) ; tout animal qui est jugé ne pouvoir se réparer entièrement dans les délais répartis est à remplacer.

En agissant ainsi on arrive souvent à plus d'économie que si l'on risquait la mort de la bête en cause en lui faisant reprendre le travail trop tôt, ou si l'on risquait la mort d'autres bêtes en les faisant, à cause de la bête malade, travailler quand elles devraient se reposer.

Les ressources en animaux ne manquent généralement pas pour la remonte ; les nomades du Territoire à eux tous ont certainement plus de 40.000 chameaux et l'effectif total des animaux de troupe est de 1.400 seulement ; chaque section a généralement dans sa zone une ou plusieurs tribus d'éleveurs dans laquelle elle se remonte dans de bonnes conditions soit par achat, soit par perception au titre de l'impôt (voir première partie : élevage du chameau).

Néanmoins le nomade tient à son chameau comme le Peuhl à ses bœufs et évite habituellement de montrer à l'Européen ses animaux de choix, il faudra quelques précautions et quelques recherches au lieutenant commandant pour s'assurer une bonne remonte ; aussi c'est toujours une de ses préoccupations de noter toutes les occasions d'achat ou de perception et de les saisir lorsqu'il le peut.

Age.

Le chameau ne commence à atteindre son développement complet qu'à six ans, il n'est entièrement fait que de sept à huit ans ; il peut conserver toutes ses forces jusqu'à la quinzième ou seizième année ; elles décroissent ensuite jusqu'à la décrépitude ou la mort par vieillesse qui se produit entre vingt on vingt-cinq ans.

Le bon « chameau d'âge » à acheter pour la remonte devra avoir de six à dix ans.

L'âge du chameau se détermine comme pour le cheval par l'examen des dents ; celles-ci sont au nombre de 36 ainsi réparties :

Mâchoire supérieure.

2 incisives.
2 crochets.
2 crochets supplémentaires.
10 molaires.

Mâchoire inférieure.

6 incisives.
2 crochets.
2 crochets supplémentaires.
10 molaires.

(Les crochets supplémentaires de la mâchoire inférieure manquent souvent).

Les incisives de la mâchoire inférieure peuvent, comme celles du cheval, être distinguées en :

« Pinces » « mitoyennes » et « coins ».

La dentition de lait apparaît dès les premiers mois, elle est complète vers trois ans et commence à être remplacée vers la cinquième année.

Les caractères suivants présentés par les dents permettent de déterminer à peu près l'âge du chameau :

Chameau au-dessous de 3 ans. — La dentition de lait se développe.

Chameau de 3 ans. — La dentition de lait est complète.

Chameau de 4 ans. — Les pinces se déchaussent et tombent.

Chameau de 5 ans. — Les pinces et les crochets de remplacement de la mâchoire inférieure paraissent.

Chameau de 6 ans. — Les incisives et les crochets de lait de la mâchoire supérieure, les mitoyennes sont remplacés.

Chameau de 7 ans. — Les crochets supplémentaires commencent à paraître ainsi que les coins de remplacement.

Chameau de 8 ans. — Le chameau est adulte, sa nouvelle dentition est complète, les pinces subissent un commencement d'usure.

Chameau au delà de 8 ans. — Les indications sont vagues, l'usure progressive des incisives donne quelques indications.

En tout état de cause l'âge du chameau se lit moins facilement que celui du cheval et il sera toujours prudent pour l'Européen de faire vérifier ses constatations directes par un nomade, le chef des chameliers-bergers, par exemple, en qui l'on peut généralement mettre quelque confiance.

Aptitudes.

Le « chameau d'âge » pour être acheté à la remonte doit satisfaire aux conditions suivantes :

1º *Sexe* : Le chameau castré est seul apte à servir dans les sections méharistes.

Les femelles doivent être écartées comme étant nerveuses et trop irritables surtout dans la période du rut ; celles que les Touareg rendent stériles par un procédé artificiel seraient seules susceptibles d'être utilisées, mais elles ne sont qu'en nombre restreint et il vaut mieux n'en pas faire état.

Les chameaux entiers au moment du rut s'amaigrissent et deviennent souvent agressifs et difficiles à monter ; en tous temps ils sont quinteux, mordent leurs congénères et sont une source de troubles dans la marche en troupe.

La castration n'enlève rien au chameau de sa force et de sa vigueur ; il n'en devient que plus léger, plus souple et plus facile à entretenir.

2° *Etat du dos* : Le dos et le garrot doivent être aussi nets que possible ; toute cicatrice même ancienne est une tare à ne pas négliger.

Il y a lieu, en l'espèce, de s'écarter de l'habitude touareg qui est de n'attacher que peu d'importance aux cicatrices ; ce n'est pas qu'ils ignorent que ce soit une probabilité de la facilité à blesser que présentera la bête, c'est simplement une conséquence de leur tendance générale à ne jamais se préoccuper dans l'utilisation du chameau s'il est blessé ou non.

En fait, il sera rare de trouver un animal absolument intact et il faudra souvent passer outre cette imperfection tant qu'elle ne sera pas trop accentuée.

3° *Condition* : L'animal doit être en condition, ce qui pour le chameau se traduit par « être gras » : bosse proéminente, épaule et cuisse bien en chair.

Maigre il ne pourrait être susceptible d'une utilisation immédiate ; et, d'autre part, il y aurait imprudence à l'acheter tel dans la pensée de le refaire avant de l'employer, car cette maigreur pourrait provenir aussi bien d'une maladie interne que d'une fatigue facile à réparer.

4° *Dressage* : Le chameau doit être parfaitement dressé, c'est-à-dire rester silencieux à l'approche de l'homme, se lever et barraquer au signal ou à la moindre traction de la rêne, se détacher facilement d'une troupe.

Il est bon de ne pas passer outre lorsqu'une bête crie avec persistance ou s'agite lorsqu'on s'apprête à la monter et obéit mal ; c'est signe que son caractère a été aigri par des brutalités ou par la maladie et il sera toujours difficile d'y remédier.

A peu près dans toutes les contrées la présence de l'anneau de cuivre dans la narine droite indique que l'animal a été dressé pour la selle.

L'on ne mentionne que pour mémoire les autres conditions courantes et à vérifier au cours de l'examen : intégrité de la vue, état des membres, état des pieds, état de la peau qui doit être indemne de tout bouton de gale, etc...

Achat.

Pour faire un choix parmi ceux des animaux présentés qui remplissent les conditions d'âge et d'aptitudes indiquées aux deux paragraphes précédents, la commission de remonte, généralement composée du lieutenant commandant président, assisté de sergents européens ou indigènes, se base sur les considérations suivantes :

Les qualités d'un bon chameau de selle sont (voir la première partie, chapitre IV) : une tête fine et portée haute, l'oreille décollée et droite, les yeux ouverts et doux, une encolure longue et bien dégagée, une poitrine ample, un garrot élevé, une croupe plus basse, une cuisse large et longue, un jarret assez bas ; le bon chameau de bât est plus trapu, plus ramassé, le cou peut être plus court, il faut toujours que la poitrine soit aussi profonde que possible.

Mais l'on ne doit jamais perdre de vue que même comme chameau de selle le service de la section exige des animaux très étoffés et fortement charpentés.

En effet, si nous voyons le Touareg employer de préférence pour la selle des animaux fins et légers, nous ne devons pas oublier que, toujours très svelte, il ne pèse guère avec son bagage réduit plus de 75 ou 80 kilogrammes ; or, un tirailleur avec ses armes, ses cartouches, son paquetage complet de route, ses trois jours d'eau et ses dix ou vingt jours de vivres pèse 135 kilogrammes environ (voir chapitre III) : lui choisir sa monture d'après les mêmes principes que le nomade serait une erreur analogue à celle qui consisterait en France à remonter la cavalerie de réserve avec des chevaux de cavalerie légère.

Donc, ne pas se laisser tenter par des chameaux légers, enlevés, marquant beaucoup plus de race, mais qui ne sauraient, pour la troupe, valoir des bêtes solides, larges et épaisses dans leurs quartiers, un peu massives même, mais correspondant absolument au type de l' « infanterie montée » : animal de transport et non animal de guerre.

Au cours des essais faits pour guider le choix, il est bon de faire monter les bêtes par un ou deux tirailleurs d'aptitudes moyennes, pour juger de ce qu'elles donneront *a priori* conduites par des méharistes moins habiles que les vendeurs.

La discussion du prix termine l'achat ; le Touareg hésite toujours au moment de se défaire d'une bonne bête et, pour le décider, il faudra souvent lui matérialiser le bénéfice en mettant des pièces d'argent sous ses yeux ; l'opération se trouve simplifiée quand la bête est simplement perçue au titre de l'impôt par le service local pour être cédée ensuite à la section (voir chapitre V, administration).

Ainsi qu'on l'a dit, la moyenne des prix d'achat dans les différentes contrées du Territoire Militaire du Niger est d'environ 120 francs ; autrefois nos sections, suivant les endroits, payaient trop cher ou trop bon marché ; elles trouvent maintenant dans l'Ouest de bonnes bêtes de 110 francs ou 115 francs, dans l'Est des bêtes choisies sont laissées pour 130 francs ; en aucun cas nous n'avons à chercher à acheter pour nos tirailleurs méharistes les animaux de cours tout à fait hors ligne dont un Touareg ne se séparerait pas à moins de 150 francs ou même 200 francs.

Immatriculation et marque.

Dès que le chameau a été acheté il est payé au propriétaire sur facture administrative établie en son nom et mise comme pièce justificative à l'appui de la comptabilité de la caisse annexe de la section.

Un procès-verbal d'achat, en triple expédition, est dressé pour être envoyé au commandant de la compagnie mixte.

Un numéro matricule, le premier à prendre sur le contrôle des animaux tenu en double à la compagnie mixte et à la section, est affecté à l'animal.

Celui-ci est immédiatement marqué au fer rouge sur le côté gauche du cou ; la marque comporte d'abord une lettre qui désigne la compagnie mixte, chacune ayant la sienne distinctive, puis le numéro matricule.

La bête est ensuite inscrite sur le contrôle de la section en regard de son matricule et prise en gain sur la feuille de journée des chameaux de la compagnie.

Mise en service.

Avant d'employer le chameau acheté il faut lui affecter une selle.

En effet, la conformation du dos varie notablement d'un animal à l'autre, l'ajustage de la selle est une opération délicate et qu'il vaut mieux n'avoir à faire qu'une fois pour toutes en posant en principe qu'une bête portera toujours le même harnachement.

En fait, elle le portera tour à tour avec un autre chameau, puisque les selles en service ne sont qu'en nombre égal à celui des hommes, égal donc à la moitié de celui des chameaux de selle.

D'où nécessité de classer la bête nouvellement achetée dans l'un des deux groupes, celui à marcher ou celui à laisser au repos (voir chapitre I), et de l'apparier avec une bête de l'autre groupe qui présente des analogies suffisantes de conformation pour que la selle, chaque fois qu'un animal relayera l'autre, n'ait à subir que des adaptations de détail.

En appariant, il faudra aussi tenir compte, dans la mesure du possible, non seulement de la conformation du dos, mais aussi de celle du cou, etc... ; en effet, il y a avantage à ce que la même paire de chameaux soit montée par le même tirailleur et une certaine proportion est à observer entre la longueur des jambes de celui-ci et la longueur du cou ou la hauteur de garrot de la monture.

Après affectation d'une selle à l'animal et désignation du tirailleur qui le montera habituellement, ainsi que du chamelier qui le fera paître, on le soumet de suite à un léger travail.

C'est sans inconvénient, car l'animal est en condition : c'est indispensable, car bien qu'il soit dressé et habitué à marcher en troupe, il lui faut se familiariser avec l'homme qui le montera et avec les quelques particularités de l'emploi dans la section.

Pour le chameau de bât nouvellement acheté, il y a lieu de procéder de même, c'est-à-dire de l'affecter à un groupe, de l'apparier avec un chameau de l'autre groupe pour porter alternativement le même bât et, son chamelier-berger désigné, de le mettre au travail léger.

Durée de service.

Le prix moyen du chameau étant de 120 francs, sa vente après réforme produisant en général presque le tiers du prix d'achat, et la prime de remonte étant de 35 francs par an et par animal, l'on voit que l'on table à peu près en moyenne sur une durée de service effectif de deux ans et demi.

Dans une section bien conduite où les pertes d'animaux seront très rares, l'on pourra généralement atteindre cette moyenne.

Il est impossible de dire plus ; les chiffres fournis par les écritures des masses de remonte portent sur un nombre d'années encore trop restreint et ont été influencés jusqu'ici par des circonstances trop momentanées pour qu'ils puissent donner une indication sûre.

Quant aux bases d'évaluation que fournit l'utilisation du chameau dans les tribus, il faut les interpréter ; on a vu (première partie, chapitre IV) que le chameau fournit au Touareg une moyenne de dix ans de service en pleine force, de sa huitième à sa seizième année, mais l'on a vu aussi et on le répétera que pour qu'il en soit ainsi il faut limiter ce travail à quatre mois sur douze et encore durant ces quatre mois ménager une proportion de repos de un jour sur trois.

Si ces conditions sont posées en principe dans l'utilisation du chameau par la section, il y aura des circonstances où le rôle à accomplir, qui importe avant tout, exigera que l'on y déroge.

Mais, même en considérant qu'elles sont en général observées, il reste une différence constante et inévitable entre l'emploi du chameau dans la tribu et dans la section, c'est celle que l'on a signalée à propos du choix du genre de la bête pour la remonte : le tirailleur équipé et muni pour la route pèse presque deux fois plus qu'un Touareg.

L'on conçoit qu'il est logique, dans ces conditions, d'en rester aux constatations suivantes : jusqu'à ces dernières années nous ne connaissions pas le chameau et les sections en perdaient d'énormes quantités ; actuellement et sans le connaître à fond, nous savons assez le manier pour que les pertes deviennent rares et pour que la masse de remonte avec sa dotation actuelle puisse suffire aux besoins malgré l'utilisation intensive du chameau que font les sections méharistes.

Réforme et vente.

Lorsque le lieutenant commandant juge un chameau hors de service, il le soumet à l'examen d'une commission de remonte réunie à cet effet et qui comprend trois membres.

La commission formule un avis motivé qui est mentionné sur un procès-verbal de réforme établi en triple expédition et transmis par l'intermédiaire de la compagnie mixte.

Ces procès-verbaux sont soumis au colonel commandant le territoire qui, par délégation du commandant supérieur des troupes (ordre général n° 10 du 11 juillet 1907), prononce la réforme.

La compagnie mixte ne sort le chameau de ses écritures que lorsqu'elle a reçu les procès-verbaux de réforme acceptés.

Le chameau réformé est alors mis aux enchères ; à cet effet, des publications sont faites dans les délais légaux ; l'adjudication a lieu en public au plus offrant et dernier enchérisseur ; la bête lui est remise contre paiement du prix d'adjudication qui est encaissé au compte de la masse de remonte.

Un procès-verbal de vente en triple expédition est établi pour être envoyé à la compagnie.

Le prix de vente atteint assez souvent le tiers du prix d'achat et même dépasse parfois ce tiers.

CHAPITRE III

ARMEMENT, EQUIPEMENT, HABILLEMENT

Principes.

Le principe de l'armement, de l'équipement et de l'habillement des sections méharistes était la similitude complète avec les fractions non montées.

A l'usage et à mesure qu'elles se consacraient davantage à la vie permanente en zone désertique et au mouvement presque continu, l'on a constaté que quelques adaptations de détail s'imposaient.

La première modification a consisté à substituer la carabine au fusil, trop encombrant.

La seconde a été l'introduction, dans la nomenclature des effets réglementaires, de certains vêtements chauds inutiles pour les tirailleurs non montés ne quittant pas le Sud mais dont l'indispensable nécessité s'avérait pour parer aux températures des nuits du Nord, voisines de 0° et équivalentes pour des noirs à un froid intense.

La troisième, encore à l'étude et non solutionnée officiellement, porte sur l'adaptation de moyens supplémentaires de protection contre le soleil (coiffure), sur le mode de port par l'homme ou la monture des cartouches, de l'eau, des vivres, etc... ; on considère que l'expérience n'a pas encore été assez complète pour permettre l'adoption en ces matières d'un dispositif général et pour le rendre réglementaire ; chaque section méhariste est autorisée en principe (instructions du Commandant supérieur du 30 mai 1908) à adopter selon l'initiative du lieutenant commandant les objets qu'elle pourra faire confectionner ou se procurer sur place et qui paraîtraient répondre aux besoins ; quand, pour chacun de ces objets, la comparaison des différentes sections permettra de fixer le type à adopter, il pourra devenir officiel, et être amélioré s'il y a lieu par la confection européenne.

Les frais de confection ou d'achat de ces divers effets d'équipement ou d'habillement extra-réglementaires sont supportés en général par celles des masses que ne limite pas étroitement une nomenclature précise, comme celle de la masse individuelle ; il est impossible de donner ici une indication stricte d'attribution de telle ou telle dépense à telle ou telle masse ; les façons de procéder diffèrent selon les corps et l'état de prospérité des masses, le lieutenant commandant doit partir de ce principe qu'il sera généralement autorisé à faire toutes celles dont il établirait la nécessité, qu'il recevra en même temps que cette autorisation des instructions pour le mode d'imputation.

Il faut remarquer toutefois à ce sujet que, en certains cas, c'est l'homme lui-même qui doit acheter de ses deniers tel ou tel objet supplémentaire de nécessité pour ainsi dire absolue ; il n'est peut-être pas parfaitement exact de dire que tout revient au même que si ces objets devenus réglementaires étaient fournis par la masse individuelle, ce qui amènerait l'homme à ne toucher que des excédents de masse plus faibles ; en effet, il est probable que si la nomenclature était notablement augmentée, la première mise et l'indemnité journalière le seraient aussi ; de plus, il est des petits objets d'usage courant et privé qui ne deviendront jamais réglementaires (par exemple et pour ne citer que ceux-là : minuscule peau de bouc ou sac de peau nécessaire pour envelopper et préserver du sable le tabac, les kolas, les dattes, etc...); ils sont trop indispensables à la vie du noir pour qu'on n'en tienne pas compte et leur achat constitue pour le méhariste des petites dépenses que n'a pas ou n'a pas aussi fortes le tirailleur non monté : pour ces motifs il a été demandé récemment une nouvelle majoration sinon de la première mise au moins de la prime journalière de la masse individuelle pour que l'excédent de masse trimestriel, plus élevé, indemnise réellement l'homme.

Armement et munitions.

Les tirailleurs méharistes sont armés de la carabine 90 modèle de gendarmerie, comportant la même épée-baïonnette que le fusil 86.

Carabine modèle 1890. — Comme arme à feu c'est parfait ; les sections n'ont jamais à engager le feu aux grandes distances, par conséquent la différence entre les effets de la carabine et du fusil ne pourra jamais être sensible ; en revanche, l'avantage d'une arme courte est inappréciable pour le méhariste, aussi bien en selle que dans les mouvements de monter à chameau et d'en descendre.

Le souvenir de l'armement 1886 a laissé subsister dans la pratique des sections plusieurs modes de port de la carabine dont la nécessité actuelle peut être mise en question : arme suspendue au pommeau, arme attachée sur le paquetage, arme à la main pour mettre pied à terre (voir titre II, chapitre : école du méhariste).

Il est certain que le plus logique serait d'adopter un port unique de l'arme pour le tirailleur : la carabine en sautoir et de ne la faire prendre à la main que pour le combat ; toutefois, dans la pratique, il faut considérer que le tirailleur méhariste est toujours encombré de courroies ou de cordons multiples, qu'il porte sur sa chéchia un chapeau conique en paille à très larges ailes : prendre en main la carabine qu'il a en sautoir est ainsi pour lui une opération beaucoup moins rapide et aisée qu'on ne l'imaginerait volontiers ; il est bon qu'en selle et chaque fois qu'une attaque est probable, il garde l'arme à la main reposant sur les genoux pour être en quelques secondes à pied et prêt à faire feu.

Le sable toujours soulevé envahit rapidement la culasse de la carabine et le système de fermeture ne fonctionne parfois qu'avec peine ; tous les genres possibles de couvre-culasse ont été envisagés, ceux à bouton de pression se détachant par le simple mouvement du levier paraissent jusqu'ici les moins mauvais, mais il n'en est pas qui ne retarde ou ne gêne en quelque mesure le chargement de l'arme (1).

Epée-baïonnette. — L'épée-baïonnette est trop longue pour permettre sans embarras les mouvements de « en selle » ou de « pied à terre » au cours desquels le fourreau s'embarrasse fréquemment dans le paquetage, de même d'ailleurs que dans la position en selle.

Cet inconvénient est si accusé que force est de relever l'extrémité du fourreau et de l'attacher au ceinturon par des procédés qui varient selon les sections mais qui, les uns comme les autres, n'évitent le premier écueil qu'au prix de l'un des deux suivants : soit fréquence des chutes ou pertes de la baïonnette, soit lenteur dans le mouvement de baïonnette au canon.

La solution serait de substituer à l'épée-baïonnette le sabre-baïonnette de l'artillerie, c'est-à-dire de remplacer pour l'armement des méharistes la carabine de gendarmerie modèle 90 par le mousqueton modèle 92 ; ce sabre-baïonnette court, robuste et très peu encombrant semble fait pour les méharistes : au côté il leur laisserait toute liberté de mouvement, et en cas de charge à la baïonnette ne produirait certainement pas moins d'effet moral, ni même l'effet utile à l'occasion.

Cartouches. — Le tirailleur méhariste ne sort jamais sans avoir avec lui ses 120 cartouches de première catégorie.

De plus, la section ne se déplace jamais sans emmener au convoi une réserve de cartouches qui est au minimum de 30 par homme (voir titre II) et qui sont prélevées sur l'approvisionne-

(1) La protection absolue contre l'ensablement ne pourrait d'ailleurs être assurée que par une gaine enfermant complètement la carabine, mais la lenteur de dégagement de l'arme serait alors telle que l'on conçoit difficilement l'emploi d'un étui de cette sorte ailleurs qu'au poste-grenier ou peut-être dans la nomadisation en pays absolument sûr. — Les expériences déjà entreprises dans ces sections ont besoin d'être encore continuées pour que puisse être définitivement déterminé le meilleur type du manchon protecteur dont les intructions du Commandant supérieur du 30 mai 1908 ont prévu l'adoption.

ment de 240 cartouches par homme (deuxième catégorie) que toute section a à son point d'attache.

Mitrailleuses. — Il n'est fait mention que pour mémoire du projet, plusieurs fois envisagé, de doter chaque section méhariste de mitrailleuses.

A chaque examen les avis ont été unanimes : en marche, le transport des mitrailleuses serait un embarras sérieux et constant pour la section méhariste, leur utilisation ne pourrait être que très rare étant donné le mode de combat (voir titre III, chapitre V), cette utilisation resterait aléatoire vu l'ensablage inévitable du mécanisme ; — au poste-grenier, les mitrailleuses établies à demeure sur le blockhauss compenseraient très avantageusement la faiblesse d'effectif des défenseurs.

En cas d'envoi de mitrailleuses aux sections méharistes, ce serait donc uniquement aux points d'attache qu'elles seraient d'abord employées. On étudierait ensuite leur utilisation pratique dans la section en mouvement ; meilleur mode de chargement et de déchargement, tactique de combat, précautions à prendre pendant la route et aux haltes pour, sinon éviter, tout au moins diminuer l'ensablement.

C'est selon ce programme que vont être dirigés les essais en vue desquels les bataillons de Tombouctou et de Zinder viennent d'être dotés chacun d'une section de mitrailleuses.

Effets réglementaires d'équipement.

Les effets d'équipement réglementaires des tirailleurs méharistes sont nomenclaturés ci-après ; la liste de ceux de petit équipement, fournis par la masse individuelle, a été déterminée par la décision ministérielle du 6 février 1909.

Grand équipement.

Une bretelle de carabine.
Un ceinturon.

Un porte-épée.
Une paire de bretelles de suspension.
Trois poches à cartouches.

Petit équipement.

Un bidon de deux litres.
Un coupe-coupe.
Un couteau.
Un étui-musette.
Une pochette à riz.
Un quart.
Un sac de petite monture garni.
Deux serviettes.
Un sac marin.
Une couverture petite.
Une moustiquaire.

Poches à cartouches. — Les trois poches à cartouches du modèle habituel, sont très encombrantes pour les méharistes ; celle de derrière notamment empêcherait l'homme d'avoir en selle une position normale en tenant son dos écarté du très haut dossier placé au troussequin ; elle ne peut être portée qu'entièrement ramenée sur le côté droit, ce qui fausse la position des bretelles de suspension.

Bidon. — Le bidon de deux litres conserve toute son utilité malgré les peaux de bouc à eau dont il sera parlé plus loin ; ces dernières ne pourraient que très malaisément être ouvertes étant en selle ; c'est le bidon seul qui permet à l'homme de se rafraîchir sans s'arrêter.

Couvre-pied. — Le couvre-pied est utilisé en cours de route pour rendre la selle moins dure ; il est plié dans la cuvette de cette selle et attaché autour d'elle.

Effets réglementaires d'habillement.

La nomenclature des effets réglementaires d'habillement dont les tirailleurs méharistes doivent être pourvus par la masse individuelle est la suivante :

Effets d'habillement.

Deux caleçons.
Une ceinture de laine.
Une chèche en toile bleue.
Deux chéchias.
Une chemise ou tricot de laine.
Une culotte de drap.
Deux culottes en toile blanche ou kaki.
Une djellaba.
Un gland de chéchia.
Deux mouchoirs.
Un paletot de drap.
Deux paletots de toile blanche ou kaki.
Une paire sandales.
Deux paires de jambières en toile.

Chèche. — La chèche est une calotte de toile plus légère et moins chaude que la chéchia ; elle est surtout prévue pour être portée sous une autre coiffure.

Tricot de laine. — Le tricot de laine est d'un usage beaucoup plus courant et habituel que la chemise ; il est précieux d'octobre à mars, lorsque la température des nuits descend jusqu'à 0° ou même un peu au-dessous dans le Nord.

Djellaba. — La Djellaba répond au même objet ; c'est une sorte de cafetan marocain à manches, en tissu de laine grise chaud et léger, assez ample pour ne gêner en rien les mouve-

ments en selle ou le maniement de l'arme ; le besoin d'un vête-
ment de dessus s'imposait depuis longtemps, l'on a cherché la
solution dans le burnous, le collet à capuchon, la caza ou couverture du pays, etc... la djellaba, déjà en usage en Algérie,
vient de prévaloir.

Effets supplémentaires.

Certains objets ou effets indispensables d'équipement et d'habillement, non réglementaires encore, sont d'un usage courant
dans les sections méharistes qui se les procurent soit au compte
de l'homme (chapeau, etc.), soit au compte de la masse d'entretien (tente, etc.), soit au compte d'autres masses ; l'on peut considérer qu'ils sont en service à titre d'essai en attendant que le
type de chacun d'eux soit complètement fixé et qu'il devienne
possible de proposer leur introduction par décision ministérielle
dans l'une ou l'autre des nomenclatures officielles.

Ces objets sont, le plus souvent, les suivants :

Habillement.

Un chapeau conique en paille.

Equipement.

Un porte-cartouches remplaçant les poches réglementaires.
Une peau de bouc à vivres (grande).
Deux   —   à eau (moyenne).
Une   —   à effets (moyenne).
Une   —   à objets divers (moyenne).
Une   —   de rechange (moyenne).

Coiffure. — Les tirailleurs, avec la chéchia seule, souffrent
beaucoup du soleil et de la réverbération pendant les longues
randonnées dans le sable.

L'on a songé à leur donner le casque colonial avec coiffe kaki, amenant ainsi plus d'analogie entre leur tenue et celle des Européens : cette considération est de peu de valeur, car aux distances habituelles de combat et en pays totalement découvert, ces derniers seront toujours facilement distinguables de leur troupe, que celle-ci ait ou non la même coiffure ; le casque est, d'autre part, relativement fragile pour un indigène.

Le chapeau de paille conique des Soudanais, bordé de cuir et très solidement tressé est, au contraire, une coiffure solide et protégeant très suffisamment ; les tirailleurs y sont tous habitués et ont de la prédilection pour elle, elle s'allie assez bien avec l'uniforme ; son port est d'usage courant dans toutes les sections.

L'on a songé à le compléter soit par des lunettes de chauffeur, soit par un « litham », bande de toile que les Touareg tournent autour de la tête de façon à ce que, laissant la vue libre, elle fasse ombre sur les yeux et écran devant les narines ainsi que la bouche pour intercepter le sable.

Porte-cartouches. — Pour remplacer les poches à cartouches réglementaires dont les inconvénients ont été dits plus haut, chaque section a conçu et réalisé un porte-cartouches qui lui est propre et qui est généralement fait en « filali », peau de mouton tannée d'après les procédés du pays et teinte en rouge vif.

Les types les plus courants sont le double sac à large rabat, calqué sur la cartouchière Maure, la ceinture cartouchière analogue à la ceinture de chasse, enfin la cartouchière-Boer constituée par deux bandes de filali passées en sautoir et se croisant sur la poitrine, munies chacune de passants maintenant les chargeurs garnis de cartouches.

Il semble que ce dernier modèle doive prévaloir ; il est peu coûteux, de bon aspect, ne gêne en rien les mouvements, répartit bien le poids des munitions et pour les feux met les cartouches très facilement à portée du tirailleur méhariste qui, portant un chapeau, n'a pas la ressource coutumière du tirailleur non monté, c'est-à-dire au combat placer les premières cartouches à tirer en couronne dans le pli de la chéchia.

Peaux de bouc. — La peau de bouc (c'est-à-dire la peau de chèvre ou de mouton arrachée entière par retournement et sans fente abdominale, tannée souple d'après les procédés du pays, et fermée à l'extrémité supérieure par une ligature mobile) est le récipient obligé du Saharien, le seul facile à trouver sur place, qui puisse mettre à l'abri du sable tout ce qu'il emporte, et qui se prête bien à l'arrimage sur le chameau.

Le tirailleur méhariste, tout comme le Touareg, a une peau de bouc pour chaque partie de son bagage ; c'est là une nécessité si générale et si spéciale que toutes les sections se sont rencontrées à d'infimes détails près pour en pourvoir leurs hommes.

La grande peau de bouc à provisions peut contenir dix, quinze ou vingt kilos de farine de mil ou de riz.

Les peaux de bouc à eau contiennent chacune un dizaine ou même une douzaine de litres, mais l'évaporation est très rapide et en tenant compte des pertes, des déchirures fréquentes du fait des épines, etc... il faut admettre qu'en trois ou quatre jours l'approvisionnement peut être réduit de moitié : ce n'est donc qu'en se rationnant que le tirailleur peut faire trois jours avec l'eau de ses deux peaux de bouc et de son bidon ; le retard apporté à l'introduction des peaux de bouc, dans la nomenclature, provient de la question mise en examen de leur remplacement pour chaque homme par deux gros bidons de réserve de cinq ou six litres chacun entourés de grosse toile ; ce serait une grosse amélioration, car la peau de bouc expose la provision d'eau à tous les risques, ce serait aussi une économie, car elle coûte, selon les lieux, de 1 fr. 50 à 3 francs ou même plus et quoique soigneusement graissée et entretenue se détériore promptement (1).

La peau de bouc à effets est à peu près de mêmes dimensions que les peaux de bouc à eau ; elle ne contient que difficilement tous les vêtements emportés, si serrés qu'ils soient.

La peau de bouc à objets divers qui lui sert de contrepoids de l'autre côté de la selle reçoit le surplus et contient, pliée, la

(1) L'adoption du bidon de 5 litres est donc admise en principe et l'on n'attend plus, pour la réaliser, que la conclusion des essais relatifs à la détermination de la forme de ce récipient.

troisième peau de bouc à eau de rechange dont il est prudent de munir chaque tirailleur; elle contient aussi, enclos chacun dans des sacs de peau plus ou moins petits, les quelques menus objets ou provisions d'usage privé du tirailleur auxquels il tient beaucoup et dont il vaut mieux ne pas le priver, étant donné que leur poids est insignifiant et que leur volume ne dépasse guère un ou deux décimètres cubes.

Objets de campement.

La nomenclature des objets de campement n'est pas déterminée; ils doivent en principe être fournis par la masse d'entretien sur demande du lieutenant commandant la section méhariste.

Celui-ci, sous réserve d'approbation, en arrête lui-même la liste; elle est généralement la suivante :

Par homme.

Une toile de tente.
Par quatre hommes.
Un plat de campement.
Une marmite.
Un seau toile.
Un sac à distribution.

Tente. — La toile de tente est absolument indispensable au tirailleur méhariste qui, au bivouac, n'aura pour ainsi dire jamais d'arbre donnant de l'ombre, ni de paille ou branchages en quantité suffisante pour faire des abris sommaires; le couvre-pied tendu en écran sur deux bâtonnets n'en saurait que bien mal faire l'office; les sections qui n'en sont pas encore pourvues vont en recevoir prochainement.

Pour les Européens, la tente formée de quatre ou six toiles de tente de tirailleur assemblées n'est qu'un pis-aller; il y a lieu de munir chaque sous-officier européen, au compte de la masse d'entretien, d'une tente du type dit « bonnet de police » cou-

vrant à peu près 1ᵐ,60 × 2 mètres, pesant de 18 à 20 kilogrammes et qui revient dans le commerce à 75 francs environ ;
la tente, dont le lieutenant commandant se munit à ses frais, est
de préférence du type dit « tente Soudan » à parois en partie
verticales, couvrant à peu près 2 mètres × 2 mètres et pesant
30 kilogrammes environ ; il est indispensable que les tentes
d'Européens soient doublées intérieurement avec de la cotonnade
bleue ou verte, moyennant cette précaution la double toiture qui
alourdit beaucoup peut à la rigueur être évitée.

Les tentes d'Européens (ou celles d'indigènes lorsque les toiles
sont ajustées par 2, par 4, par 6 selon les usages de chaque
section) sont généralement dressées étendues de façon à laisser
entre les bords et le sol un espace de 0ᵐ,80 ou d'un mètre
pour la circulation de l'air ; elles se rapprochent ainsi de la forme
de la tente touareg en peau tannée, qui, plus lourde, ne protège
pas mieux et qu'il n'y a pas lieu de chercher à utiliser pour le
campement des sections méharistes.

Plats, marmites, etc... — La fixation indiquée (quatre objets
pour quatre hommes) est plutôt large et peut être diminuée ; il
est bon toutefois de prévoir les pertes ou détériorations en cours
de route.

Le sac à distribution est utile quand on prélève sur la réserve
de vivres du convoi ; étendu à terre, il sert d'ailleurs à toutes les
manipulations de la farine de mil pour la cuisine ou pour les
fréquentes expositions au soleil auxquelles il est bon de la soumettre.

La section n'a pas d'outils collectifs portés par l'homme ; le
coupe-coupe individuel suffit à tous les besoins courants de
l'homme et l'outillage de puits du convoi est assez complet
(voir chapitre V) pour parer à toute éventualité.

Paquetage de route.

Le tirailleur méhariste partant en nomadisation ou reconnaissance laisse au poste-grenier, enfermés dans le sac marin, un

certain nombre de ses effets d'habillement ou d'équipement.

Il emporte un paquetage de route dont la composition (sauf le nombre de jours de vivres) est arrêtée une fois pour toutes dans chaque section ; cette constance est indispensable pour éviter les lenteurs ou oublis qui résulteraient d'une fixation spéciale à chaque départ, souvent brusqué.

Chaque lieutenant commandant détermine de lui-même la composition du paquetage de sa section ; répondant à des nécessités toujours les mêmes, elle varie d'ailleurs très peu d'une section à l'autre ; la liste ci-après et qui est celle en usage dans la plupart d'entre elles n'est toutefois, bien entendu, qu'une simple indication donnée uniquement pour fixer les idées.

Sur l'homme.

Une carabine Modèle 90 avec bretelle.
Une épée-baïonnette.
120 cartouches.
Un ceinturon avec porte-épée.
Un porte-cartouches.
Un chapeau conique en paille.
Une chéchia.
Un paletot kaki.
Une culotte kaki.
Un tricot.
Une ceinture rouge.
Une paire jambières.
Un couteau.
Un paquet pansement individuel.

Sur la monture.

Une selle complète avec sangle.
Un tapis de selle.
Une bride complète.

Une grande entrave (au cou de la bête) et une paire
de petites.
Un couvre-pied (sur la selle formant coussin).
Un bidon (suspendu au troussequin à gauche).
Un étui-musette, avec repas froid (suspendu au
troussequin à droite).
Une paire sandales (suspendue au pommeau).

En arrière de la selle.

Une peau de bouc à vivres (20 jours) et liée sur elle.
Une djellaba.
Une toile de tente et piquets.
Un objet de campement.

A droite de la selle.

Une peau de bouc à eau (10 litres).
Une peau de bouc à effets contenant :
Une chéchia.
Un paletot de molleton.
Un pantalon de drap.
Un paletot kaki.
Une culotte kaki.
Une serviette.

A gauche de la selle.

Une peau de bouc à eau (10 litres).
Une peau de bouc à « divers » contenant :
Une peau de bouc de rechange roulée.
Un coupe-coupe avec étui.
Un quart.
Une brosse.

Une trousse à coudre.
Menus objets usuels.

Le poids total du paquetage détaillé ci-dessus est voisin de 65 kilogrammes.

En adoptant pour l'homme nu le poids moyen de 70 kilogrammes, l'on voit que la charge du chameau de selle est d'environ 135 kilogrammes.

CHAPITRE IV

Principes.

Le principe de constitution des sections méharistes en ce qui concerne le harnachement et le matériel a été au début colui qui s'imposait : prendre sans aucun changement le harnachement et le matériel indigène et s'en servir exactement de la même façon que les nomades.

C'était en effet le parti sage, alors que nous ne savions rien du chameau ni de ce qui lui était relatif ; mais, après quelque temps de pratique et d'observation et avant même que la connaissance de l'animal ne se fût beaucoup développée, les questions de harnachement et de matériel furent les premières au sujet desquelles les lieutenants commandants purent se faire des idées personnelles, parce que ce genre de matière comporte des constatations de faits précis et tangibles, ainsi que des données d'ordre général évidemment applicables, quel que soit l'animal.

Ils constatèrent très rapidement que le matériel indigène est imparfait ; c'est logique parce que la connaissance intime de l'animal ne peut en l'espèce compenser pour le nomade l'ignorance de ces données générales, c'est conforme à ce que nous constatons chez lui au sujet du cheval et de son impuissance à avoir trouvé encore un bon type de harnachement, malgré des centaines d'années de pratique.

7

Si, en pratiquant le cheval, nous avons imaginé une selle qui est meilleure que la selle indigène, en pratiquant le chameau nous trouverons une selle qui, de même, sera supérieure à la « rahla » des nomades, et il en sera ainsi pour tout le reste du harnachement ou du matériel ; il serait même inutile d'insister sur ce truisme si parfois la routine n'avait fait naître une fâcheuse tendance à en douter.

Le principe actuel est donc le suivant : déterminer les modèles du harnachement et du matériel de confection européenne qui conviendraient et les mettre en service dans les sections pour remplacer le matériel indigène actuel ; en attendant, *perfectionner* et adapter le plus possible le matériel indigène employé transitoirement.

C'est là qu'en sont les sections méharistes ; le remplacement n'a encore été exécuté qu'à l'égard d'une seule catégorie de matériel : celui du transport de la réserve d'eau. Des tonnelets métalliques de fabrication européenne ont remplacé les charges de peaux de bouc incertaines ; le perfectionnement a été très marqué pour le bât, il est encore dans la période des recherches et des essais en ce qui concerne toutes les autres catégories de matériel et, en particulier, la selle pour laquelle le type européen créé ne paraît pas répondre d'une façon absolument complète aux desiderata.

Il importe que tous les commandants de section méharistes se consacrent d'une façon particulière aux recherches à faire dans ces ordres d'idées ; c'est ce que tous font et il n'est pas douteux que leurs efforts réunis n'arrivent à un résultat certain.

Mais il y aurait un moyen de produire un aboutissement plus rapide en supprimant bien des tâtonnements, ce serait de mettre à contribution les connaissances pratiques et de détail d'hommes du métier ; c'est ainsi par exemple que, pour parler seulement de la selle qui est évidemment l'objet des plus graves préoccupations, un bon ouvrier bourrelier de France, intelligent et ingénieux comme il s'en trouve, après qu'il aurait servi successivement dans les diverses sections méharistes pendant quelques mois, serait sans doute à même de produire facilement une réalisation matérielle des desiderata.

La mise en exécution de ce projet d'étude technique paraît n'entraîner que des dépenses assez faibles en comparaison du résultat, pour qu'on puisse espérer la voir se produire.

Selle.

La selle du chameau, considérée dans l'ensemble des types indigènes, présente l'aspect suivant :

Un siège, représenté par une plate-forme ou cuvette horizontale et à peu près circulaire de 30 à 40 centimètres de diamètre sur 3 ou 4 centimètres de profondeur, flanquée d'un pommeau mince et haut (15 à 35 centimètres) et d'un dossier incurvé, large et de même hauteur.

Un socle, plus étroit qu'elle, supporte cette plate-forme qui le déborde à droite et à gauche ; il a de 15 à 35 centimètres de hauteur et se termine en bas par deux panneaux assemblés à angle aigu qui s'appuient sur le dos de l'animal, de part et d'autre de l'épine dorsale.

Son mode de construction est celui ci-après :

Elle est tout entière en bois dur et cuir ; le siège est constitué par de minces planchettes juxtaposées, le socle par des pièces taillées ; toutes les parties en bois sont réunies entre elles par de fortes lanières de cuir posées fraîches et mouillées et qui, en séchant, les ont assez fortement serrées l'une contre l'autre pour faire un tout rigide ; une peau de bœuf ou de mouton assez épaisse, posée dans les mêmes conditions, enveloppe tout le siège en fixant le pommeau et le dossier et maintient encore l'ensemble en effaçant les aspérités ; la peau mince de filali rouge et plus ou moins décorée qui est ensuite collée sur toute la selle n'est qu'une recherche d'esthétique.

Les accessoires sont :

Une sangle, en cuir tressé ou mieux en poil de chameau tissé, qui est fixée au côté droit du socle et dont l'autre extrémité porte un anneau de cuivre dans lequel passe et se noue un contre-sanglon fixé au côté gauche du socle.

Une sous-ventrière passant sous la partie postérieure du ventre, se croisant derrière la bosse et venant se nouer à deux contre-sanglons de part et d'autre et vers l'arrière du socle.

Un tapis dont le rôle est d'autant plus important que les panneaux n'ont généralement pas de matelassure et qui est fait le plus souvent de bandes de coton assemblées et piquées sur une assez forte épaisseur ; parfois, au-dessus du premier un deuxième tapis très élastique formé d'une natte souple et plusieurs fois repliée.

La selle considérée dans les détails de chacun des modèles indigènes, se range dans l'un des trois types suivants :

Selle Touareg (figure N° 2). — Siège en cuvette, circulaire, étroit et plat ; pommeau très haut et très mince, terminé par une croix ; dossier très large et très haut ; socle très élevé formé simplement de deux pièces de bois planes assemblées en dièdre très aigu, dont l'extrémité inférieure forme panneau et pose sur le dos de l'animal.

C'est la selle élégante et fine du méhariste expert ; elle élève l'homme au-dessus du dos de la monture, le détache complètement de celle-ci et lui facilite les allures vives ; comme selle de troupe elle a l'avantage d'offrir une assiette commode mais l'inconvénient d'être très fragile et à cause de la hauteur démesurée de son dossier et de son pommeau de rendre malaisés au tirailleur équipé les mouvements de monter en selle ou d'en descendre.

Selle Maure (figure 1). — Siège légèrement en gouttière, un peu elliptique, et très large ; pommeau très bas, dossier triangulaire très réduit — socle très peu élevé formé de deux arceaux de bois taillés très évasés et réunis à leur partie inférieure par deux lattes (parfois matelassées) qui forment panneau.

C'est la selle, peut-être un peu disgracieuse d'aspect mais de tout repos : très basse sur le chameau, elle amène l'homme à faire corps avec la monture et lui évite l'impression d'instabilité ; comme selle de troupe elle présente l'avantage d'être robuste tout en restant légère, et d'offrir, par les dimensions réduites de son pommeau ou de son dossier, une grande facilité dans les mouvements de « en selle » ou de « pied à terre » ; son inconvénient

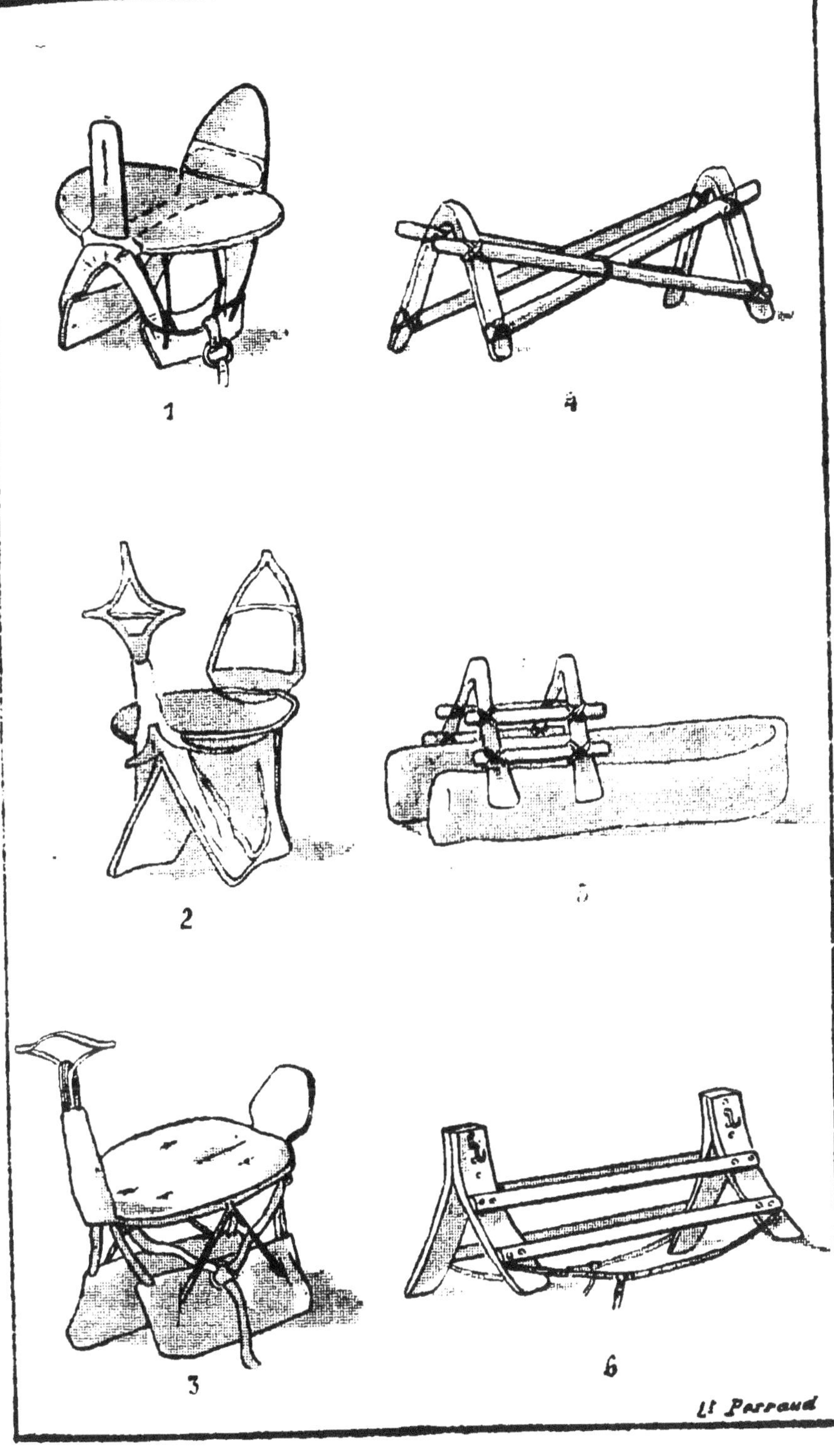

1
4
2
5
3
6
Lt Parraud

est que, le siège, à cause de sa largeur même, ne permet qu'une assiette assez incommode, fatiguant promptement les cuisses.

Selle Almoussakaré. — Siège plat et étroit de la selle Touareg, mais avec pommeau et dossier moyens et guère plus hauts que ceux de la selle Maure. — Socle identique à celui de la selle Maure.

C'est la selle mixte ; aussi rustique et basse que la selle Maure, elle assure à l'homme la même impression de stabilité que celle-ci ; il y est aussi convenablement assis que dans la selle Touareg, et n'est pas encombré par le pommeau et le dossier ; au point de vue selle de troupe, elle offre les avantages des deux autres sans avoir leurs inconvénients.

De ces trois types de selle il faut rapprocher la selle de confection européenne, établie par la maison Lefebvre (au prix de 35 francs en France) et qui présente les caractéristiques suivantes :

Selle Lefebvre (figure 3). — Siège presque circulaire très plat, formé d'une plaque de tôle recouverte d'un coussin capitonné ; pommeau assez haut (25 centimètres) formé de deux tiges de fer jointives à la base et s'épanouissant en haut en forme de poignée horizontale, dossier réduit aux proportions d'une simple palette inclinée en arrière (12 centimètres de haut, 15 centimètres de large) mais suffisant néanmoins pour fournir un point d'appui — socle moyennement élevé formé de tiges d'acier en arc-boutant et portant des panneaux rectangulaires en fer matelassés.

Moins écrasée que la selle Maure ou Almoussakaré, moins haut perchée que la selle Touareg, elle offre une assiette commode et sûre ; la palette est trop petite pour amener la moindre gêne dans le mouvement de « en selle » et l'on se familiarise vite avec son haut, large et solide pommeau qui permet un point d'appui à la jambe droite en la passant au-dessus de lui pour mettre pied à terre ; comme selle de troupe elle offre le sérieux avantage d'être beaucoup plus robuste que n'importe quelle selle indigène et guère plus lourde, de se prêter facilement à l'arrimage des peaux de bouc sur ses côtés, de permettre une bonne action de la sangle fixée non au socle mais au siège et non en un point mais en deux de chaque côté, l'un en avant, l'autre en arrrière de la plate-forme; enfin il est facile de faire justice du reproche que font certains méharistes à son pommeau : trop de rigidité, danger de défoncement de la poitrine en cas de chute ; en somme, à l'égard des points que nous avons considérés jusqu'ici, elle présente une bonne adaptation de toutes les qualités de la selle indigène.

Malheureusement, elle ne corrige qu'incomplètement le gros défaut commun à toutes les selles indigènes et dont il est temps de parler ; jusqu'ici on n'a considéré en effet leurs différents types que par rapport à l'homme, et l'on a vu qu'à des degrés différents, tous sont bons ; si on les considère maintenant par rapport à l'animal, l'on peut dire en général que tous sont à peu près également mauvais, parce qu'ils blessent trop fréquemment.

Cela tient à l'insuffisante étendue de la surface de contact des panneaux avec le dos de la bête ; chacun de ces panneaux n'a guère qu'une longueur de 20 ou 25 centimètres, il ne peut toucher que par une bande de 7 à 8 centimètres environ ; c'est donc sur une surface totale de 4 décimètres carrés, 2 décimètres carrés de chaque côté de l'épine dorsale que porte tout le poids de l'homme et de son paquetage, c'est-à-dire 120 kilogrammes environ (en défalquant le poids de la peau de bouc à provisions qui porte sur la croupe (voir chapitre IV) ; encore arrive-t-il souvent qu'à cause de cette faible longueur de panneau la selle bascule partiellement et ne porte plus guère que par une partie de ces panneaux, c'est-à-dire par une surface moindre encore.

Il est tout logique que sur ces surfaces restreintes où la compression devient excessive, il se produise des œdèmes, des cors pouvant se compliquer d'abcès.

Les selles Maures ou Almoussakarés présentent au maximum ce défaut d'insuffisance de contact ; elles peuvent même parfois en présenter un connexe : c'est que l'évasement exagéré des arceaux ne permette au garrot de toucher, fait qui est à craindre même avec un animal moyennement gras dès que l'écartement du bord supérieur des bandes dépasse 15 centimètres.

La selle Touareg, par l'angle très aigu de ses panneaux plans, évite sûrement ce dernier inconvénient et assure en tous cas la liberté de garrot ; la surface de contact est aussi plus étendue que pour les deux autres types, surtout avec un animal maigre, mais elle reste encore si restreinte que la différence n'est guère appréciable ; elle est d'ailleurs compensée par la difficulté d'interposer une matelassure, ce qui est chose facile au contraire avec les selles à arceaux.

Quant à la selle Lefebvre, ses panneaux matelassés portent sur une bande plus large que dans les selles indigènes, mais ils ont été maintenus très courts et leur surface totale n'est que de 5 décimètres carrés environ (2 décimètres carrés et demi chacun) ; en admettant que sur certains animaux ils touchent tout entiers c'est encore bien peu.

Il reste donc à concevoir et à réaliser une selle qui, sans gêner les mouvements de la bête, ait des panneaux assez larges et surtout assez longs pour assurer la répartition de la charge sur la plus grande surface possible du dos de l'animal et pour l'assurer égale sur toute cette surface en évitant le basculage.

C'est un problème qui reste posé à tout officier méhariste et dont l'importance n'a pas besoin d'être mise en relief.

L'on a dit au début du chapitre quels moyens peuvent faciliter sa résolution.

En pratique et à l'heure actuelle les sections méharistes n'ont pas de selles Lefebvre ; toutes emploient la selle indigène et c'est le choix du lieutenant commandant qui a déterminé dans chacune d'elles le type adopté.

Dans la plupart, outre la considération des plus grandes facilités d'achat ou de confection du type en usage dans le pays, le choix a été guidé par le raisonnement suivant :

Par rapport à l'homme : le tirailleur méhariste n'a que faire d'une selle de course puisqu'il marche toujours au pas : que la selle Touareg soit plaisante à l'œil, c'est fort bien ; mais du moment qu'elle est fragile et se prête mal à la montée ou à la descente, c'est assez pour la faire écarter ; donc selle à arceaux et puisqu'il sera mieux assis dans la selle Almoussakaré que dans la selle Maure, adopter de préférence la première.

Par rapport à l'animal : les trois types ont des panneaux défectueux qu'il faut améliorer en les matelassant ; si la selle Touareg est un peu moins mauvaise on ne peut que peu ou point la modifier ; telle quelle elle vaudra moins que la selle à arceaux perfectionnée ; donc écarter la selle Touareg et, puisque la selle Almoussakaré et la selle Maure ont les mêmes panneaux, adopter de préférence la première comme meilleure pour l'homme.

Il en résulte que c'est actuellement la selle Almoussakaré la plus employée dans les sections méharistes du Territoire.

Parmi les perfectionnements qu'il convient d'apporter partout où ils n'ont pas encore été introduits, l'on peut citer : la matelassure des panneaux par des coussins de lilali bourrés de poil de chèvre, le doublage de la sangle, son fixage en deux points de chaque côté au lieu d'un, l'adaptation à chaque animal (voir chapitre II) en faisant varier la matelassure et l'épaisseur du tapis, etc... Il va de soi que toute selle présentant un évasement d'arceau pouvant compromettre la liberté de garrot serait impitoyablement rejetée ou transformée.

Chaque section possède en principe 65 selles ; celles non affectées étant gardées en réserve au magasin du poste-grenier.

Bride.

La bride employée dans les sections méharistes du Territoire est, comme la selle, d'origine indigène.

Elle se compose de l'appareil de bride et de deux rênes.

L'appareil de bride (dit arçen ou reçam) est en fer ou en cuivre et a la forme d'un gros éperon à la chevalière sans molette.

Il se place à cheval sur le chanfrein, la tige (qui n'a pas d'utilité pratique) dressée verticalement ; deux anneaux, fixés un au bout de chaque branche, relient l'appareil à une garniture de tête en cuir qui le maintient en place.

A l'anneau de la branche de droite est adaptée une barrette de cuivre rigide, de quelques centimètres de longueur, dont l'extrémité libre porte elle-même un anneau.

A l'anneau de la branche de gauche est attachée la rêne de

gauche qui y repasse ensuite librement après avoir été traverser, librement aussi, l'anneau de barrette, et avant de passer à gauche de l'encolure pour venir dans la main de l'homme.

L'on voit qu'à chaque traction exercée sur cette rêne, la barrette s'applique sous la mâchoire inférieure et qu'il y a compression de cette dernière en même temps que compression du chan-frein.

La rêne de droite, constituée comme la première par une corde de cuir tressée de 1^m,50 à 2 mètres de long, s'attache simplement dans l'anneau de cuivre qui perce le bord externe de la narine droite de tout chameau de selle, elle vient directement dans la main de l'homme en passant à droite de l'encolure.

L'action combinée des deux rênes, qui demande d'ailleurs un certain doigté, permet d'obtenir facilement l'arrêt quelle que soit l'allure de l'animal.

La rêne droite a une action plus sensible et moins brutale que la gauche, elle demande à la main du méhariste plus de douceur.

Au début des sections méharistes la rêne de nez était la seule employée par analogie d'ailleurs avec ce qui se passe dans la plupart des tribus touareg ; c'est surtout depuis l'instruction du commandant supérieur du 30 mai 1908 que la bride est devenue d'usage courant.

Elle répond suffisammment bien aux besoins et ne pourrait guère être modifiée sans cesser d'être elle-même ; le seul perfectionnement adopté dans certaines sections, et il est discutable, a constitué à croiser les rênes sous la mâchoire inférieure, de telle façon que la rêne du nez passe à gauche de l'encolure et la rêne de bride à droite.

Chaque section possède en principe 65 brides ; celles non affectées étant gardées en réserve au magasin du poste-grenier.

Entraves.

Les sections méharistes ont gardé l'usage indigène qui s'imposait : le chameau n'est jamais mis au piquet, il n'est qu'entravé.

Les entraves, qui sont les entraves touareg non modifiées, sont de deux sortes.

La grande entrave qui a simplement pour objet de limiter les déplacements du chameau.

Elle s'emploie surtout au pâturage et se place aux pieds de devant au-dessus des boulets.

Elle doit avoir 1 mètre de longueur environ et est faite en cuir de bœuf souple tordu en corde.

Lorsqu'elle n'est pas posée, en route par exemple ou la nuit au campement, elle doit être placée au cou et flotter librement ; cette disposition permet d'entraver provisoirement le chameau soit au combat, soit quand on veut le charger ou le décharger : il suffit pour cela, sans défaire l'entrave, d'engager dans la partie flottante un des genoux de l'animal que l'on a fait barraquer au préalable.

Les deux petites entraves qui immobilisent le chameau couché.

Elles s'emploient la nuit au bivouac lorsqu'il a été nécessaire de faire rentrer les bêtes.

Ce sont de simples bracelets faits en cuir tordu.

On en place une à chacun des membres antérieurs, en arrière du genou, embrassant la canon et l'avant-bras.

Chaque section méhariste, outre les 200 grandes entraves, et les 400 petites entraves affectées, en a toujours en réserve un certain nombre, en station comme en route.

Bât.

Le bât du chameau considéré dans l'ensemble des types indigènes, présente l'aspect suivant :

Un chevalet en bois sans faîtière, laissant ainsi passer la bosse entre les lattes latérales qui joignent les montants avant et arrière et sur lequel s'attachent les deux charges jumelées.

Une matelassure généralement indépendante du chevalet et

interposée entre le dos de l'animal et le chevalet ou les charges.

Son mode de construction est celui ci-après : le chevalet est fait tout entier en bois dur, ses arceaux sont en bois taillé, les lattes droites qui les joignent sont souvent en bois brut ; les jonctions sont faites généralement par des lanières de peau de bœuf posées fraîches ou mouillées et qui, en séchant, ont assez fortement serré les faces les unes contre les autres pour rendre le tout rigide.

La matelassure comporte une enveloppe de forme très variable faite de peau de filali ou de natte, ou encore parfois d'étoffe du pays rembourrée avec de la paille, des fibres de dattiers, etc...

Le bât indigène est fixé sur la bête soit par une sangle, soit par une sangle et un poitrail, soit par une sangle, un poitrail et une sous-ventrière.

Son mode d'emploi est le suivant :

Les charges, égales de poids et autant que possible de forme et de volume, sont jumelées de la façon ci-après : elles sont placées par terre en couples de deux l'une à côté de l'autre dans le même sens et à la même hauteur ; deux cordes entourent chacune d'elles à sa partie antérieure et à sa partie postérieure, les bouts de ces cordes sont noués avec le bout de celles de l'autre charge qui se trouvent en face.

Les hommes qui chargent se mettent à deux pour prendre chacun une des deux charges et les portent sur l'animal bâté et barraqué de façon à ce que les cordes de jonction reposent sur le chevalet.

Le bât, considéré dans les détails de chacun des modèles indigènes employés, se range dans l'un des deux types suivants :

Bât Maure (fig. 4). —Chevalet long ; arceaux ouverts de 50° à 60° et écartés de 0^m,70 au moins ; deux lattes de jonction de chaque côté se croisant en diagonale et dont l'extrémité supérieure dépasse les arceaux de 0^m,05, ce qui offre une saillie pour attacher les cordes de brêlage. Matelassure formée de deux coussins de même longueur que le bât et fixés à l'intérieur, laissant la partie supérieure dégagée.

Bât Hoggar (fig. 5). — Chevalet court ; arceaux ouverts de 45° environ et écartés de 30 ou 35 centimètres ; deux lattes de jonction horizontales de chaque côté — matelassure constituant la partie la plus importante du bât, constituée par un énorme boudin, très légèrement aplati d'un côté à l'autre, replié sur lui-même en son milieu et posé sur l'animal les deux extrémités en avant et réunies par le chevalet ; dimensions : longueur du boudin 2ᵐ,50, donc longueur du bât 1ᵐ,20 ; hauteur 0ᵐ,25, largeur 0ᵐ,15.

De ces deux types indigènes il faut rapprocher un bât qui procède du bât touareg, mais qui, quoique continuant à pouvoir être construit sur place, a été très modifié :

Bât Pasquier (fig. 6). — Chevalet long ; arceaux larges, formés de deux pièces de bois courbes rivées entre elles par l'extrémité supérieure et en divergeant vers le bas ; écartement de 0ᵐ,70 environ ; lattes horizontales, deux de chaque côté, rivées sur les arceaux : au sommet de chaque arceau et de chaque côté un crochet de fer où s'accroche , anse de la corde entourant la charge-matelassure formée d'un tapis rembourré et épais de 0ᵐ,15, véritable coussin muni à la partie centrale d'une large échancrure pour la bosse du chameau.

Le bât Maure n'est plus employé dans la Territoire du Niger comme bât de troupe ; il blesse facilement le chameau tandis que le bât Hoggar, modifié par amélioration des sangles, et le bât Pasquier, qui n'est qu'un perfectionnement du bât du Touat ou du bât Kountas, donnent une satisfaction à peu près égale aux sections qui les emploient.

On peut faire au bât Hoggar modifié le reproche que son chevalet est fragile, ce à quoi il serait facile de remédier, et que son bourrelet s'use très rapidement par le frottement des cordes ; il a, par ailleurs, l'avantage de se transformer assez facilement pour le transport des blessés ; il suffit de réduire à sa plus simple expression le chevalet de la partie antérieure et de coudre autour du bourrelet et à la même hauteur un autre bourrelet de 0ᵐ,50 au moins de diamètre le débordant et posant ainsi par sa partie inférieure sur les flancs de l'animal ; l'on a ainsi une surface à peu près plane suffisante pour poser un petit matelelas ; sur les côtés du bourrelet extérieur sont cousus des passants dans lesquels s'engagent des arceaux de bois légers qui supportent une toile de tente abritant du soleil et en même temps prévenant toute chute par les côtés.

Le bât Pasquier a l'avantage d'une construction régulière et solide ; les crochets dont il est muni donnent une grande facilité de chargement ; l'épaisseur du tapis-coussin élimine cette considération qu'il ne touche que par quatre surfaces assez étroites ; si l'on estimait qu'il n'en soit pas ainsi, il serait d'ailleurs facile de joindre les deux arceaux non par des lattes mais par une planche faisant panneau sur toute sa surface.

En somme, grâce aux modifications apportées aux types indigènes, nos sections sont à l'heure actuelle en possession de bâts rationnels et donnant de bons résultats.

Pour éviter les blessures de l'animal il suffit de surveiller le chargement de façon à ce qu'aucune partie dure des colis ne touche, de façon surtout à ce que les cordes tendues qui relient les charges ne puissent en aucun cas arriver au contact du dos de l'animal.

En général les chameliers-bergers font un assez bon chargement à la condition d'avoir de bonnes cordes de brêlage et d'en avoir en nombre suffisant ; sinon les cordes raccommodées deviennent trop courtes, et les charges sont posées plus ou moins de travers ; les cordes indigènes courantes sont de mauvaise qualité et cassent trop facilement, il en faut un fort approvisionnement de rechange et il y aurait avantage à les remplacer par des cordes de fabrication européenne.

Chaque section méhariste a en principe pour son convoi de route un minimum de quarante-cinq bâts dont quarante en service à la fois et cinq de réserve ; le matériel nécessaire à ses convois de ravitaillement (voir titre III, chapitre I) est à part et en plus.

Elle a toujours un approvisionnement de cordes de brêlage équivalent au double de celui employé (4 cordes par bât) ; une partie de cet approvisionnement est emportée au convoi.

Enfin elle possède un minimum de quarante-cinq sacs en cuir pouvant contenir chacun un jour de vivres pour la totalité des indigènes ; ils sont généralement emportés en route (voir titre III, chapitre III, convois de reconnaissance) : quarante pour contenir les vivres, cinq comme rechange.

Tonnelets à eau.

La réserve d'eau que la section méhariste emporte à son convoi est renfermée dans des tonnelets métalliques.

Le nombre de ces derniers n'a été l'objet d'aucune fixation ferme et est laissé à l'appréciation de chaque commandant de section ; il est toutefois généralement admis qu'une réserve d'eau d'environ dix litres par homme, s'ajoutant au contenu des bidons et peaux de bouc individuelles, permet tous les parcours désertiques.

En tablant sur le tonnelet de 40 litres qui est le plus employé, l'on considère en principe que le train d'eau de la section comporte seize tonnelets, soit 640 litres.

L'on a essayé également des tonnelets de 80 litres mais ils sont peu pratiques ; deux d'entre eux constituent une charge trop lourde, un seul est très difficile à arrimer en équilibre sur la bête.

La forme cylindre vaut moins que la forme parallélipipédique qui permet au tonnelet de s'appliquer par une large surface sur les coussins du bât et par suite de constituer une charge stable.

Tous les tonnelets ferment à clef ; les systèmes de fermeture varient : grande ouverture à vis pour le nettoyage ou le remplissage et robinet pour puiser, — ouverture unique de grandeur moyenne avec couvercle caoutchouté à pression, il semble qu'il faille renoncer aux larges ouvertures malgré leur utilité pour le nettoyage du tonnelet qui s'encombre rapidement de dépôts terreux ; les rondelles de cuir graissé, remplaçant celles de caoutchouc qui ne durent pas, n'arrivent jamais à assurer l'étanchéité complète sur une large surface ; l'on a préconisé l'emploi de tonnelets entièrement rivés et non soudés, munis d'une seule ouverture de 2 centimètres ou 3 centimètres de diamètre fermant par une longue vis de bronze à levier et permettant le remplissage par entonnoir ou le puisage par siphon.

En tous les cas tous les systèmes peuvent donner de bons résultats, à condition, comme on l'a dit, de remplacer les rondelles, et d'emmener au convoi un matériel à souder pour arrêter immédiatement les fuites qui se produiraient.

L'échauffement de l'eau dans des tonnelets métalliques exposés douze heures au soleil, la rend évidemment imbuvable avant qu'elle n'ait été refroidie ; on ne la puise donc en principe qu'au lever du soleil, après que le tonnelet et son contenu ont rayonné pendant toute la nuit la chaleur emmagasinée ; dans le cas où l'on ne peut éviter de puiser dans le jour, il est indispensable de la verser dans les peaux de bouc, malgré la perte résultant de l'évaporation qui la refroidira.

L'eau à enfermer dans les tonnelets doit être choisie avec soin ; si elle est dépourvue de matières organiques en suspension il n'y a pas d'altérations à craindre, même après plusieurs jours de transport en tonnelets ; dans le cas contraire et sous l'influence de l'élévation de température de la masse, elle peut devenir inutilisable.

L'on a envisagé l'opportunité d'entourer les tonnelets d'une enveloppe isolante dont la moins impratique serait un revêtement en corde goudronnée de 1 centimètre de diamètre ; l'échauffement ne serait que médiocrement diminué et il faudrait toujours recourir au refroidissement nocturne pour permettre la consommation ; dans ces conditions rien ne justifie l'augmentation du poids à porter.

Matériel de puisage et divers.

Le puisage de l'eau et l'abreuvoir des chameaux ainsi que les soins sommaires à donner à ceux-ci, et le besoin d'être munis de certains rechanges nécessitent tout un matériel, formé encore à l'heure actuelle presque uniquement d'objets d'origine indigène.

Ce matériel diffère bien entendu dans chaque section selon les particularités du pays ; néanmoins la plupart des besoins étant partout les mêmes et le nombre des moyens d'y satisfaire étant limité, l'on peut admettre que le matériel de puisage et divers fait en général la charge de trois chameaux et comporte toujours au moins les suivants :

Matériel de puisage.

Quatre cordes à puits de 80 mètres.
Huit seaux en cuir de 5 litres.
Quatre poulies.
Deux axes de poulies.
Quatre entonnoirs en bois pour tonnelets.

Matériel de curage.

Huit dabas (pioche-pelle indigène).
Quatre haches indigènes.
Deux pics indigènes.
Deux ceintures brassières pour descente.

Matériel d'abreuvoir.

Six abreuvoirs portatifs (au moins).

Matériel de pansage.

Dix grosses brosses en chiendent.

Matériel de rechange.

Cinq sacs à vivres indigènes en cuir de bœuf.
Vingt cordes de brêlage.
Vingt entraves (grandes et petites).

Matériel de puisage. — La section n'emploie en principe que l'eau de puits ; parfois ceux-ci, dans les lits d'oueds desséchés, n'ont qu'un mètre ou deux de profondeur, habituellement ils ont plusieurs dizaines de mètres, généralement pas plus de 70 ou 75 ;

les cas où l'eau est à plus de 80 mètres sont assez rares pour qu'il n'y ait pas inconvénient à prévoir alors la nécessité de mettre deux cordes bout à bout ; l'on emploie généralement les cordes indigènes en cuir tressé fabriquées spécialement et avec beaucoup de soin pour cet usage ; elles sont extrêmement résistantes à condition de les entretenir par un graissage fréquent ; il n'en doit pas être employé d'autres, à défaut de câble européen dont sont pourvues un très petit nombre seulement de sections.

Le diamètre des puits ne permettant généralement de puiser qu'avec un seau à la fois, le nombre de huit est suffisant pour parer aux pertes ou détériorations ; le type de seau en cuir généralement employé, le « dellou » des nomades est un simple sac en peau de bœuf ouvert d'un bout et que l'on prend soin, bien entendu, de lester.

Etant donné la profondeur des puits l'emploi de la poulie est tout indiqué ; le plus souvent on ne pourra que la fixer au milieu d'un des deux axes emportés, simples pièces de bois de 1^m,50 de longueur, à placer en travers de l'ouverture du puits ; la traction se fait par conséquent non au-dessous mais au-dessus de l'horizontale, pour dégager le seau monté plein il sera bon que la poulie soit coupée ; le bénéfice obtenu est moins la diminution de la force de traction que la suppression du frottement de la corde sur les pans de bois formant les côtés de l'ouverture du puits.

Matériel de curage. — Dans les cas de puits dans un fond d'oued desséché il y a souvent avantage, si l'eau est à fleur de terre, à faire un puisard spécial pour la section ; aussi fréquent est le cas de puits profonds mais plus ou moins ensablés dans leur fond et dans lesquels il faut, pour pouvoir puiser, descendre un homme chargé d'un curage sommaire ; il se peut enfin, dans les puits à coffrage supérieur en bois, qu'il soit indispensable de consolider quelques rondins dont la chute possible constituerait un danger pour les hommes qui puisent.

Les outils indigènes conviennent bien à ces différents besoins ; le daba, sorte d'herminette à manche court, est l'outil de culture des races noires auxquelles appartiennent les tirailleurs, et ils tirent de cet instrument familier un meilleur usage qu'ils ne pourraient le faire de tout autre ; de même pour la hache indigène, dont le fer en forme de ciseau droit n'a qu'un tranchant de 3 à 4 centimètres de largeur et est simplement fiché perpendiculairement dans un manche de bois dur percé d'un trou.

Le cas de la mare étant tout à fait l'exception, il faut, pour abreuver les chameaux, des auges dans lesquelles est versée l'eau sortie du puits.

Matériel d'abreuvoir. — Un procédé courant, que certains méharistes considèrent, peut-être non sans raison, comme le plus pratique, consiste simplement à creuser dans le sable un trou de $0^m,15$ à $0^m,20$ de profondeur et à étendre dans le fond une toile de tente ou une peau de bœuf.

Mais comme pour un usage régulier du procédé il faudrait transporter des peaux de bœuf au convoi afin de ménager les toiles de tente, la plupart des commandants de sections préfèrent se munir de l'auge Touareg en cuir de bœuf tanné et cousu qui contient en moyenne une vingtaine de litres et est peu encombrante. Certains autres, plus rares, ont adopté en remplacement l'un quelconque des très nombreux modèles de tubs ou baquets en toile goudronnée sans pied pliant ou avec pied pliant qu'établissent les fournisseurs coloniaux ; parmi ces derniers l'un des plus pratiques est le suivant : support formé de douze lattes de bois de $0^m,80$ de longueur assemblées selon les douze arêtes d'un cube, de façon à ce que les quatre faces verticales de ce cube forment chacun un cadre rigide, et que ces arêtes verticales soient munies alternativement de charnières et de crochets — bâche imperméable qu'il suffit de poser sur le support ; le tout plié ne tient que l'épaisseur de quatre cadres superposés, la toile peut être logée et attachée dans ces cadres.

Matériel de pansage. — Il ne saurait s'agir de soumettre le chameau comme le cheval à un pansage méticuleux et répété ; il faut toutefois débarrasser assez fréquemment sa toison de la crasse, des épines et des parasites (voir titre IV, chapitre III) ; le moment généralement adopté à cet effet est celui des abreuvoirs, occasion habituelle des hommes de s'occuper de près et directement des montures qu'ils ne voient de jour qu'à ces moments ou lorsqu'ils sont en selle.

Le pansage sommaire est fait par le tirailleur pour sa monture ; par le Bellah pour les chameaux du convoi ; les dix brosses en chiendent passent de main en main pendant que les animaux attendent leur place aux auges ; leur nombre est suffisant, il ne paraît pas indiqué d'en donner une à chaque tirailleur qui devrait alors porter sur sa monture en plus de tout ce qu'il y a déjà cet objet sinon lourd du moins assez encombrant.

Matériel de rechange. — Le convoi de section méhariste lorsqu'il a le type courant (voir titre IV, chapitre III) a quarante 1/2 charges de mil ou farine de mil formées chacune d'un grand sac en cuir contenant un jour de vivres indigènes pour la section ; ces sacs peuvent se déchirer et la proportion de un pour huit destinée à parer à ces accidents est un minimum : de même pour les cordes de brêlage dont la proportion de rechange n'atteint que 1/4, puisque il y a quarante chameaux de bât à quatre cordes chacun ; de même aussi pour les entraves dont la proportion de rechange n'atteint que 1/15, puisqu'il y a en route cent chameaux à trois entraves chacun.

Outils et médicaments.

Il reste à dire un mot des caisses ci-après que la section méhariste en route emporte avec elle.

> Caisse à médicaments.
> Caisse à outils.
> Caisse à papier.

Les deux premières de ces caisses, comme d'ailleurs celles qui contiennent la réserve de cartouches, ont tout avantage à fermer à charnières et à clef pour qu'on puisse y puiser rapidement, à offrir une hauteur plus grande que la largeur afin de bien s'appliquer contre le flanc du chameau, et avoir un poids sensiblement égal pour s'équilibrer, puisqu'elles sont placées de part et d'autre du même animal.

Elles sont faites actuellement avec du bois de fortune, surtout des planches de caisses à distribution ; il est à souhaiter que chaque section remplace ce matériel rudimentaire par deux cantines du modèle dit « cantine d'Algérie », fait pour être porté sur mulet et qui convient très bien comme forme, robustesse, etc...

Ainsi qu'on le verra, le chameau qui porte la caisse de médicaments et celle d'outils porte généralement aussi les « archives de route » de la section ; ces dernières sont, bien entendu, extrêmement restreintes (ce qu'il faut pour écrire, quelques documents, des cartes et instruments simples de topographie, etc...) ; aussi peut-on employer pour les contenir une caisse plate posée au-dessus des deux autres, mais il sera préférable de recourir au procédé en usage dans plusieurs sections : deux étuis cylindriques de 10 à 13 centimètres de diamètre et de 0^m,70 de longueur faits en fer blanc soudé (plaques de caisses à farine), dont l'un contient ce qui est couramment employé par le sergent européen, l'autre ce qui ne sert qu'au lieutenant et qui sont placés chacun sur une des caisses de médicament et outils.

Médicaments. — La caisse à médicaments aura des compartiments en bois distincts pour chaque bouteille, boîte ou paquet : c'est le seul moyen de prévenir dans la mesure du possible les pertes ou bris trop fréquents ; en tous les cas l'approvisionnement comportera surtout des objets de pansement, des antiseptiques ou produits usuels en comprimés, poudres ou cristaux et le moins possible de produits liquides.

Il n'y a pas lieu de donner ici une nomenclature précise des médicaments pour les hommes ni pour les animaux parce que celle-ci doit varier selon chaque lieutenant commandant : celui-ci emportera les médicaments dont il sait se servir et rien de plus. En tous les cas la caisse contiendra toujours au moins ceux ci-après :

> Coton hydrophile.
> Bandes de gaze.
> Compresses.
> Imperméables.

Plateau pour lavage.
Bock laveur.
Une trousse d'instruments de chirurgie simple.
Quinine.
Bichlorure de mercure.
Acide borique.
Permanganate de potasse.
Iodoforme.
Purgatifs salins.
Ipéca.
Sous-nitrate de bismuth.
Pommade mercurielle.
Teinture d'iode.
Laudanum.
Perchlorure de fer.
Etc...

Médicaments vétérinaires.

Coton du pays.
Bandes de coton du pays.
Drains.
Toile cirée.
Une trousse simple.
Un jeu de tiges et lames cautères.
Un antiseptique (choix à déterminer).
Permanganate de potasse.
Perchlorure de fer.
Arséniate de soude.
Sulfate de cuivre.
Sulfate de zinc.
Nitrate d'argent.
Etc...

La pommade soufrée et le goudron que la section possède au point d'attache ne sont généralement pas emportés, car ils ne pourraient l'être qu'en qualité infime et l'on ne peut guère entreprendre en route le traitement de la gale, maladie contre laquelle ils sont surtout employés (voir titre II, chapitre III).

Outils. — Les outils emportés sont :
    Un jeu d'outils de menuisier.
    Un jeu d'outils et fournitures de bourrelier.
    Un jeu d'outils à souder.

Les deux premiers de ces jeux d'outils qui sont formés surtout d'outils indigènes, puisque le bourrelier est un chamelier-berger, doivent être aussi complets qu'il est nécessaire pour permettre toute réparation immédiate du harnachement en route.

Les outils à souder ne peuvent généralement être maniés pour la réparation des tonnelets que par un sergent européen.

Rien n'est à dire ici des bagages d'Européens : quelques conseils ont été donnés déjà au sujet de leur nature (voir première partie, chapitre II) ; chaque officier ou sous-officier reste libre de se les constituer dans les limites des fixations indiquées au titre I, chapitre V : règlement de route.

CHAPITRE V

Principes.

La section, si elle forme au point de vue du commandement une « unité méhariste » (voir chapitre I : commandement), ne forme nullement une unité administrative et il est très bon qu'il n'en soit pas ainsi, car les préoccupations de cet ordre ne pourraient que nuire à sa mobilité.

Considérée en la circonstance comme un simple détachement de la compagnie mixte où elle compte, son administration est assurée par celle-ci sans qu'aucune règle ferme et générale puisse être établie au sujet des relations par correspondance que nécessite la distance.

On peut seulement déterminer les directives qui doivent inspirer ces relations :

Le Commandant de la compagnie mixte, pénétré de l'importance du rôle actif de la section, passera outre les petites complications de comptabilité qu'elle entraine et ne verra que son devoir de la munir au mieux de tout ce qu'elle demande afin de lui rendre l'action facile ; lorsque les circonstances de son utilisation concorderont mal avec la forme stricte d'une obligation administrative, il considérera qu'il y a lieu non pas de subordonner la nécessité pratique à la lettre d'une règle étroite mais d'interpréter l'esprit de cette règle pour l'adapter au besoin réel qu'elle n'avait pu prévoir.

De son côté le lieutenant commandant saura apprécier la largeur de vue et la conscience avec laquelle le commandant de la compagnie mixte assure son rôle profondément utile mais un peu ingrat de pourvoyeur d'une fraction qui agit ; il aura à cœur d'en témoigner sa gratitude par son empressement à fournir le plus rapidement possible toutes les données ou pièces nécessaires à la tenue des écritures de la compagnie et à éviter dans la mesure du possible tout ce qui serait de nature à apporter des entraves ou des difficultés à la gestion comptable.

Les situations respectives ainsi posées, toutes les formes d'application restent bonnes ; leur choix dépendra surtout des circonstances locales, des nécessités du service de la section, de la rareté plus ou moins grande des communications, etc...

Il est toutefois un moyen de simplification qui, dans presque tous les cas, sera estimé le plus pratique et qui s'impose presque : la caisse de la compagnie mixte avance quelques milliers de francs à la section pour lui constituer une caisse annexe.

Cette « caisse-annexe » (qu'il ne faut pas confondre avec la « caisse ravitaillement » dont il sera parlé ci-après) n'a pas d'existence propre ; sa comptabilité ne dépasse pas la compagnie mixte ; son existant en argent continue à figurer en avoir dans les écritures de la caisse de la compagnie ; chaque fois que le lieutenant commandant a un paiement à faire, il prélève sur cet existant et établit les pièces qui serviront à la compagnie à sortir de ses écritures les sommes employées.

En fin de mois il adresse ces pièces à la compagnie avec une copie de la situation de caisse tenue par recettes, dépenses et balance.

Solde et indemnités.

Les droits des intéressés à la solde ressortent du simple rapprochement du taux de leurs allocations et du nombre de leurs journées de présence.

Le corps les détermine, les certifie et reçoit du Trésor les sommes qu'ils comportent.

Il ne lui reste qu'à les remettre aux intéressés sans avoir eu aucune gestion à exercer.

A l'égard de la section méhariste il accomplit ces trois opérations par le commandant de la compagnie mixte ; les hommes de la section sont donc compris sur la feuille de journées de la compagnie et leur solde et accessoires perçus sur la feuille de prêt de cette compagnie, avec ceux des hommes non montés.

Au moment du paiement de la solde à ces derniers le commandant de la compagnie ne peut remettre ce qui leur revient aux tirailleurs méharistes éloignés, il est logique qu'il réserve les sommes en cause et les envoie au lieutenant commandant en le chargeant de les leur verser en son lieu et place, et en y joignant à cet effet un état nominatif faisant ressortir en face du nom de chaque homme le total à lui payer.

La chose n'a rien d'irréalisable mais, sans parler de divers inconvénients de détails, comme envois réitérés de fonds, etc..., la section ne recevrait sa solde qu'après un long retard.

Pour éviter ce retard, le commandant de compagnie, s'il a constitué à la section une caisse-annexe, préfère procéder comme suit : ou bien il établit à l'avance l'état de solde en cause et l'adresse au lieutenant commandant pour qu'il l'ait le jour du prêt, ou bien, et c'est le cas général, il le charge de l'établir lui-même, quitte à le lui envoyer ensuite pour vérification.

Dans les deux cas le lieutenant commandant paie au jour prévu en prélevant sur la caisse-annexe et c'est l'état de solde qui, vis-à-vis de la compagnie, sert de pièce justificative pour ce paiement.

Les soldes et accessoires sont généralement payés au personnel de la section à la fin de chaque mois.

L'indemnité de service méhariste est perçue sur états nominatifs émargés qui sont établis par le lieutenant commandant et présentés soit à l'agence spéciale la plus proche, soit à la caisse-annexe ; dans ce dernier cas le corps constitue une avance au budget local qui le remboursera sur présentation des états émargés ou de listes certifiées.

Masse individuelle.

Au titre de la masse individuelle (règlement provisoire du 17 novembre 1904), le corps ainsi qu'il a été dit (voir chapitre I)

perçoit pour chaque indigène méhariste une première mise de
80 francs et une prime journalière de 0,18, c'est-à-dire un peu plus
que pour chaque tirailleur non monté (première mise 75 francs ;
prime journalière 0,15).

A l'aide du fond de roulement constitué par ces perceptions, il
commande et achète en France tous les effets d'équipement et
d'habillement nécessaires aux tirailleurs, tant méharistes que non
montés.

Il garde ces objets dans les magasins de la portion centrale ou
de ses compagnies qui les délivrent aux tirailleurs de façon à
maintenir au complet et en bon état la collection dont chacun
d'eux doit être muni et dont la nomenclature est invariable (voir
chapitre III).

Chaque indigène a son compte particulier portant : en dépenses,
les objets fournis et inscrits au prix du tarif ministériel ; en recettes, la première mise et la prime journalière ; à la fin de
chaque trimestre, s'il use peu et que la balance donne un avoir
supérieur à 80 francs, l'excédent lui est versé.

A des intervalles plus ou moins rapprochés, le lieutenant commandant passant l'inspection de détail de ses hommes constate et
fait prendre en note les effets dont ils ont besoin.

A l'aide de ces notes, il dresse une demande d'effets comportant en regard du nom de chaque tirailleur et de ses pointures le
détail des effets nécessaires.

Au reçu de cet état, le commandant de la compagnie mixte fait
sortir ces effets de son magasin et les envoie au lieutenant commandant en le chargeant de les remettre aux intéressés.

Le rôle du lieutenant commandant finit là ; le commandant de
la compagnie mixte, à l'aide de l'état fourni, établit toutes les
pièces nécessitées par cette délivrance d'effets et fait faire les ins-
criptions sur les livrets où est tenu le compte de la masse de
chaque homme.

En fin de trimestre, c'est encore le commandant de la compagnie qui détermine les excédents de masse revenant à l'homme ;
il charge le lieutenant commandant de les lui verser en procédant
comme pour la solde, étant entendu que la compagnie envoie
toujours à l'avance un état nominatif relatif au paiement, puisque

le lieutenant commandant n'aurait pas les éléments pour l'établir.

Masse de ravitaillement.

La masse de ravitaillement (instruction du 23 novembre 1904) est gérée par compagnie, c'est-à-dire que chacune de celles-ci dispose de la totalité des primes de ses hommes et que le corps n'a pas à en disposer d'une partie en faveur d'une autre compagnie gênée.

Dans les compagnies mixtes elle comporte deux sections : première section : hommes ; deuxième section : animaux.

Première section : hommes.

Se reporter au règlement sur la masse du ravitaillement.

Deuxième section : animaux.

A ce titre la masse de la compagnie mixte perçoit une prime journalière de 0,10 par chameau présent, à charge d'assurer, outre les dépense d'entretien des bêtes, le salaire des chameliers.

C'est la compagnie qui tient les écritures de cette deuxième section de masse comme de la première, mais en fait (et en éliminant le cheval de la compagnie qui est nourri sur elle mais entraîne une prime spéciale) elle constitue une masse propre à la section méhariste : le lieutenant commandant aura en principe ses animaux au complet ; c'est donc d'un crédit très voisin de $0,10 \times 200$, soit 20 francs par jour ou 7.300 francs par an dont il dispose.

Les chameaux pâturent et ne reçoivent du fourrage que dans les cas de suralimentation, etc... sauf le sel, les autres dépenses de leur entretien restent assez faibles, c'est pourquoi les sections peuvent majorer un peu le nombre des chameliers-bergers dont le salaire constitue la grosse dépense de la masse ; l'usage s'est établi dans la plupart des sections d'allouer à chacun d'eux un salaire de 0,65 par jour ; si la section a quinze chameliers, chef compris, ce qui est le nombre courant l'on voit qu'il lui reste encore près de 4.000 francs par an pour les autres dépenses de la masse.

Masse de remonte.

La masse de remonte (instruction du 3 août 1904) perçoit pour les sections méharistes une prime annuelle fixée à 35 francs par animal prévu à l'effectif.

Elle est gérée par les corps et non par compagnie comme la masse de ravitaillement, c'est-à-dire que chaque section n'a plus comme pour celle-ci à considérer l'ensemble des primes annuelles de son effectif comme lui constituant un crédit propre et réservé tout entier à son seul usage ; il se peut fort bien, en effet, que telle section dont les animaux ont souffert d'une épizootie ou qui se remonte dans des tribus où les prix sont plus élevés dépense plus que le total des allocations de son effectif, tandis que telle autre sera loin de l'atteindre ; il suffit, en principe, que le total des dépenses des sections ne dépasse pas le total des primes perçues par le corps.

La pratique a établi qu'il en est ainsi et que les primes de la masse de remonte sont suffisantes maintenant qu'une connaissance suffisamment approfondie du chameau a permis de mettre un terme aux pertes énormes du début.

Quant aux dépenses de première formation, il n'y a pas lieu de les faire entrer en ligne de compte : l'achat des 200 premiers animaux de chaque section a été ou sera toujours fait sur un crédit spécial.

Chaque section méhariste a donc à considérer en principe que les ressources de la masse lui permettent de maintenir ses animaux toujours au complet et en bon état : dans tous les cas de décès ou de mise hors service d'un animal, le lieutenant commandant établit un procès-verbal de décès ou de réforme qu'il soumet à l'approbation en demandant ouverture de crédit sur la masse ; il procède à la vente aux enchères de l'animal réformé, le produit venant en recette à la masse, et pourvoit au remplacement par achat sur place.

Les différentes pièces ou formalités administratives auxquelles donnent lieu les opérations de la remonte sont mentionnées au chapitre II consacré à ce service.

Masse de harnachement.

La masse de harnachement et ferrage (instruction du 9 décembre 1904) perçoit une prime journalière de 0,10 par chameau présent.

Cette masse est gérée par le corps, c'est-à-dire qu'il peut, selon les besoins, avantager une ou plusieurs sections méharistes en les autorisant à faire des dépenses supérieures au produit de leurs primes, tandis que les autres doivent, par compensation, limiter les leurs au-dessous de ce produit.

De plus, il est certain que, si l'achat des médicaments vétérinaires est à peu près, à l'heure actuelle, le seul qui ne soit pas fait sur place, la masse en arrivera à employer de plus en plus le système des commandes en France à mesure que les sections renonceront au harnachement indigène pour adopter un harnachement de confection européenne.

Il en résulte que le lieutenant commandant la section méhariste ne peut pas, comme pour la masse de ravitaillement, considérer qu'il dispose d'un crédit annuel égal au produit de ses primes.

Il doit partir de ce principe qu'il est autorisé de plein droit à faire au compte de la masse toutes les dépenses d'achat et de réparation indispensables au renouvellement et au maintien en bon état du harnachement des bâts, du matériel de puisage ou de transport de l'eau et de tout le matériel accessoire ; que pour les dépenses d'une certaine importance qu'il pourrait envisager pour une transformation de telle ou telle partie du matériel, des essais, etc..., il doit demander autorisation préalable.

Pour les achats effectués sur place, il établit des factures administratives au nom des indigènes illettrés qui fournissent les objets et paie à l'aide de sa caisse annexe et au compte de la masse.

Le lieutenant commandant tient un carnet inventaire de tout le matériel de la masse où sont mentionnées les entrées et les sorties, ces dernières avec leur cause ; il procède, dans les formes régulières et en établissant les pièces ordinaires, aux condamnations de matériel ; il est bon qu'il tienne un carnet des dépenses de la masse où il porte toutes celles qu'effectue ou engage la section.

Masse d'armement.

La masse d'armement (décret du 20 décembre 1905) perçoit une prime mensuelle de 0,15 par arme.

Elle est gérée par le corps et doit faire face aux dépenses d'entretien de toutes les armes constituant la dotation du corps, c'est-à-dire une par homme prévu à l'effectif plus 12 %, de réserve.

Ces dépenses sont d'ailleurs obligatoires ; que la masse soit prospère ou non, elle assure à chaque homme une arme constamment en état ; lorsqu'une arme est à remplacer elle y pourvoit à l'aide de sa réserve, lorsqu'une arme a été à réparer (et sauf faute de l'homme) elle verse au Trésor le montant de la réparation qui a été effectuée par une équipe volante de l'armurerie régionale (service de l'artillerie).

En principe, les armes de la section méhariste sont réparées quand l'équipe volante, allant d'un poste à l'autre, vient au poste-grenier ; le chef ou sous-chef armurier qui la commande a qualité pour passer la visite des armes et déclarer les réparations à y faire.

Le rôle du lieutenant commandant se borne à enregistrer sur un état, en face de chaque arme désignée par son numéro, la réparation reconnue à exécuter, puis à certifier qu'elle a été effectuée ; l'état est envoyé à la compagnie mixte qui le transmet au corps pour que celui-ci puisse comparer avec celui qui fournira le service de l'artillerie quand il réclamera le paiement des réparations.

Dans l'intervalle des passages de l'équipe volante, qui, d'ailleurs, ne pourra pas aller dans certains postes-greniers et qui, dans ce cas, s'installera au centre de la compagnie mixte où les carabines seront envoyées par séries, le lieutenant commandant remplace toute arme qui lui paraît en mauvais état par une autre prélevée sur la portion de la réserve du corps dont il est détenteur (généralement six carabines de réserve par section).

En ce qui concerne les munitions, la section méhariste a par homme 120 cartouches de première catégorie qui restent toujours avec lui et sont en compte au corps, 240 cartouches de réserve, dépôt du service de l'artillerie dans le poste-grenier et en compte à ce service.

Chaque fois qu'il est consommé des cartouches de la première catégorie (tirs à raison de 120 par an, consommation au combat, etc...), le lieutenant commandant les remplace immédiatement en prélevant sur la réserve par bon dont il envoie une expédition au service de l'artillerie ; au moment du ravitaillement annuel celui-ci remettra au complet la réserve de 240 par homme.

Le lieutenant commandant fait tenir, outre un contrôle d'armes, un carnet de situation des munitions du service de l'artillerie en dépôt dans son poste-grenier et adresse périodiquement les extraits qui en sont demandés.

Masse de casernement.

La masse de casernement (instruction ministérielle du 20 janvier 1907) perçoit des primes mensuelles dont le taux, fixé pour un temps indéterminé mais pouvant toutefois être modifié chaque année par le commandant supérieur des troupes, sous réserve de l'approbation ministérielle, est actuellement de 4 francs par Européen, de 0 fr. 30 à 0 fr. 40 par indigène selon le corps ; chaque cheval donne également droit à une prime mensuelle (1 fr. 50 à 2 francs selon le corps) mais aucune allocation n'est prévue à l'égard des chameaux, toujours en plein air.

Cette masse est gérée par le corps, mais il est prévu qu'il doit mettre à la disposition de chaque détachement le produit total des primes ressortant de l'effectif de ce détachement.

En pratique, le corps met à la disposition de chaque compagnie mixte ce qui lui revient d'après son effectif, section méhariste comprise : le commandant de la compagnie mixte met à son tour à la disposition de la section méhariste considérée comme un de ses détachements une somme égale au produit des primes ressortant de l'effectif de cette section.

Le lieutenant commandant, ayant presque constamment son effectif au complet, se trouve ainsi chaque année pourvu d'un crédit voisin de 12 (4 × 3 + 0,30 × 57) ou de 12 (4 × 3 + 0,40 × 57), c'est-à-dire s'élevant à 350 ou 400 francs environ.

Il ne peut compter que beaucoup moins que les unités non montées sur la main-d'œuvre militaire qui est dans celles-ci à peu près la seule employée ; il serait tout à fait mauvais que le souci de faire faire des corvées de construction nuise à la mobilité de la section et ait pour effet de prolonger la durée de ses séjours au point d'attache, alors que pour remplir son rôle elle doit être à peu près constamment en route.

Mais le poste-grenier (voir titre III, chapitre I) n'est qu'un campement permanent et ne comporte, à proprement parler, qu'un seul bâtiment : un blockhauss-magasin de dimensions restreintes construit en briques séchées au soleil ; les logements des Européens et des indigènes ne sont que de simples abris en paille et nattes dont, malgré la faiblesse des ressources locales, le prix de revient et d'entretien reste faible.

Tout compensé, la section méhariste se trouve donc dans des conditions de dotation sensiblement équivalentes à celles des autres fractions.

Le lieutenant commandant, à l'aide de sa caisse annexe, acquitte les dépenses de la masse de casernement de la même manière que celles de la masse de harnachement, c'est-à-dire sur factures administratives établies dans la forme qu'aura donnée la compagnie mixte : il tient un carnet des dépenses de la masse, lui permettant d'être toujours au courant de la situation de son crédit.

Masse d'entretien.

La masse générale d'entretien (décret du 28 janvier 1908) a des allocations basées sur le nombre des compagnies du corps, à raison de 1.100 francs par unité.

Cette masse est gérée par le corps et a pour objet de faire face aux dépenses diverses ne ressortissant pas à une autre masse.

Elle procède, généralement, par commande et achats en France, distribution en nature aux ayants droit.

La nomenclature de ses catégories de dépenses est longue ; parmi elles, l'on peut citer les fournitures de bureau ou imprimés, sauf ceux propres à chaque masse, etc..., les règlements et ouvrages autorisés par le ministre, etc...., le mobilier des corps de garde qui n'est pas au compte de la masse de casernement, etc..., les frais d'inhumation quand la place n'a pas de service hospitalier, etc..., et enfin le campement.

C'est cette dernière catégorie de dépenses qui intéresse plus particulièrement la section méhariste.

C'est la masse d'entretien des corps, en effet, qui, jusqu'à ce jour, assure les achats des tentes ou des tonnelets métalliques pour le transport de la réserve d'eau, et, en principe, de tout le matériel d'origine européenne employé aux sections.

Les ressources limitées de la masse ne lui permettent pas de faire face à tous les besoins et, en ce qui la concerne, le lieutenant commandant devra se borner à adresser des demandes d'envoi de matériel auxquelles le corps, après examen, donnera suite dans la mesure des disponibilités.

Il convient que le lieutenant commandant tienne un carnet d'inventaire du matériel de la masse générale en service à la section méhariste.

Budget local.

Le lieutenant commandant remplit des fonctions politiques et administratives à l'égard des nomades de sa zone et sous la direction du commandant de cercle et du commandant de région (voir titre III, chapitres I, II, III : Action).

A ce titre, sont mis à sa disposition par ces derniers certains crédits du budget local qui n'ont pas à être énumérés ici (voir instructions gouvernementales pour les commandants de cercle du Haut-Sénégal et Niger), mais parmi lesquels on peut citer ceux des « fonds politiques » qui permettront de payer le service des renseignements, etc... (voir titre III, chapitre I) et ceux des « auxiliaires » qui permettront de payer les guides (voir titre III, chapitre I) et, s'il y a lieu, les indigènes employés à la suite des reconnaissances (voir titre V).

Il a à tenir un carnet de situation lui permettant de se rendre compte, à chaque instant, où il en est de l'emploi de chacun de ces crédits ; les dépenses sont payées sur pièces justificatives établies dans les formes requises par les agences spéciales (voir instruction aux agents spéciaux du terrritoire militaire datée du 11 septembre 1903) et sont soldées par l'agence la plus proche, c'est-à-dire presque toujours celle du chef-lieu du cercle.

Egalement au titre de ce service spécial absolument différent et distinct de son service militaire et qui, même au point de vue comptabilité, reste tout à fait étranger au commandant de la compagnie mixte, le lieutenant a, le plus souvent, à opérer des perceptions dont les plus habituelles sont : l'impôt de capitation, l'oussourou ou droit de douane sur les caravanes, les patentes ou permis de circulation, les droits sur l'exploitation des salines, etc...

Ces perceptions sont soumises, avec plus ou moins de complications, à des règles et à des formalités les unes invariables, les autres locales, dont le lieutenant méhariste est instruit par le commandant du cercle ou le commandant de région près duquel il remplit, somme toute, le rôle d'adjoint détaché.

Ce qu'il importe surtout de mentionner, c'est qu'elles sont, en principe, faites *en nature*, les nomades n'ayant, pour ainsi dire, pas de pièces de notre monnaie en circulation chez eux.

Chaque poste-grenier a donc un « magasin du service local » absolument distinct et indépendant de ceux du service colonial ; il prend, en charge, toutes les perceptions nature du service local et celles-là seules ; il a une comptabilité spéciale propre ou annexe de celle du magasin du service local du chef-lieu du cercle, mais, en tous les cas, tenue selon les mêmes règles que cette dernière (voir instructions 1909 aux magasiniers du service local du Territoire).

Très souvent, c'est dans ce « magasin du service local » ou dans le « troupeau du service local » qui en fait partie, que le lieutenant puise ce qui est nécessaire aux « magasins du service colonial » et le verse dans ces derniers ; il s'agit là d'une opération de cession de service à service dont le lieutenant n'a qu'à établir les pièces de constatation (états de cession) dans les formes indiquées et dont le remboursement au service local est une opération de régularisation faite par le bureau financier du chef-lieu du territoire.

En prévision de ces cessions, les produits acceptés pour les perceptions en nature sont, suivant les besoins, des chameaux, des bestiaux, du mil, du sel, etc... et l'on se rend compte qu'il résulte de ces dispositions l'appréciable avantage suivant pour la remonte et le ravitaillement de la section méhariste : c'est que, au titre du service local jusqu'à concurrence du total fixé pour les perceptions et sans autres complications qu'un jeu d'écritures de cessions, le lieutenant peut légalement exiger comme impôt les animaux ou vivres dont la section méhariste aurait besoin et que les nomades refuseraient de vendre.

CHAPITRE PREMIER

ÉCOLE DU MÉHARISTE

Règles générales.

L'instruction de l'homme à pied est déjà faite quand il arrive à la section ; elle n'est plus qu'à entretenir.

L'instruction individuelle de l'homme monté consistera à lui apprendre ce qu'il doit savoir à l'égard du méhari, c'est-à-dire s'en occuper, le harnacher, le monter et le manier.

Bien pénétrer l'homme de cette idée que le calme et la douceur sont les meilleurs moyens pour obtenir ce qu'il veut de sa monture.

La brutalité, ou même la gesticulation, les mouvements brusques, ne font qu'affoler un animal qui, de son naturel, est plutôt craintif.

L'usage de la baguette est sévèrement proscrit ; il en est de même, en principe, du fouet souple qui ne peut être autorisé que pour certains hommes montant avec calme et habileté des bêtes paresseuses ou imparfaitement dressées.

Le méhari obéit aux rênes, aux pressions de pied sur le cou, et à des appels de langue faciles à apprendre auxquels il est toujours habitué.

Tous les exercices de l'école du méhariste sont d'abord faits sans armes, l'homme ayant seulement le ceinturon pour empêcher le flottement des vêtements et donner plus d'aisance et de liberté aux mouvements.

A l'instruction individuelle les mouvements de monter en selle, mettre pied à terre, sauter à terre, peuvent se faire indifféremment par la droite ou par la gauche pour assouplir les hommes.

Dès que l'on manœuvre en groupe tous ces mouvements doivent se faire toujours à gauche.

Quand l'homme saura se servir de sa monture et pour le rendre agile et hardi, on pourra lui faire faire avantageusement des mouvements de voltige tels que l'animal étant debout se mettre en selle en montant par le cou, se mettre en selle en montant par la croupe, etc.

Mais ces mouvements restent de simples exercices de gymnastique, jamais employés en manœuvres d'ensemble et qui peuvent n'être pas exigés de tous les hommes.

Les cadres ne perdent jamais de vue dans l'instruction individuelle qu'il s'agit de faire du tirailleur non seulement un « méhariste » mais aussi un « saharien » dans la mesure où cette adaptation est possible.

Lorsque l'homme, nouvel arrivé, commence à sortir, la préoccupation du chef se porte sur la nécessité de l'habituer à la limitation de la consommation d'eau, à l'alimentation inhabituelle, et aux particularités anormales pour lui de la vie au désert.

Cette appropriation au rôle est graduée en surveillant l'effet moral et en encourageant l'homme.

Mouvements sans l'arme (1).

— *Aller prendre le chameau au parc et l'amener à l'extérieur.*

Muni de la rêne de nez entrer dans le parc, s'approcher du chameau, sans brusquerie, par la droite, lui prendre la tête avec

(1) Ce paragraphe est dû, presque sans changement, au capitaine Cauvin.

la main gauche, passer la rêne dans l'anneau du nez avec la main droite et la nouer immédiatement. Enlever l'entrave, la placer autour du cou, amener ensuite le chameau sur le terrain de rassemblement en le conduisant par la rêne.

— *Faire barraquer le chameau.*

Placé en avant du chameau et à droite ou à gauche de l'encolure, tenant la rêne de la main droite, opérer de légères tractions sur la rêne en faisant le signal plusieurs fois répété « ch! ch! ». Si l'animal fait des difficultés pour se coucher, appliquer quelques tapes avec la main gauche sur la partie supérieure de l'encolure.

— *Faire lever le chameau.*

Etant dans la même position que précédemment, tirer légèrement la rêne de bas en haut en accompagnant ce mouvement d'un appel de langue.

— *Brider.*

Prendre la bride avec la main gauche, la garniture de tête en dessus, engager le nez du chameau sous la muserolle jusqu'à ce que celle-ci soit bien à cheval sur le chanfrein, un peu en avant des yeux, abattre la garniture de tête en la faisant passer derrière les oreilles et au-dessous des yeux. Dégager la rêne du nez qui doit passer à droite de l'encolure et la rêne de bride qui doit passer à gauche de l'encolure.

(Pour ce mouvement comme pour chacun des trois suivants le chameau doit être entravé).

— *Seller.*

Placer d'abord le tapis, mettre ensuite la selle en place de façon qu'elle s'emboîte bien sur le dos ; faire passer la sangle en arrière et contre la callosité que le chameau a au ventre. Sangler en passant la courroie de gauche de la selle dans la boucle de la sangle. Placer ensuite la sous-ventrière qui passe sous le ventre en avant du pénis et dont les bouts, croisant derrière la bosse, viennent se nouer en arrière et de chaque côté de la selle.

— *Desseller.*

Dénouer la sous-ventrière du côté gauche et la relever sur le siège de la selle, dénouer la sangle qu'on relève également. Enlever la selle et le tapis.

— Débrider.

Enlever la bride en retirant d'abord la garniture de tête. Ces mouvements doivent toujours se faire dans l'ordre où ils sont indiqués, brider avant de seller, desseller avant de débrider.

— En selle.

Etant placé à gauche et à hauteur de l'épaule du chameau, ajuster les deux rênes et les réunir dans la main droite qui s'appuie au pommeau, prendre de la main gauche la tête du chameau à hauteur du nez et la ramener à soi (ce mouvement a pour but d'empêcher le chameau de se lever prématurément).

Ensuite passer la jambe droite par dessus la croupe du chameau et l'arrière de la selle, s'enlever sur la main droite et s'asseoir en prenant bien le fond de la selle, placer les pieds sur l'encolure, lâcher de la main gauche la tête du chameau. Passer les rênes dans la main gauche.

— Debout.

Rendre les rênes en élevant un peu la main, opérer avec le pied plusieurs petites pressions sur la partie supérieure de l'encolure. Dès que le chameau se lève, raccourcir les rênes pour l'empêcher de se porter en avant. Le rassembler ensuite de façon à lui faire lever la tête et permettre l'appui des pieds sur l'encolure.

— Position du méhariste en selle.

S'asseoir franchement, l'assiette occupant bien le fond de la selle, les jambes ramenées en avant et croisées, les pieds prenant appui sur l'encolure. Le buste d'aplomb mais sans raidir les reins de façon à pouvoir suivre le balancement de la marche, les bras tombant naturellement, les coudes près du corps, la tête droite.

Tenir les rênes de la main gauche à hauteur du pommeau. Les rênes doivent être ajustées mais non tendues. Relever l'extrémité des rênes et les nouer au pommeau de façon à pouvoir toujours les reprendre facilement si un déplacement brusque les fait perdre.

Porter le chameau en avant au pas.
En avant. Marche !

Rendre un peu la main et solliciter le chameau par de légères pressions du pied sur l'encolure.

— Tourner à droite, à gauche.
Face à droite (gauche) marche !

Porter la main de rênes à droite (gauche) en opérant une légère traction de ce côté. Le chameau obéit aussi bien à la rêne opposée qu'à la rêne directe.

— Passer du pas au trot.

Au trot. Marche !

Rendre la main comme pour porter le chameau en avant, au pas, mais en le sollicitant plus vivement avec le pied ; accompagner le mouvement d'appels de langue, maintenir la main de rênes pour empêcher le chameau d'allonger l'encolure et d'échapper à l'action des rênes et au pied. Porter le haut du corps en arrière, sans se raidir, l'assiette cherchant le fond de la selle.

— Tourner à droite (à gauche).

Même mouvement qu'étant au pas.

— Passer du trot au pas.
Au pas. Marche !

Opérer sur les rênes une traction lente en arrière jusqu'à ce qu'on ait obtenu le changement d'allures.

— Arrêtez !

Comme pour passer du trot au pas, continuer la traction sans à coup jusqu'à l'arrêt.

— Barraquez !

Baisser la main gauche qui tient les rênes en allongeant le bras, faire plusieurs petites tractions de haut en bas. Accompagner le mouvement de la pression du pied fortement appuyé sur l'encolure et au signal ch ! ch !

— Pied à terre.

L'animal étant barraqué, passer les rênes dans la main droite, passer la jambe droite par-dessus le pommeau en tournant à gauche et sauter à terre en prenant appui sur la selle avec les mains.

— *Sautez à terre !*

Même mouvement que ci-dessus sans faire barraquer, et même le chameau étant en marche; avoir soin, alors, de prendre les rênes par l'extrémité et, dans le dernier cas, de sauter en avant pour éviter de donner un à coup violent à la rêne.

Mouvements avec l'arme.

Quand le méhariste est bien en selle et sait manier sa monture, tous les mouvements de l'article précédent sont répétés avec l'arme.

Ils sont ensuite répétés avec l'arme et l'équipement d'instruction ; ceinturon muni des bretelles de suspension, portant l'épée-baïonnette.

Enfin, ils sont répétés avec l'arme et l'équipement de route, la monture portant le paquetage complet que l'homme a été habitué à établir selon les règles adoptées dans la section.

A l'instruction, la carabine est portée soit en sautoir de gauche à droite, soit pendue par la bretelle au pommeau de la selle, soit devant le corps, l'arme étant maintenue avec la main droite en travers sur les genoux.

En route, et en pays sûr, l'arme peut être portée en sautoir ou fixée horizontalement sur les peaux de bouc de gauche du paquetage par une lanière susceptible d'être dénouée d'une seule traction.

Toutes les fois qu'une attaque est possible, la carabine est portée à la selle ou en travers sur les genoux.

Lorsque le méhariste met pied à terre, et à moins que l'indication de garder l'arme en sautoir n'ait été donnée au préalable, il doit toujours avoir sa carabine à la main.

Mettant pied à terre, à gauche, les rênes sont tenues de la main droite et l'arme de la main gauche.

Pour éviter la gêne que le fourreau de la baïonnette apporte

aux mouvements de mise en selle et de pied à terre, ou même à
la position en selle, son extrémité est parfois attachée au ceinturon ; en ce cas, l'attention de l'homme s'exerce à éviter la
chute ou la perte de la baïonnette.

Combat à pied.

L'instruction spéciale du méhariste pour le combat ne comporte qu'un seul mouvement :

— *Combat à pied !*

A ce commandement le méhariste saisit sa carabine d'une
main, saute vivement à terre, met baïonnette au canon et se place,
prêt à tirer, face au point qui est indiqué.

Pendant le combat le méhariste peut être désigné avec un autre
tirailleur ou un chamelier pour faire barraquer les chameaux de
son escouade au moment où celle-ci les laisse en arrière pour aller
au feu.

Au cours de l'instruction individuelle, il est, dans ce but, habitué à conduire et faire obéir six ou huit chameaux à la fois,
dont il tient par moitié dans chaque main les rênes ou les longes
laissées assez longues à cet effet.

Il fait marcher les bêtes à peu près de front et les fait barraquer
une à une, à la voix ou par traction sur la longe ; elles ne sont en
aucun cas attachées entre elles.

Le méhariste est aussi habitué aux quelques particularités du
rôle d'éclaireur monté ; ce rôle ne diffère pas dans ses principes de
celui de l'éclaireur monté à pied, et, lorsque l'homme prendra
part aux exercices en terrain varié de la section, il appliquera
simplement ce qui lui a été appris à cet égard avant d'entrer aux
méharistes, avec cette seule différence que l'utilisation du terrain
pour observer lui paraîtra toute différente, étant à chameau, de
ce qu'elle est pour un fantassin.

C'est au cours de l'instruction individuelle que lui est inculquée
la pratique de cette utilisation basée sur le principe suivant : que
l'essentiel est de voir, la condition de n'être pas vu venant en seconde ligne.

CHAPITRE II

Règles générales.

L'instruction individuelle étant terminée les hommes sont mis à l'école d'escouade méhariste.

Ils ne sont gardés sur le terrain d'exercice que pendant très peu de séances et sont emmenés, le plus tôt possible, en terrain varié pour y apprendre à conduire leur monture isolément ou en troupe.

L'escouade méhariste manœuvre d'après les principes du règlement d'infanterie qui contient tout ce qui est nécessaire à cet effet ; il a de plus l'avantage d'être connu de tous les méharistes et d'avoir été pratiqué antérieurement par eux.

L'école d'escouade n'emploie pas d'autres commandements que ceux du règlement d'infanterie et de l'école du méhariste ; quand l'escouade est parfaitement exercée, elle manœuvre surtout au geste.

Dans les manœuvres toute complication est évitée ; ne jamais exiger une correction de mouvements incompatible avec le maniement de l'animal employé.

En particulier les alignements ne sont jamais qu'approximatifs, surtout ceux pris de pied ferme rendus très difficiles par la conformation anatomique du chameau qui ne lui permet que malaisément de reculer.

Pour ceux pris en marchant et qui sont les plus habituels, les méharistes se tiennent simplement à peu près à la hauteur de la base toujours constituée par l'homme ou la file du centre.

Par contre, il importe d'une façon absolue que le plus grand ordre et le plus grand calme règnent parmi les hommes et les montures.

A cet effet l'autorité supérieure a rendu réglementaires (instruction du général commandant supérieur du 30 mai 1908) des mouvements d'ensemble à temps décomposés pour la mise en route (premier temps : en selle — deuxième temps : debout) et pour les arrêts même en cas d'attaque (premier temps : barraquer — deuxième temps : pied à terre) ; elle a posé cet axiome, vérifié par elle, que cette méthode n'exige dans l'exécution que trois ou quatre secondes de plus que le départ avec mise en selle à volonté ou l'arrêt avec mouvement de « sautez à terre ».

L'escouade, appliquant uniquement la première méthode en manœuvre, sait constamment si elle a atteint le degré de dressage lui permettant déjà de l'employer en toutes circonstances, ou si elle doit, à titre provisoire, continuer à faire usage en cas de besoin des moyens restant à l'heure actuelle plus rapides pour elle dont l'école d'escouade fournit les moyens, en particulier pour le commandement de « combat à pied ».

Même en manœuvre *les faisceaux ne sont jamais formés* au cours des pauses ; toute l'escouade doit être profondément pénétrée de ce principe que, de quelque façon qu'il porte son arme, le méhariste ne s'en sépare à aucun moment.

Au cours des évolutions de l'escouade les demi-tours sont toujours évités et remplacés par des changements de direction ; ils engendrent trop facilement la confusion et le désordre à cause du manque de souplesse du chameau et de l'espace limité que laisse à chaque monture son intervalle dans le rang.

A chaque escouade sont rattachés deux chameliers-bergers chargés de conduire et de surveiller les chameaux au pâturage et de leur donner certains soins ; l'un de ces chameliers à tour de rôle reste au poste-grenier avec les montures |relayées et laissées au repos ; l'escouade n'en a jamais qu'un pour s'occuper de ses animaux au bivouac ; en route, et si l'escouade n'est pas isolée, tous les chameliers marchent au convoi.

Au combat, s'il se produit que le convoi rejoint les montures laissées en arrière de la ligne de feu, le chamelier peut tenir en main la moitié des chameaux de l'escouade ; l'un des deux tirailleurs qui tenait ces montures devient disponible et reprend sa place dans le rang.

Formations de l'escouade.

L'escouade méhariste comprend de 13 à 15 hommes ; elle se rassemble et manœuvre sur un ou deux rangs et en colonne par 1, par 2, rarement par 4.

Formation en ligne sur deux rangs.

Les méharistes sont placés sur deux rangs parallèles, le deuxième rang à un mètre de distance mesuré de la croupe du chameau du premier rang à la tête du chameau du deuxième rang ; l'intervalle entre les hommes du même rang est de un mètre, du flanc gauche du chameau de droite au flanc droit du chameau de gauche.

Le chef de l'escouade isolée se place à deux mètres en avant du centre de l'escouade.

L'escouade est formée sur un rang d'après les mêmes principes.

Formation en colonne par deux.

La colonne par deux se compose de fractions de quatre hommes sur deux rangs, placées les unes derrière les autres à un mètre de distance.

Le chef de l'escouade isolée se tient en avant de la fraction de tête.

L'escouade peut être formée en colonne par quatre, composée de deux fractions de 8 hommes sur deux rangs ; la seconde, incomplète, est placée à un mètre de distance de la première.

Formations de route.

En route, l'escouade marche habituellement en colonne par

1 formée d'hommes placés à un mètre de distance ; parfois en colonne par 2.

En certaines circonstances et lorsque le terrain s'y prête, elle marche en ligne sur rang : dans ce cas l'intervalle entre les hommes est indiqué.

Le chef d'escouade se tient où il juge sa présence utile.

Rassemblement.

— Rassemblement !

Les hommes, tenant leur monture en main, se rassemblent d'après les principes du règlement d'infanterie ; ils la font barraquer selon un alignement appproximatif et restent debout à sa gauche, gardant l'immobilité et attendant le commandement de « en selle » qui n'est fait que lorsque tout le monde est prêt.

Lorsque le chef d'escouade veut plus de rapidité, il remplace le commandement de « rassemblement » par celui de « en selle, rassemblement » : les hommes plus ou moins dispersés et tenant leur monture en main la font barraquer si elle ne l'est pas, montent en selle, font lever et se portent au pas près du chef d'escouade qui indique la formation à prendre ; chacun se range à sa place normale selon un alignement approximatif.

Le rassemblement en marchant, très employé, s'exécute d'après les mêmes principes, les hommes en selle se forment sur la file du centre ou sur la fraction de tête qui suit le chef d'escouade.

Rompez vos rangs !

Si le commandement n'est fait qu'après celui de « pied à terre » et l'exécution de ce dernier, les hommes font lever leur monture et se séparent en se portant en avant dans diverses directions.

Si le commandement est fait les hommes étant en selle, ceux-ci se séparent en se portant en avant dans diverses directions et ne mettent pied à terre qu'une fois dispersés.

Mouvements de l'escouade.
Mise en marche.

Les chameaux étant barraqués dans l'ordre prescrit par le chef d'escouade, chaque homme à gauche de sa monture et immobile, le chef commande :

— *En selle !*

Telle direction, telle formation.

Debout, marche !

1° Au commandement de « en selle » les hommes se mettent en selle et laissent le chameau barraqué.

2° Ils portent leur attention sur l'indication de la direction et de la formation qui n'est donnée que quand tout le monde est prêt.

3° Au commandement de « debout, marche » ils font lever leur monture et la portent en avant.

Lorsque le chef d'escouade ne veut pas marquer les temps il commande :

Telle direction, telle formation.

En selle, marche !

Au commandement de « en selle, marche » les hommes se mettent en selle, font de suite et d'eux-mêmes lever leur monture et la portent en avant sans chercher l'ensemble dans le mouvement.

Évolutions.

L'escouade exécute d'après les principes du règlement d'infanterie les évolutions suivantes :

Dans la formation en ligne : marche de front, marche oblique, au trot, au pas, halte (sans quitter la selle), face à droite (ou à un point indiqué). Changements de direction en marchant (à droite ou à gauche).

Passage de la formation en ligne à la formation en colonne

ou réciproquement (en avant ou à droite ou à gauche du front).

Dans la formation en colonne : passage de la colonne par deux à la colonne par un ou par quatre, et réciproquement. Exécution des mêmes mouvements que dans la formation en ligne.

Arrêts.

Les hommes étant en selle et en marche le chef d'escouade commande :
Escouade.

— *Halte !*
— *Barraquez !*
— *Pied à terre !*

1° Au commandement de « halte » l'escouade s'arrête, les tirailleurs restant en selle, leur monture restant debout.

2° Au commandement de « barraquez », qui n'est fait que quand toutes les bêtes sont complètement arrêtées, les hommes font barraquer les chameaux et restent en selle.

3° Au commandement de « pied à terre », qui n'est fait que quand toutes les bêtes sont barraquées, les hommes descendent de selle et restent immobiles à gauche de leur monture.

Quant le chef d'escouade ne veut pas marquer les temps il commande :
Escouade.

Halte ! pied à terre !

Au commandement de « halte, pied à terre » les hommes font barraquer les chameaux en les arrêtant et descendent immédiatement de selle sans chercher l'ensemble dans le mouvement.

Combat à pied.

L'instruction spéciale de l'escouade pour le combat ne comporte qu'un seul mouvement.

— *Combat à pied !*
A ce commandement les hommes sautent rapidement à terre,

l'escouade se rassemble sur un rang, baïonnette au canon et prête à tirer, face au point qu'indique le chef.

Deux tirailleurs désignés d'avance prennent en main les chameaux de l'escouade, les font barraquer et les entravent ; si l'escouade doit ensuite se porter en avant, ils font lever les chameaux et se conforment au mouvement à moins d'ordres contraires.

L'escouade ne combat momentanément isolée que par exception et dans les trois circonstances suivantes, où d'ailleurs elle ne dispose généralement que d'un nombre de 6 à 7 hommes, c'est-à-dire inférieur de moitié à celui normal.

En garnison de sûreté du poste-grenier point d'attache. Elle occupe alors un blockhaus solide de dimensions restreintes et proportionnées à son effectif ; son rôle consiste à défendre ce blockhaus et les chameaux placés près de lui sous la protection du tir ; elle observe ceux des principes du règlement d'infanterie pour la défense des points d'appui qui sont applicables à son faible effectif.

Généralement commandée par un sous-officier européen chef de poste, bien approvisionnée en munitions, en vivres et en eau, secondée par les 6 chameliers armés du fusil modèle 1874 restés au point d'attache, elle est dans de bonnes conditions pour résister jusqu'à l'arrivée du reste de la section prévenue, cette arrivée dût-elle tarder une semaine ou plus.

En escorte de convoi de la section lorsque celui-ci est momentanément resté en arrière, son rôle consiste à faire arriver le convoi et son objectif est que celui-ci ne subisse aucun retard ; attaquée, elle répond au feu simplement dans la mesure nécessaire pour garder le passage libre et se garde bien de se laisser entraîner totalement ou partiellement à une certaine distance du convoi ; celui-ci doit en principe toujours continuer à marcher et ce n'est que s'il avait sa route complètement coupée par une bande sérieuse que l'escouade se déciderait, en prévenant la section, à l'arrêter en un point choisi et à faire la défense de la position.

Généralement commandée par un sous-officier européen, chef de convoi, secondée par les 6 chameliers de ce convoi, et leur chef, tous armés de fusils modèle 1874, elle peut tenir jusqu'à ce que la section revienne la dégager, le plus souvent dans la journée même.

En garde au pâturage l'escouade n'a pas à s'occuper des bêtes, même si l'une d'elles tente de s'écarter ou y réussit : c'est aux chameliers qu'il appartient de la faire rentrer ; son rôle à elle consiste à surveiller les environs et à protéger le troupeau contre tout maraudeur ou tout agresseur. Attaquée et après avoir prévenu en arrière, elle peut exceptionnellement défendre pied à pied le terrain pendant que les chameaux rallient le bivouac, mais le plus souvent elle se cramponne à la position qu'elle occupe et la défend jusqu'à ce que toute la section arrive sur la ligne, ce qui ne demande dans la plupart des cas qu'une fraction d'heure.

CHAPITRE III

Règles générales.

La section se rassemble, marche et évolue d'après les mêmes principes que l'escouade : elle a les mêmes formations que cette dernière.

Comme elle constitue l' « unité méhariste », et que, avec ses animaux sur un rang ou par un, elle atteint presque le front ou la profondeur d'une compagnie non montée, elle a de plus deux formations propres calquées sur celles de cette dernière fraction : colonne de section et ligne d'escouades en colonne (par 1 ou par 2).

Comme elle n'est jamais réunie à d'autres sections, mais agit toujours isolée, elle a enfin une formation appropriée à ce rôle : le carré.

La section a divers dispositifs réguliers de marche qui ne sont que des combinaisons de dislocation du carré permettant sa reconstitution rapide.

Ils prévoient tous la présence d'un convoi qu'en principe la section méhariste a toujours avec elle.

Ils se prêtent à l'exécution des étapes, la section n'ayant en principe jamais à parcourir que des zones désertiques, c'est-à-dire un terrain qui n'exige généralement pas la formation de la section en colonne de route, parce qu'il ne comporte ni voie ni sentier battus et n'offre pas d'obstacles.

Comme il n'exige même pas que chaque escouade soit formée

en colonne par 1 ou par 2 dans les dispositifs de marche, ces derniers permettent aussi pour chaque escouade la formation en ligne sur un rang espacé, dans laquelle les chameaux, s'ils sont bien habitués à ce genre de marche, s'entraînent l'un l'autre ou peuvent brouter de ci de là en marchant et n'ont pas devant eux d'animal soulevant le sable.

Toutefois la formation de chaque escouade en colonne, surtout par 1, offre toujours le gros avantage d'éviter toute fatigue d'attention à l'homme qui n'a guère à se préoccuper de sa monture, et à la bête qui marche automatiquement dans les traces de celle qui la précède ; le choix du dispositif permet d'éviter la grande profondeur (3 mètres par chameau avec son intervalle) quand elle a des inconvénients.

Les dispositifs de marche sont en conséquence des combinaisons d'escouades en colonne par 1 ; ils sont transformables à l'occasion en combinaisons d'escouades en ligne sur un rang.

L'on n'emploie plus les formations « en file de 4 à animaux reliés » (c'est-à-dire chaque monture attachée par une corde lâche au précédent) qui ont été parfois usitées alors que les fractions méharistes n'avaient qu'une organisation de fortune et un mauvais recrutement d'animaux.

Les formations propres à la cavalerie sont interdites.

La section exécute dans toutes ses formations et avec les mêmes commandements les mouvements prévus à l'école d'escouade méhariste.

Les mouvements qui lui sont propres, tels que le passage à la colonne de section, à la ligne de section par 1 ou par 2, au carré ou à l'un des dispositifs de marche sont toujours excutés à l'aide des moyens les plus simples, à la volonté du chef.

Les commandements propres à la cavalerie sont interdits.

Les escouades sont désignées par leurs numéros dans l'ordre constitutif.

Formations de la section.

La section méhariste comprend quatre escouades ; elle se rassemble, marche et évolue en colonne par 1, par 2, rarement par 4 ;

en colonne de section ; en lignes d'escouades par 1 ou par 2 ; en ligne sur un ou deux rangs ; en carré.

Colonne par 1, par 2, par 4.

Les escouades par 1, par 2, par 4 sont placées les unes derrière les autres à un mètre de distance.

Colonne de section.

Les escouades en ligne sur un rang sont placées les unes derrière les autres à cinq mètres de distance environ.

Ligne d'escouades par 1, par 2.

Les escouades en colonne par 1 ou par 2 sont placées à la même hauteur, à cinq mètres d'intervalle environ.

Ligne sur un ou deux rangs.

Les escouades en ligne sur un ou deux rangs sont placées les unes à côté des autres, sur le même alignement approximatif, à un mètre d'intervalle.

Carré.

La première escouade en ligne sur un rang forme la face avant ; la deuxième et la troisième escouade en colonne par un forment la face de droite et celle de gauche, leur tête marchant à hauteur de la première escouade ; la quatrième escouade en ligne sur un rang forme la face arrière et marche à hauteur du dernier homme des deuxième et troisième escouades.

A l'arrêt, les escouades, mises à terre, sont formées sur un rang chacune sur sa face tournée vers l'extérieur, tout contre et en dehors des montures qui peuvent serrer vers le centre du carré.

Formations du convoi.

Le convoi de la section méhariste a, en personnel et en animaux, une composition d'ensemble invariable : un sergent européen ou indigène, chef de convoi ; 7 chameliers (dont un chef) ; 40 chameaux de bât ; autant d'animaux haut le pied que la section a dû laisser de malades au point d'attache.

En certains cas, notamment lorsque le convoi est exceptionnellement laissé en arrière, une escorte de deux à huit méharistes peut y être détachée sous les ordres du chef de convoi.

Il est habituellement formé sur quatre files de 10 chameaux de bât, chaque animal relié par une corde moyennement lâche au bât ou à la queue de celui qui le précède, les animaux haut le pied placés à la suite de chaque file ; les files numérotées de la droite à la gauche et marchant à la même hauteur ; l'intervalle entre les files variant de un à plusieurs mètres.

Dans le convoi courant de reconnaissance les animaux sont répartis comme suit dans les files :

Première file. — Groupe A : réserves de munitions et d'eau.

Deuxième file. — Groupe B : matériel de puisage et bagages d'Européens.

Troisième file. — Groupe C : première moitié de tous les vivres indigènes.

Quatrième file. — Groupe D : deuxième moitié de tous les vivres indigènes.

En certains cas le convoi peut être formé en deux files de longueur double, celle de droite comprenant les groupes A et C, celle de gauche les groupes B et D ; ou sur une file unique de longueur quadruple dans laquelle les groupes sont placés selon l'ordre A. B. C. D.

Dispositif de route.

La section en route avec son convoi peut prendre tous les dispositifs de marche qui permettent de former rapidement le carré.

Dans les dispositifs, les escouades peuvent prendre toutes les formations pratiques : généralement la colonne par 1, parfois la colonne par 2, en certains cas la ligne sur un rang ; il n'est pas indispensable que, dans le même dispositif, elles aient toutes la même formation ; les intervalles et les distances entre elles, ou entre chacune d'elles et le convoi, sont variables.

La plupart des dispositifs courants dérivent de l'une des trois formations suivantes données à titre de simple exemple : en losange, en double colonne, en simple colonne.

Dans ces exemples le convoi, sauf mention, est prévu formé sur quatre files de 10 et les escouades en colonne par 1 ; seuls les mouvements de passage à la formation en carré diffèrent un peu lorsque celles-ci sont formées sur un rang.

PREMIER EXEMPLE

Dispositif en losange.

Derrière la première escouade, le convoi, précédant la quatrième escouade ; les deuxième et troisième escouades marchant à hauteur du convoi à sa droite et à sa gauche.

Pour former le carré : En serrant, les première et quatrième escouades se forment en ligne sur un rang et placent leur centre dans l'axe.

DEUXIÈME EXEMPLE

Dispositif en double colonne.

Les première et troisième escouades à la même hauteur, séparées par un intervalle plus grand que le front du convoi ; le convoi au milieu de l'intervalle, sa tête à hauteur du dernier homme des première et troisième escouades ; les deuxième et quatrième escouades derrière les première et troisième, leur tête à hauteur du dernier animal du convoi.

Pour former le carré : en serrant, les première et quatrième escouades se forment sur un rang et placent leur centre dans

l'axe, pendant que le convoi et la deuxième escouade se portent
à hauteur de la troisième.

TROISIÈME EXEMPLE

Dispositif en simple colonne.

Les quatre escouades l'une derrière l'autre dans l'ordre constitutif, le convoi dans le même axe et intercalé entre la deuxième
et la troisième.

Pour former le carré : en serrant, le convoi et la troisième escouade qui a déboîté à gauche se portent à hauteur de la deuxième
escouade qui a déboîté à droite ; les première et quatrième escouades se forment sur un rang et placent leur centre dans l'axe.

Lorsque le pays est absolument sûr, le convoi peut être rejeté
derrière la quatrième escouade avec une petite arrière-garde, un
homme par escouade si l'on veut ; il faut en ce cas un certain
temps pour former le carré à cause de la distance à gagner par
le convoi auquel la quatrième escouade laisse passage en déboî-
tant momentanément avant de se mettre sur un rang.

Lorsque le convoi placé derrière la colonne de route est formé
non plus sur quatre files mais sur une seule, ce n'est qu'avec lenteur que peut se former le carré, à cause de la nécessité supplémentaire de faire doubler les animaux de bât sur quatre files.

Dispositifs de combat.

L'instruction spéciale de la section méhariste en vue du combat ne porte que sur les préliminaires de celui-ci ; dès qu'il est
engagé il est dirigé entièrement et uniquement d'après les principes du règlement d'infanterie.

Dispositifs de surprise.

Pour ces préliminaires la section dispose généralement de plusieurs minutes ; le service d'exploration à grande distance et le
rideau d'éclaireurs qui entoure à 600 mètres (au maximum) le

dispositif de marche doivent normalement signaler de loin toute attaque, étant donné que le pays est complètement découvert et que seules quelques dunes de sable peuvent, en certains endroits, défiler une marche d'approche.

Si la section mal gardée était assez brusquement surprise pour n'avoir pas le temps de former le carré, chaque escouade aurait à se mettre sur la défensive à l'emplacement même qu'elle se trouve occuper d'après le dispositif de marche ; au commandement de « combat à pied » elle se rassemblerait comme il est prévu à l'école d'escouade, baïonnette au canon et prête à ouvrir le feu à l'ordre de son chef.

Dispositifs de défensive.

Prévenue à l'avance et se sachant sous le coup d'une attaque imminente, la section, en route dans l'un des dispositifs de marche prévus, est formée en carré par les moyens indiqués à l'égard de chacun de ces dispositifs.

Si l'on dispose encore d'un certain temps avant l'attaque, faire rapprocher les éclaireurs qui pourraient être enlevés, mettre tout le monde à terre, les chameaux tenus en main par les deux hommes désignés de chaque escouade serrant le plus possible contre ceux du convoi au centre du carré, et continuer à avancer en se dirigeant sur le point proche qui paraît offrir les meilleures conditions d'emplacement pour recevoir le choc.

Si, au contraire, dès le carré formé, l'attaque se prononce, les éclaireurs rentrent par les angles ; le carré s'arrête au commandement de « combat à pied » du chef de section, qui est exécuté dans chaque escouade comme si elle était isolée ; les hommes qui tiennent les chameaux de selle et de bât les font barraquer et les entravent, quoique ayant peu à craindre que les détonations les affolent ; le lieutenant commandant répète, pour éviter toute erreur, le nom du chef de chaque face, auquel incombe le soin de diriger le feu de cette face ; les escouades rassemblées sur un rang selon chacune des faces et baïonnette au canon attendent l'ordre de tirer.

Dispositifs d'offensive.

Dans le cas où la section, au lieu d'être attaquée attaque, ou bien elle n'a pas de convoi, ou bien elle l'a laissé en arrière sous escorte afin d'être à même de prendre plus vite le contact, ou bien au moment de l'approche elle l'installe rapidement en un point choisi sous la garde de quelques tirailleurs ; en tous les cas elle est libre de ses mouvements au moment où elle arrive en vue de l'adversaire.

Elle se porte jusqu'à quelques centaines de mètres de celui-ci, soit aux allures vives si elle veut le forcer à accepter le combat qu'il refuse (voir titre III, chapitre IV : lutte de vitesse), soit en défilant sa marche s'il est en station et ne peut éviter la lutte (voir titre III, chapitre IV : couper la route).

A bonne distance elle s'arrête, met pied à terre et se rassemble en ligne ; les quatre groupes de montures des escouades, conduites par les deux hommes désignés dans chacune d'elles, se réunissent en un seul sous les ordres d'un tirailleur de 1re classe ou d'un caporal désigné à l'avance et qui reçoit les ordres du lieutenant commandant pour s'arrêter sur place ou se porter à un point choisi, ou suivre de loin : si, exceptionnellement, le convoi a continué jusque-là, les montures ne forment qu'un seul groupe avec lui.

Dès ce moment la section agit exactement dans les conditions d'une section d'infanterie non montée ; les chameaux, jusqu'au moment où ils seront repris après l'engagement, deviennent inutiles ; dans la conduite du combat, le lieutenant commandant n'aura à s'en occuper que pour surveiller et couper toute contre-attaque qui pourrait être dirigée contre eux et pour envoyer des ordres au chef du groupe selon qu'il le voudra plus près ou plus loin de la ligne de feu.

Le chef de groupe dès que les chameaux cessent de marcher les fait barraquer le plus rapidement possible pour diminuer l'énorme cible qu'un troupeau debout offre au tir de l'adversaire ; il profite de toutes les ondulations de dunes ou de tous les accidents du terrain pour les abriter en marche comme en station.

Le lieutenant commandant choisit l'orientation de la ligne de combat de façon à ce que les chameaux ne se trouvent pas dans le prolongement de la direction des coups de l'ennemi ; il a pris ses dispositions de façon à n'être pas obligé de combattre près d'eux et, pour gagner la distance qu'il a prévue entre leur groupe et la ligne de feu, met sa section en mouvement dès qu'elle est rassemblée à pied et la porte très rapidement, au pas gymnastique s'il est nécessaire, à 150 ou 200 mètres en avant ou sur le côté (davantage si l'adversaire a des fusils à tir rapide).

C'est alors qu'il ouvre le feu et engage le combat.

CHAPITRE IV

RÈGLEMENT DE ROUTE

Règles générales.

La section montée marche entière ; le total des malades et du sergent européen ou indigène qui, seuls, restent au point d'attache ne dépassant jamais 7 ou 8, son effectif en route est toujours supérieur, ou au moins égal, à 50 tirailleurs sous les ordres du lieutenant commandant secondé par un sergent européen.

Elle n'emmène jamais plus de 100 chameaux, les 100 autres restant à se refaire ; elle part donc toujours avec des animaux frais et en forme.

Sur les 100 chameaux emmenés chaque tirailleur n'a qu'une monture, celles des tirailleurs malades laissés au point d'attache suivent comme animaux haut le pied ; ainsi qu'il a été dit, les 40 dernières bêtes servent au convoi sous la conduite des chameliers-bergers (en route, 6 chameliers au minimum et un chef chamelier).

Quels que soient l'objet du déplacement et sa durée, chaque tirailleur porte toujours sur lui et sa monture, avec ses armes, ses 120 cartouches, sa tente et les effets d'habillement et d'équipement du paquetage réglementaire de route, une peau de bouc à provisions contenant, au minimum, dix jours de vivres (quantité qui peut être doublée) et deux peaux de bouc contenant trois jours d'eau (durée minima).

En principe, il est toujours emporté une réserve d'eau contenue dans des tonnelets métalliques fermés à clef ; cette réserve est généralement limitée à dix litres par homme ; le lieutenant en dispose seul.

Il est toujours emporté une réserve de munitions de 30 cartouches par homme ; elle peut être augmentée dans certains cas.

Le convoi a une composition variable selon l'objectif ; le nombre des animaux qui y servent étant constant, la charge de chacun d'eux varie selon cette composition.

Il comporte toujours, avec la réserve d'eau et de munitions, le matériel de puisage, une caisse de médicaments et des outils ; c'est surtout sur la quantité des vivres de réserve que portent les variations ; les bagages d'Européens emploient, en principe et sauf réduction dans des cas exceptionnels, deux chameaux pour le lieutenant commandant, un chameau par sergent européen, plus un chameau de provisions par Européen et par mois ou fraction de mois de route.

Un sergent européen marche avec le convoi, dans tous les cas si la section en a emmené deux, dans la plupart des cas si elle n'en a emmené qu'un ; à défaut de sergent européen, un gradé indigène commande le convoi ; un très petit nombre de tirailleurs (4 à 8) peut être détaché en escorte ; dans les cas où le convoi est exceptionnellement laissé en arrière, les chameliers sont armés de fusils modèle 1874.

La marche est toujours gardée, ainsi que le bivouac ; le plus ou moins grand degré d'insécurité du pays n'influe que par le plus ou moins grand développement du service de sûreté.

Le service de sûreté consiste dans un rideau d'éclaireurs maintenu au maximum à 600 mètres en avant, en arrière et sur les flancs de la section ; il est complété lorsque les circonstances l'exigent par un service d'exploration à grande distance, assuré, non par des tirailleurs, mais par des guides sûrs (ou des « auxiliaires » si la section en dispose).

La section gardée, en marche ou au bivouac, n'a rien à craindre de l'adversaire possible qu'il soit à pied, à cheval ou à chameau ; le seul aléa qui existe pour elle est la surprise.

La marche à pied, dans le sable, est très fatigante pour le tirailleur et augmente considérablement la consommation d'eau ; elle n'est jamais employée plus de deux ou trois heures par jour, avant ou après les heures chaudes, et seulement lorsque l'étape est très longue ou les bêtes fatiguées.

En selle ou au pas, le tirailleur fatigue peu et la marche peut être réglée en tenant surtout compte des animaux.

Les chameaux ont, au minimum, six heures de pâturage par vingt-quatre heures ; ils sont abreuvés, selon les occasions de points d'eau de façon à ce que, en principe, ils ne restent pas sans boire plus de deux jours pendant les chaleurs, plus de cinq jours pendant la saison froide.

A chaque abreuvoir ils sont comptés et examinés en détail ; chaque tirailleur procède à un pansage sommaire consistant àdébarrasser les animaux de la crasse, des épines et des parasites.

Lorsqu'il importe, au cours d'un déplacement de longue durée, de garder les animaux en état de fournir un effort intense éventuel, il leur est donné une proportion de repos de un jour pour deux de marche.

Plusieurs systèmes de répartition approximative sont employés (repos tous les troisième jour ou tous les cinquième et sixième, ou tous les septième, huitième et neuvième) sans que des avantages très précis se révèlent sûrement en faveur de l'un ou de l'autre.

Une proportion de repos inférieure à celle indiquée entraîne une diminution rapide de la condition des animaux s'il s'agit d'une marche de plus d'un mois.

Mise en route.

Le section est toujours prête à marcher ; elle doit pouvoir être mise en route avec son convoi quatre à six heures au plus après l'ordre de mouvement.

Cet intervalle représente strictement le temps nécessaire pour envoyer chercher au pâturage les 100 chameaux à marcher et désignés à l'avance ; les ramener au point d'attache ; les harnacher ou les charger.

Les vivres indigènes de route (farine de mil, sel, viande séchée, etc...) sont constamment prêts en magasin et allotis par
charges calculées pour un parcours moyen. La réserve de cartouches, des tonnelets à eau, du matériel de puisage, outils, médicaments, etc..., les effets d'habillement et d'équipement individuel, le harnachement et le matériel sont toujours tenus en
parfait état et visités assez fréquemment pour qu'une inspection
de détail de chaque objet ne s'impose pas au moment du départ si celui-ci est brusque ; cette inspection est néanmoins
passée si la mise en route ne doit s'effectuer qu'un ou plusieurs
jours après celui où elle a été décidée.

Les préparatifs du départ brusque sont toujours déterminés
à l'avance dans tous leurs détails et sans rien laisser à l'imprévu ;
ils ont été répétés de nombreuses fois à titre d'exercice d'instruction pour que chacun, européen ou indigène, soit parfaitement au courant de la tâche précise et invariable qui lui incombe
personnellement dans cette mobilisation de la section ; les seules
indications spéciales à donner en même temps que l'ordre de
mouvement sont les modifications au plan général que nécessi-
teraient certaines particularités de l'objectif et qui ne portent
guère que sur la composition du convoi et le nombre de jours de
vivres à emporter, sur le remplissage et le non remplissage
des tonnelets à eau (les peaux de bouc individuelles sont toujours remplies sans ordre spécial).

Un certain temps avant l'arrivée des chameaux, les partants
doivent être rassemblés armés et équipés sur la place d'armes,
leur harnachement et leur paquetage devant eux ; les charges
du convoi alignées en face de chaque bât à peu de distance de la
troupe ; les chameliers-bergers et les guides à côté.

Le lieutenant commandant, s'il n'a pu examiner à nouveau
chaque objet dans tous ses détails, doit, du moins, indispensablement et quelle que soit l'urgence du départ, vérifier un à un
la présence de tous ceux à emporter et constater, de ses yeux,
qu'aucun d'eux n'est omis.

Après inspection des tirailleurs, de leurs armes et de leurs cartouches, il s'assure que le paquetage de chacun d'eux est au
complet, c'est-à-dire comporte : le couvre-pied plié et attaché

sur la selle pour la rendre moins dure, les deux peaux de bouc d'eau , la peau de bouc à effets, la peau de bouc à « divers », la grande peau de bouc à vivres, la toile de tente, la djellaba, et un objet de campement (1).

Il s'assure également du nombre des charges du convoi et de la nature de chacune d'elles ; il constate, successivement, la présence de chacun des objets de puisage ou d'abreuvoir.

Les chameaux arrivés, chaque tirailleur selle sa monture, assujettit le paquetage, la laisse barraquée, et se tient près d'elle.

Les chameliers placent les bâts, attachent les charges toutes jumelées à l'avance, font lever les bêtes et les tiennent en main.

Quant tout est prêt, le lieutenant commandant vérifie et fait vérifier rapidement si le harnachement et le chargement, dont il a d'ailleurs suivi les détails, ne présentent pas de défectuosités.

Puis, ayant fait monter en selle et lever les montures, il déploie le dispositif de sûreté et met la section en marche.

Vitesse.

Le chameau n'est jamais mis au galop ; cette allure est anormale et moins rapide que le grand trot.

Les allures du chameau *isolé* sont les suivantes :

Le grand trot : 12 kilomètres à 25 kilomètres à l'heure.
Le petit trot : 8 kilomètres à 10 kilomètres.
Le pas soutenu : 6 kilomètres à 7 kilomètres.
Le pas moyen : 4^{km},500 à 5 kilomètres.
Le pas lent : 3^{km},500 à 4 kilomètres.

La section méhariste ne marche que tout à fait exceptionnellement au trot : le grand trot exténue très vite l'animal et le petit trot le blesse.

Au grand trot elle fait 12 kilomètres à l'heure ; cette allure n'est employée qu'en cas de nécessité absolue et pour se porter près d'un adversaire déjà en vue et refusant le combat.

(1) La façon de placer ces objets a été indiquée au titre I, chapitre III, « Paquetage de route ».

Au petit trot (pas postal) elle fait 8 kilomètres à l'heure ; cette allure n'est employée qu'en cas de besoin avéré dans les toutes dernières heures d'une marche d'approche ou les premières heures de poursuite des débris d'un rezzou battu.

L'allure habituelle de la troupe méhariste est le pas ; lorsque la rapidité du parcours s'impose elle l'obtient par la prolongation des durées d'étapes et non par l'accroissement de l'allure.

Au pas soutenu la section fait 6 kilomètres à l'heure ; cette allure fatigue assez vite certains des animaux ; quand la section est accompagnée d'un convoi même à charges légères, elle ne l'emploie qu'occasionnellement et pendant peu de temps, par exemple dans les dernières heures d'arrivée au puits, quand les provisions d'eau sont taries, d'arrivée au bivouac quand la nuit approche, etc...

Au pas moyen la section fait 5 kilomètres à l'heure ; c'est l'allure courante et habituelle qui convient tant aux chameaux de selle qu'aux chameaux de bât moyennement chargés ; elle permet les raids les plus rapides, aussi bien que les parcours les plus prolongés.

Au pas lent la section fait 4 kilomètres à l'heure ; cette allure est celle du chameau qu'on laisse brouter de ci de là, en marchant, elle n'est employée que dans des circonstances particulières (nomadisation, voir titre III, chapitre II).

Les règles d'emploi d'allures qui précèdent sont en concordance parfaite avec la pratique des nomades.

Horaire (1).

Le chameau ne fait pas de route — en saison froide avant que le soleil ne l'ait réchauffé (7 heures du matin) — en saison chaude pendant que le soleil est haut (10 heures du matin à 4 heures du soir).

Pour éviter les blessures il n'est monté ou chargé et mis en route qu'une fois par vingt-quatre heures ; l'unique étape est

(1) Les règles de marche que résume ce § et qui sont calquées sur celles des nomades (voir Iʳᵉ partie, ch. IV) ont été mises en lumière surtout par le **Commandant Betrix.**

faite sans arrêt; le repas froid, s'il y a lieu, est pris en selle.

Six heures de marche constituent pour lui un travail courant ; douze heures de marche représentent, s'il est parfaitement en forme, une dépense de forces déjà grande — si sa condition est abaissée, un effort plus ou moins accentué.

Il lui faut, en principe, pour manger et dormir, douze heures d'arrêt sur vingt-quatre.

Les six heures de pâture ne peuvent être comprises dans l'intervalle de 10 heures du matin à 4 heures du soir durant lequel il ne broute que peu ou pas ; il importe qu'elles soient consécutives ; il est profitable qu'elles figurent parmi les premières de l'arrêt pour que la bête mange *d'abord*, dorme (ou rumine) *ensuite*.

L'application simultanée des principes ci-dessus entraîne pour la section les règles de route suivantes.

La durée habitbelle de la marche journalière est de six heures, soit 30 kilomètres ; c'est l'étape méhariste, elle peut, en cas d'urgence, d'éloignement des puits au pâturage, etc..., être prolongée jusqu'à douze heures, soit 60 kilomètres ; c'est la « double étape méhariste » qui, sauf le cas de force majeure, n'est pas dépassée.

En saison froide, l'étape se fait de jour : départ à 7 heures du matin et non avant, — marche ininterrompue, — arrivée entre 1 heure et 7 heures du soir — pâturage puis repos la soirée et la nuit.

En saison chaude, l'étape se fait de nuit : départ à 4 heures du soir et non avant — marche ininterrompue — arrivée entre 10 heures du soir et 4 heures du matin, pâturage nuit ou matin jusqu'à 10 heures, puis repos la journée jusqu'à 4 heures du soir.

Cet horaire calqué sur les habitudes des nomades, et à peu près le seul possible pour effectuer la double étape, se prête également à toutes les durées de marche intermédiaires entre la double étape et l'étape simple.

Lorsque la marche ne comporte que la durée de l'étape simple, d'autres combinaisons sont applicables, par exemple la suivante : départ à 10 heures du soir — pâturage et repos le lendemain de 4 heures du matin à 10 heures du soir ; elle offre douze heures de pâturage coupé (4 heures à 10 heures matin et 4 heures à 10 heures du soir) au lieu que pour une même durée de marche la combinaison du départ à 4 heures du soir offre consécutives ces douze heures (10 heures du soir à 10 heures du matin), elle entraîne les inconvénients du rassemblement et du chargement de nuit : elle est peu employée.

Arrivée.

Le lieu du bivouac, indiqué à l'avance ou reconnu par les guides doit être en principe à proximité de bons pâturages et d'un point d'eau ; offrir si possible quelques ressources, sinon en bois, du moins en branchages secs.

Le lieutenant commandant, en approchant du lieu désigné, choisit du coup d'œil un emplacement précis facile à défendre et ayant des vues dégagées sur le pays environnant.

Pour éviter toute confusion, désordre ou hésitation, il indique à l'avance par un signe quelconque (arbuste, touffe d'herbe, monticule, etc...) les extrémités de la face avant du carré que formera le bivouac ; et qui devra être assez grand pour contenir tous les chameaux.

En arrivant sur l'emplacement choisi, le carré est formé s'il ne l'est déjà, et le convoi se place à son centre ; il est arrêté au moment où la face avant arrive sur la ligne qui a été indiquée et est toujours perpendiculaire à la direction de marche du lendemain.

Les quatre escouades, dans l'ordre où elles se trouvent, se déploient sur un rang face à l'extérieur en prenant les intervalles nécessaires pour garnir la longueur de face prévue.

On met pied à terre et les animaux sont aussitôt entravés sous la protection des éclaireurs et flanqueurs qui ne rentrent que lorsque les travaux préliminaires d'installation sont terminés et qu'ils ont été remplacés par le service de sûreté en station.

Les harnachements sont placés alignés en avant des montures barraquées ; les carabines et les cartouches peuvent être momentanément placées sur les harnachements, *mais les faisceaux ne sont jamais formés.*

Le convoi, arrêté à la place qui lui est indiquée et qui est toujours la même par rapport à la première face, est déchargé par les chameliers-bergers, les charges placées en ordre pour pouvoir être reprises facilement lors de la remise en route.

Aussitôt que tous les chameaux sont dessellés et déchargés, ils sont sans retard envoyés au pâturage avec les chameliers et la garde commandée à l'avance.

C'est alors, et alors seulement, c'est-à-dire après avoir fait tout le nécessaire concernant les animaux, que les hommes allument les feux de cuisine et vaquent aux travaux de première installation pendant que le dispositif de sûreté en station est placé et que les éclaireurs ou flanqueurs rentrent.

Bivouac.

Le bivouac est en principe gardé de jour par la sentinelle placée devant les charges du convoi et s'il y a lieu par un ou deux petits postes de trois hommes (dont une sentinelle) détachés sur les hauteurs — de nuit par une sentinelle en avant de chaque face.

Lorsque la section a avec elle des auxiliaires, ceux-ci fournissent habituellement les petits postes qui peuvent alors être maintenus pendant la nuit si on le juge nécessaire.

Quand une attaque est probable, les deux Européens alternent la nuit pour prendre le quart.

La disposition du bivouac est toujours exactement la même pour éviter toute confusion en cas d'alerte ou de réveil brusqué.

L'alignement des faces est marqué par les harnachements disposés comme il a été dit au paragraphe précédent.

Les cuisines sont placées à une dizaine de mètres en dehors de cet alignement.

Si les circonstances paraissent l'exiger et que les éléments se trouvent à portée, on installe une zériba, haie de branches épineuses amoncelées qui constituent une très bonne défense accessoire contre l'infanterie ou la cavalerie.

Les hommes pour se reposer ou dormir s'étendent tout équipés en dedans de la zériba ou en arrière de la ligne des harnachements, la tête vers l'extérieur, la carabine, baïonnette au canon, reposant sur une petite fourche en bois placée à hauteur de leur épaule.

Ce n'est que pendant le jour qu'ils peuvent se placer sous les tentes, dressées en arrière des armes en assemblant les toiles par 4 ou 6 selon les ordres donnés. Pour la nuit, ces tentes sont abattues et les toiles ne servent plus aux tirailleurs que comme matelas ou couverture supplémentaire.

La tente du lieutenant commandant est placée derrière le centre de la face avant, entre cette face et les charges du convoi; la tente du ou des sergents européens est placée derrière la face arrière, entre cette face et l'emplacement ménagé pour parquer les chameaux.

La visite de santé est passée chaque jour par le lieutenant commandant à l'heure qu'il indique ; les chameaux blessés sont pansés.

Pendant le jour les hommes peuvent quitter leur équipement ; ils reposent ou, si les étapes sont courtes, ont un emploi du temps spécial ; en tous les cas ils s'occupent du maintien en état de leurs effets et de leurs armes, *sans que les quatre escouades aient à la fois leurs carabines démontées;* les chameliers vérifient les harnachements et consolident les charges qui doivent chaque soir être toutes refaites et prêtes à charger.

Les animaux ne sont jamais ramenés du pâturage avant d'y avoir passé six heures de bonne pâture ; si les circonstances le permettent, ils y sont laissés jusqu'à la remise en route de la section. C'est seulement lorsqu'il y a nécessité absolue qu'à la nuit (et après avoir pâturé six heures) ils sont rentrés dans le carré, barraqués, entravés et pourvus chacun d'une grosse botte de fourrage choisi ; les chameliers, qui les ont fait serrer autant que possible, couchent auprès d'eux, l'on évite autour d'eux des mouvements brusques qui puissent les inquiéter ou les faire crier.

En cas d'alerte de jour la garde au pâturage, prévenue, rentre avec les chameaux; si l'on juge disposer du temps nécessaire tous les préparatifs de départ sont faits, les montures sellées et le convoi chargé; dès que l'ennemi est en vue, les petits postes rentrent par les angles, les escouades se forment en ligne sur leur face, les hommes prêts à ouvrir le feu.

En cas d'alerte de nuit, le calme et le sang-froid ne doivent pas cesser de régner ; les feux sont éteints : les hommes prennent leurs armes en silence et se tiennent prêts à recevoir l'attaque ; les sentinelles ou les petits postes rentrent dans le carré et viennent rendre compte de ce qui a provoqué l'alerte. Aucun coup de feu ne doit être tiré sans ordre.

TITRE III

Utilisation de la section méhariste.

CHAPITRE PREMIER

STATION

Principes généraux.

En principe la section méhariste n'est en station à son point d'attache qu'une faible partie du temps et seulement dans l'intervalle de deux déplacements.

Son état habituel est en effet le mouvement, avec trois modes distincts d'utilisation :

« Nomadisation », c'est-à-dire marche lente et prolongée pour le maintien du contact avec les nomades soumis.

« Reconnaissance », c'est-à-dire marche de vitesse moyenne, de durée variable (quelques jours à plusieurs mois) et comportant un objectif précis (étudier une portion donnée du pays, explorer une piste nouvelle, reconnaître un puits inconnu, prendre contact avec des campements mal soumis, protéger une caravane, etc...)

« Contre-rezzou », c'est-à-dire marche rapide dirigée contre un rezzou signalé, marche qui dure ce qu'il faut de temps pour rejoindre le rezzou, de préférence en lui coupant la route, et le disperser après « combat ».

La section méhariste peut réduire autant qu'il est utile la durée de ses séjours au point d'attache à condition de ne pas faire uniquement dans ses déplacements des reconnaissances et des contre-rezzous qui exigent un gros effort, mais de ménager une proportion suffisante de « nomadisation », mode de déplacement réglé, ainsi qu'on le verra plus loin, de façon à ne pas causer de fatigues aux hommes ni aux animaux mais au contraire à permettre aux premiers de réparer celles antérieures, et à assurer l'entrainement des bêtes.

La proportion minimum entre la durée de « nomadisation » et la durée totale de déplacement est déterminée uniquement par le besoin de réparation du personnel, car elle sera toujours suffisante pour les animaux.

En effet, les 200 chameaux de la section étant répartis en deux groupes de 100 dont l'un travaille pendant que l'autre se refait, chaque groupe aurait encore six mois sur douze de repos au pâturage même si la section durant ces douze mois ne faisait aucun séjour au point d'attache lorsqu'elle y vient relayer ses bêtes.

Comme sur douze mois de déplacement continu, la section devrait assurer à ses hommes quatre mois de « nomadisation » au grand minimum, chaque monture aurait pour l'année au maximum quatre mois de travail en reconnaissance ou contre-rezzou : l'on sait que cette proportion de travail de quatre mois sur douze est celle admise comme ne causant qu'une usure normale du chameau.

Les données ci-dessus, établissant que la section *pourrait* à la rigueur être en déplacement douze mois (dont 4 de nomadisation) sur douze, n'impliquent pas, bien entendu, qu'il en *doit* être ainsi mais surtout que, quels que soient les déplacements qu'elle vient d'exécuter, *la section est toujours prête à marcher* et a toujours à sa disposition des animaux en bon état.

En réalité et réserves faites pour le cas de contre-rezzou qui amène mise en route immédiate quelles que soient les circonstances, la section passe quelques semaines au point d'attache à la saison des plus fortes chaleurs fatigantes pour les animaux comme pour les hommes ; elle y passe aussi une semaine ou deux, ou même trois chaque fois qu'elle vient y relayer ses montures, mé—

nageant ainsi aux tirailleurs des périodes de vie avec 'eur famille.

Ces séjours sont d'autant moins courts que le déplacement auquel ils succèdent a été plus prolongé ; leur durée est aussi fonction de la fatigue qu'a entraînée le déplacement, et surtout des circonstances.

La proportion annuelle du temps de station au temps de déplacement ne peut donc être soumise à une fixation numérique précise ; elle varie selon chaque section et selon l'aptitude de chaque lieutenant commandant à tirer de son unité le maximum de rendement en tenant hommes et animaux en bon état.

L'on peut admettre qu'une section fait au total deux à cinq mois par an de station à son point d'attache, que ses déplacements comportent une durée annuelle de « nomadisation » variant en raison inverse de la durée annuelle de station ; qu'au total elle passe en moyenne six mois par an en reconnaissance ou contre-rezzou.

Point d'attache.

Le point d'attache de la section est un « poste-grenier ».

Cette appellation consacrée par l'arrêté du Gouverneur Général n° 201 du 16 février 1909 portant création des premiers d'entre eux, a pour objet de différencier nettement de tout autre poste militaire les postes points d'attache des sections méharistes qui ne sont que des « campements stables et améliorés ».

Les caractéristiques du poste-grenier sont les suivantes :

Il est en zone désertique pour que la section en y venant relayer ses animaux reste sur son terrain d'action et que ses mouvements d'aller et retour soient réduits au minimum.

Il ne comporte qu'une installation très sommaire, pour pouvoir être défendu par une dizaine de fusils au plus et parce qu'un confort très différent du bivouac amènerait chez les hommes trop de propension à la station.

Il a auprès de lui des puits assez abondants et, autour de lui, dans un périmètre d'une quinzaine de kilomètres de rayon, de bons pâturages variés pouvant suffire aux 200 chameaux de la section.

Il contient un approvisionnement de vivres et de munitions

toujours au complet dans lequel la section, chaque fois qu'elle vient relayer ses animaux, puise pour constituer son convoi de route.

Il est en permanence le lieu de résidence des femmes et enfants de tirailleurs que ceux-ci sont autorisés à avoir avec eux au point d'attache mais qui ne sont jamais emmenés en reconnaissance ou contre-rezzou, qui, en principe, ne suivent pas davantage en « nomadisation ».

Le type du poste-grenier est invariable dans son ensemble ; au centre un réduit blockhaus, seule construction proprement dite ; autour de ce blockhaus des abris légers et faciles à abattre servent de logements aux Européens et aux indigènes de la section ainsi qu'aux femmes des tirailleurs, des enclos pour parquer éventuellement les animaux.

Le réduit blockhaus est un rez-de-chaussée parfois un peu surélevé, construit en briques séchées au soleil et couvert par une argamasse d'argile reposant sur une charpente de rôniers ; il contient les magasins à vivres, à munitions, à matériel, une très petite pièce d'archives pouvant à la rigueur servir de bureau, une réserve pour les bagages d'Européens ; il est pourvu à l'intérieur d'un escalier rudimentaire donnant accès sur l'argamasse et, si le terrain s'y prête, d'un puits.

Son tracé est un carré très peu allongé ; il peut comporter une très petite cour intérieure donnant du jour aux magasins ; il est bon qu'il soit entouré à l'extérieur d'une sorte de vérandah assez étroite et presque entièrement fermée servant de chemin de ronde, munie de deux tambours flanquants placés aux extrémités d'une même diagonale ; l'argamasse peut être couronnée d'une murette crénelée ou non, susceptible d'abriter des tireurs à genou ; l'ouverture de l'escalier sur l'argamasse peut être couverte par une sorte de guérite en terre servant de mirador.

Ses dimensions sont rigoureusement limitées à celles qu'exige le logement des approvisionnements et restent par conséquent restreintes.

Les détails de construction ou d'aménagement varient au gré de chaque commandant de section ; et surtout selon les ressources locales.

Les abris extérieurs et les parcs sont disposés autour du blockhaus dans un ordre qui dépend surtout de la configuration des lieux ; les conditions à rechercher sont que, les abris étant évacués, les parcs soient protégés par les feux du blockhaus, en gênant aussi peu que possible son tir ; il est bien entendu que si un très proche accident de terrain (petite cuvette, faible exhaussement du sol commandé par l'argamasse, etc...) permet en même temps de les défiler plus ou moins au tir de l'adversaire, leur emplacement se trouvera ainsi tout indiqué.

Les abris sont extrêmement légers et susceptibles d'être abattus en quelques minutes ; leur type le plus courant est la case en nattes soutenue par quelques minces voliges de rônier refendues ou par des nervures de feuilles du même arbre ; il peut d'ailleurs être amélioré par l'adjonction d'une couche de paille assez légère pour ne pas surcharger la charpente fragile et protégeant davantage contre le soleil, sinon contre la pluie qui n'est guère à prévoir.

Bonnes pour les indigènes ces cases sont également acceptables pour les Européens en leur donnant des dimensions plus vastes, en réunissant deux d'entre elles par un appentis formant vérandah et que l'on peut entourer de « sécots » en paille tressée, etc. ; en tous les cas jamais de parois en terre qui seraient susceptibles de couvrir l'approche de l'adversaire et de gêner le tir du blockhaus.

Les parcs sont simplement des enclos formés par une « zériba », haie en buissons d'épines coupés et amoncelés ; leur surface est juste suffisante pour les 200 chameaux de la section, car les animaux n'y sont, en principe, placés qu'au cas d'attaque prévue ; il est bon d'en avoir plusieurs, le rassemblement en un seul gros troupeau créant évidemment des conditions sanitaires nuisibles ; en tous les cas, il faut un ou deux petits parcs pour isoler les animaux malades, surtout les galeux, et un ou deux autres pour les bœufs et moutons de l'approvisionnement en viande fraîche.

Des zéribas entourent généralement aussi chacun des lots constitués pour les abris des Européens, ceux des tirailleurs et de leur famille, et ceux du personnel indigène complémentaire (chameliers-bergers, etc...) ; une zériba d'enceinte enclôt le tout.

Il ne peut y avoir qu'avantage à multiplier les zéribas qui, toujours pénétrables par le tir du blockhaus, restent un assez sérieux obstacle pour des hommes et des animaux et bien battus par les feux constituent une bonne défense accessoire, la seule d'ailleurs qui puisse être employée.

Le poste-grenier a bien peu à prévoir une attaque lorsque la section y est tout entière ; la défense se ferait alors, bien entendu, hors du réduit-blockhaus et serait dirigée d'après les principes généraux de défense par l'infanterie d'une position non fortifiée.

Au cas d'attaque pendant que la section est en route, la garnison de défense comporte généralement l'un des deux sergents européens de la section, chef de poste, ou à défaut un sergent indigène et un petit détachement de tirailleurs d'effectif jamais supérieur et le plus souvent inférieur à 10, formé de quelques hommes malades, fatigués ou tout nouvellement versés que la section n'a pu emmener ; les 5 ou 6 bellahs chameliers restés avec le groupe d'animaux non marchant et armés de fusils modèle 1874, si l'on est sûr d'eux, sont utilisés ; la garnison non combattante est habituellement d'une quarantaine de femmes et enfants.

Dès que le branle-bas de combat est décidé, la garde au pâturage prévenue rentre avec les animaux qui sont parqués, tout le monde se retire dans le réduit-blockhaus, les femmes et enfants massés dans la cour intérieure ou à défaut dans le chemin de ronde couvert, les tirailleurs, et les chameliers armés qu'ils surveillent répartis sur l'argamasse ou dans les tambours flanquants.

Dans ces conditions la petite garnison (surtout si, grâce au puits intérieur du blockaus, elle n'a pas à sortir pour aller à l'eau) est en bonne posture pour attendre l'arrivée de la section en route prévenue par un chamelier-berger monté et, au cas de blocus prolongé, n'aura comme difficulté réelle qu'à assurer la nourriture des animaux ; en tous les cas, bien approvisionné en munitions et en vivres, le personnel peut tenir sans limite de temps et, tirant à l'aise, faire subir des pertes sérieuses à l'adversaire.

Emploi du temps.

En station, le tableau de service de la section est peu chargé, puisque le séjour au point d'attache est pour elle une période de repos et de réparation, mais il est réglé de façon à faire une revision et un complément des parties de l'instruction du tirailleur à pied, dont l'on a pu s'occuper en reconnaissance ou contre-rezzou.

C'est le moment de refaire un peu de manœuvre à rangs serrés, de repasser les exercices préparatoires du tir dans des séances courtes et fréquentes, d'assouplir les hommes et de maintenir leur entraînement par l'exercice à la baïonnette et la gymnastique, de répéter les exercices de combat.

Chaque journée comporte, bien entendu, un exercice, une manœuvre, ou une séance de tir ; les corvées telles que réparations au blockhaus, réunion de combustible, etc... sont réduites au strict minimum, les tirailleurs ne sont employés qu'à défaut d'autres ressources de main-d'œuvre ; les heures de théorie sont surtout consacrées à l'enseignement du Français et jamais prolongées jusqu'à la lassitude.

Le temps est laissé au tirailleur aux heures de service pour la réparation et la remise en état de ses effets ainsi que pour les petites améliorations à son abri-logement.

Les chameaux entravés ou non et divisés en plusieurs troupeaux restent jour et nuit au pâturage sous la surveillance des chameliers-bergers et sous la garde d'un petit détachement fréquemment relevé.

Les malades rentrent chaque jour pour être soignés ou pansés ; le lieutenant commandant et ses sous-officiers donnent toute leur attention à cette partie du service.

A chacun des abreuvoirs (espacés de deux à trois jours pendant la saison chaude, de cinq à six jours pendant la saison froide) tous les animaux sont soigneusement comptés, inspectés et examinés ; c'est l'occasion de faire faire par chaque tirailleur à ses montures un pansage sommaire débarrassant la bête de la crasse, des épines et des parasites. Le sel est administré aux chameaux aux intervalles prévus par celle des méthodes usuelles qu'a adoptée la section.

Les animaux nouvellement achetés sont confiés à des tirailleurs montant bien pour subir le complément de dressage propre aux chameaux de troupe.

Les magasins sont inspectés en détail et vérifiés par le lieutenant commandant : le matériel de réserve est visité pièce à pièce, reçoit les soins nécessaires et est complété s'il y a lieu : le harnachement et le matériel en service, les effets d'habillement et d'équipement sont examinés à fond au cours de revues de détail très fréquentes et remis en parfait état pour la route.

Lorsque la section est en route, la garde au pâturage de 100 chameaux au repos absorbe surtout le temps des quelques tirailleurs laissés en station ; ils se relèvent périodiquement par moitié pour ce service qui dure jour et nuit ; la moitié non employée est utilisée aux quelques manipulations indispensables dans les magasins pour le maintien en bon état des denrées et du matériel.

Le sergent chef de poste va très fréquemment visiter les chameaux et assiste à chaque abreuvoir ; il examine chaque jour les chameaux malades ou blessés et les fait soigner ou panser : il dirige l'instruction individuelle méhariste des tirailleurs nouveaux versés, surveille de près les magasins, assure la tenue de la comptabilité, et enregistre ou au besoin communique au lieutenant commandant en route les renseignements dignes d'intérêt qu'il pourrait recueillir sur l'extérieur.

Ravitaillement.

La section achète des grains et des bestiaux aux tribus de son ressort et aux caravanes de passage, ou les perçoit au titre impôt, etc... mais il est bien rare qu'elle arrive ainsi à réunir son approvisionnement ou même une portion importante de cet approvisionnement.

En principe c'est le centre de la compagnie mixte à laquelle elle compte qui lui fournit ses vivres, à charge aux chameaux de la section d'assurer les transports de ce centre au poste-grenier.

Les convois de ravitaillement que le poste-grenier organise à cet effet sont réglés, et c'est un principe absolu, de façon à n'abaisser la condition d'aucun des chameaux employés ; ces convois ne doivent représenter pour chaque animal qu'un travail très léger venant après une période de repos absolu l'ayant complétement refait des fatigues précédentes ; ils réalisent ainsi, en vue de la reconnaissance ou du contre-rezzou prochain, l'entraînement dont le titre IV développera la nécessité et qui n'est pratiquement obtenu que par leur moyen ou celui de la nomadisation.

A cet effet les convois de ravitaillement exécutés par animaux de la section marchent toujours dans des conditions analogues à celles qui seront détaillées au chapitre « nomadisation » : pas moyen ou lent, étapes très courtes, séjour plus ou moins prolongé sur tout leur bon pâturage, charges tout à fait légères (50 ou 60 kilogrammes, au plus), etc...

Les convois de ravitaillement ne sont mis en route qu'à des moments où ils ne peuvent gêner en rien le roulement, assurant constamment à la section des animaux frais.

Voici à titre d'exemple l'un de ces moments :

La section après quelques jours de station au point d'attache vient de se mettre en route avec un groupe de 100 chameaux frais pour un déplacement prolongé ; elle compte au retour de ce déplacement stationner quelques jours au point d'attache, relayer ses animaux et partir en nomadisation.

Le lieutenant commandant a, d'après la durée probable de son absence, calculé la date à laquelle un convoi doit être mis en route sur le centre de la compagnie pour avoir rallié le point d'attache avant qu'il n'y soit lui-même de retour et il a laissé des ordres pour que ce convoi soit dirigé ou non par le sergent européen resté au poste-grenier ; il a en général laissé un sergent indigène soit pour garder le poste-grenier durant le convoi dans le premier cas, soit pour diriger le convoi s'il a adopté la deuxième solution.

A la date fixée le sergent européen chef du poste-grenier choisit tous les animaux remis en parfait état et leur fait exécuter le convoi ; les autres achèvent de se réparer par le repos.

Quand la section rentrera au point d'attache et si le convoi a été bien conduit, elle aura ainsi à sa disposition un groupe de 100 chameaux en parfait état dont la majorité entraînés ; en l'emmenant en nomadisation elle fait l'entraînement des quelques animaux qui n'ont pas pris part au convoi et maintient l'entrainement des autres : elle dispose d'un groupe parfaitement en forme pour n'importe quelle reconnaissance ou contre-rezzou.

Cette combinaison n'est pas la seule ; le lieutenant commandant met à profit les circonstances pour en appliquer telle ou telle autre, ou au besoin fait naître ces circonstances.

Mais dans le cas où le travail intense et indispensable de la section empêche de trouver aucune combinaison qui permette d'exécuter des convois sans la priver d'animaux frais au moment du besoin, il en réfère au commandant du cercle qui fera exécuter les transports du ravitaillement par des animaux autres que ceux de la section.

L'escorte des convois de ravitaillement n'est jamais une préoccupation pour le lieutenant commandant. En exceptant le cas particulier d'Itchouma-Bilma dont le parcours de ravitaillement est long et assez difficile mais suivi par des caravanes souvent employées aux transports de vivres et couvert par les sections méharistes d'Agadez et de Maul, les postes-greniers ne sont séparés du centre de la compagnie que par des zones de parcours sûr et aisé et les trois ou quatre tirailleurs que la section peut détacher suffisent en règle générale à assurer l'escorte avec les chameliers-bergers du groupe.

Si, par suite de circonstances particulières il la fallait plus forte, il incomberait alors au centre de la compagnie de la fournir, ce qui lui est facile car, centre de cercle en même temps, il est pourvu de chameaux du service local destinés à monter provisoirement quelques tirailleurs pour en faire un « détachement de police intérieure » chargé en premier lieu d'assurer la liaison avec le poste-grenier et d'exercer la surveillance entre la première ligne (poste-grenier) et la seconde ligne (poste centre de la compagnie et du cercle), ce qui décharge d'autant la section et la laisse toute à son vrai rôle qui est l'action en avant.

Action.

En station, l'action de la section sur les tribus n'est pas suspendue : les nomades subissent l'effet moral de cette force qu'ils savent susceptible de se mettre immédiatement en mouvement et à laquelle chaque campement attache une attention d'autant plus vive que l'activité européenne, n'étant absorbée pour l'instant par aucun objectif spécial, peut se tourner vers lui : cette impression donne l'autorité indispensable au rôle politique et administratif du lieutenant commandant.

Pendant les séjours au point d'attache généralement placé à peu près au centre du ressort, ce rôle s'exerce surtout par des assemblées de chefs de tribus ou de campements qu'il y a intérêt à mettre en présence et qui ne sont vus qu'un à un en cours de nomadisation ou de reconnaissance.

Dans ces assemblées le lieutenant, en tant que commandant du secteur nomade, répartit les charges de l'impôt, les fournitures de grains ou de bestiaux pour le ravitaillement, d'animaux pour la remonte, etc...

Il annonce et commente les mesures nouvelles de toute nature qu'il juge utile ou qu'il a reçu ordre de mettre en vigueur (circulation des caravanes, port des armes, droits spéciaux, etc., etc...

Il règle les différends entre tribus qui ne réclament pas l'intervention de l'autorité supérieure, examine les questions de litiges de terrain de parcours qui nécessitent qu'il se rende sur place avec la section pour étude complète.

Il s'efforce d'orienter les esprits dans le sens des directives données par l'autorité supérieure et d'agir sur la mentalité touareg en vue de la transformation qu'escompte notre influence.

Dans cette dernière tâche il ne perd pas de vue qu'il est en présence d'une race d'exception, habituée à tirer ses principales ressources de la guerre entre tribus que nous interdisons et du pillage des sédentaires auxquels nous avons mis un terme, que notre domination place, par conséquent, en vue d'intérêts plus généraux, dans une situation anormale et pénible.

Il ne se laisse pas aller à l'illusion qu'une autorité qui lèse tous les intérêts et blesse tous les instincts de ces indépendants puisse être mieux que subie par eux ; il n'attache que la valeur qui convient aux dehors et aux manières calculées que ces caractères subtils sentent susceptibles de capter l'esprit européen.

Il évite qu'une imprécise affinité de couleur n'abuse sa conscience :

Il aime les nomades comme tout chef aime les hommes qu'il commande ou dirige mais il les juge sans partialité en les considérant non pas uniquement en eux-mêmes mais aussi dans l'ensemble des races africaines.

C'est seulement en se plaçant sur ce terrain qu'il est à même d'exercer avec fermeté l'action évolutrice qui, pour qu'ils n'aient pas à disparaître, tend à les sédentariser, quitte à leur faire perdre ainsi beaucoup de caractéristiques parfois séduisantes mais toujours nuisibles au bien général.

Renseignements.

Pendant les stations au point d'attache le service de renseignement prend une activité particulière du fait que les nomades qui sont vus sont originaires de toutes les parties du pays et que le champ d'investigations est ainsi plus élargi qu'en route.

Au désert tout se sait ; le nomade est naturellement causeur, il aime entendre ou rapporter une nouvelle, et les mouvements incessants entre tribus, les visites de campement à campement qui font partie de la vie Touareg, les passages de caravanes ou d'isolés constituent des facteurs nombreux d'une propagation parfois si rapide qu'elle paraît inexplicable.

Mais cette gazette parlée est secrète pour l'Européen ; instinctivement tout nomade lui cache ce qu'il a appris et se tient en garde contre les questions ; même en parlant d'une tribu qui lui est indifférente, parfois hostile, le Touareg a l'impression de commettre une trahison de race en livrant au maître étranger des données quelles qu'elles soient ; son intelligence déliée lui suggère de multiples ressources pour éluder ou dérouter les interrogations, et lui arracher malgré lui des notions vraies en les différenciant de ses mensonges est un tour d'adresse sur lequel il vaut mieux ne pas compter.

Le renseignement direct n'est généralement donné par lui à l'Européen que lorsque il a pour ce faire un mobile personnel violent : ambition à satisfaire, vengeance à tirer, représailles à exercer, haine à éteindre qui le ferait passer outre tout sentiment de solidarité.

C'est plutôt sur le renseignement indirect qu'il faut tabler ; il s'obtient par l'intermédiaire d'agents politiques payés et secrets qui, au cours de conversations avec tous venants, se mettent au courant et font leur rapport.

Les investigations portent sur tous les faits de la vie générale, car aucun n'est indifférent pour guider le lieutenant commandant : manifestation de l'état d'esprit de chaque tribu et de chaque chef : relations entre tribus soumises ; relations de chacune d'elles avec les tribus insoumises de l'extérieur ; passages de caravanes ; nouvelles apportées par elles, surtout de l'extérieur ; projets de rezzous avec tous les détails possibles sur les probabilités de date, d'itinéraire, d'objectif, d'effectif, d'armement, etc.....

De la rapidité, de l'exactitude, et de la précision des renseignements dépendent en grande partie l'à-propos et le succès de toute entreprise de la section.

Préparation au mouvement.

Quelles que soient les préoccupations d'un autre ordre, le premier et principal objectif de la section en station reste la préparation du mouvement.

Dès l'arrivée au point d'attache, le lieutenant commandant a examiné les 100 animaux du groupe de relais et s'est assuré qu'ils sont en forme ; il a fait nettoyer les tonnelets à eau et revoir leur système de fermeture ; les peaux de bouc individuelles en mauvais état ont été remplacées, et les premières réparations indispensables au harnachement effectuées ; on a pilé une vingtaine de kilos de mil par homme et séché au soleil le stock de farine produit, toujours entretenu depuis au complet en remplaçant immédiatement les quantités prélevées pour éviter la détérioration ; les sacs de peau nécessaires pour contenir la partie de cette farine destinée à être portée dans les peaux de bouc individuelles ont été allotis au magasin avec les caisses de viande de conserve, les vivres européens et tout le petit matériel accessoire entrant dans la composition d'un convoi léger pour une vingtaine de jours de route.

Ce sont les précautions rapides et indispensables qui doivent toujours être prises à l'avance en prévision du cas d'un départ subit et imprévu ; la section est dès lors prête à se mettre en route dans le minimum de temps ; qu'arrive à l'improviste la nouvelle toujours possible d'un rezzou et que le lieutenant commandant décide la mise en route, les chameaux immédiatement appelés du pâturage trouvent à l'arrivée les hommes et les charges prêtes et le départ pourra s'effectuer de suite, c'est-à-dire quelques heures à peine après que les ordres auront été donnés.

C'est seulement après avoir pris ces précautions préalables que, si la nécessité de départ à l'improviste ne se produit pas, la section pourra se consacrer utilement à l'emploi du temps ordinaire en station et à la revision plus en détail du harnachement, du matériel, etc... qui, comme on l'a vu, y entre pour une part importante.

Ces précautions pour le cas de départ brusque sont d'ailleurs distinctes de la préparation tranquille et complète au prochain mouvement prévu et décidé ; d'ailleurs cette préparation minutieuse différera selon qu'il s'agit de partir en nomadisation ou en reconnaissance et, au cours des chapitres traitant de chacun de ces modes de mouvement, l'on précisera les caractéristiques de l'un et de l'autre cas ; mais elle présentera toujours une nécessité primordiale quelle que soit la nature du déplacement : le choix des guides.

Le guide au désert n'est pas seulement l'homme qui indique la direction, c'est surtout l'homme qui indique le puits et qui indique le pâturage, c'est-à-dire les moyens de vivre et d'avancer ; pour la section qui se déplacera le plus souvent sur un parcours nouveau, c'est-à-dire sans carte de détail, il est indispensable et de sa valeur dépendra en grande partie la facilité de marche.

Sans doute la section a généralement un ou deux guides habituels et éprouvés qui restent toujours à sa disposition et ce sont ceux-là qui lui serviraient en cas de départ brusque, mais l'on ne peut compter qu'un même homme connaisse à la fois toutes les parties du pays aussi bien qu'un autre qui, depuis des années, a localisé ses déplacements dans une seule portion de ce pays ; sans doute aussi la section, une fois en route, recrutera-t-elle de campement en campement un nomade remplissant ces dernières conditions, mais il sera généralement inconnu, partant peu sûr.

Il y a donc avantage à faire choix, à loisir, avant le départ, de un ou deux bons guides spéciaux ; pour ce faire, le lieutenant commandant s'entretient séparément avec plusieurs nomades paraissant offrir les garanties nécessaires et se livre à une étude personnelle du trajet qui le guidera dans les autres détails de la préparation ; il se fait fournir par chacun d'eux la plus grande somme possible de données sur le terrain à parcourir (distances, nature du sol, points d'eau, pâturages, campements des tribus, etc.....) ; au cours de ces entretiens comparés, il juge chaque homme et ses connaissances et se détermine d'une façon motivée pour l'emploi de tel ou tel autre ; une fois le guide désigné avec tout ce soin, après lui avoir promis une large récompense s'il est fidèle, des sanctions certaines dans le cas contraire, le lieutenant commandant n'a plus qu'à l'encourager en lui témoignant une certaine confiance mais sans jamais cesser de vérifier par tous les moyens possibles ses assertions.

En tous les cas il ne perdra jamais de vue que si, comme on l'a dit au paragraphe précédent, se renseigner est une des bases de préparation de tout mouvement, choisir un guide en est la seconde.

CHAPITRE II

Principes généraux.

La nomadisation est un déplacement lent de la section de pâturage en pâturage, avec arrêts fréquents de un ou plusieurs jours sur les meilleurs d'entre eux.

Elle est réglée de façon à offrir aux hommes et aux animaux un exercice journalier profitable sans jamais de fatigue : elle constitue non un effort entraînant après lui nécessité de réparation, mais un mode spécial de vie courante préparant à l'effort de la reconnaissance ou du contre-rezzou.

Ce principe est absolu ; il est indispensable d'éviter toute confusion de termes et de maintenir établi qu'en nomadisation la section se maintient en état et s'entraîne, qu'elle est « en reconnaissance » du moment qu'elle travaille et fatigue.

C'est à cette condition seulement que peut être énoncé et pratiqué cet autre principe : la nomadisation est susceptible d'être prolongée sans limite de durée et de précéder la reconnaissance ou le contre-rezzou sans intervalle de repos.

La nomadisation, comprise comme il sera détaillé aux paragraphes suivants, offre au personnel des conditions de vie très voisines de celles de la vie en station, la courte étape faite, pas même chaque jour, pour se transporter d'un pâturage à un autre, n'absorbe pas de temps et n'exige pas une plus forte dépense physique que la manœuvre quotidienne ; le convoi peut transporter des bagages suffisants, puisque la lenteur de marche permet de ne pas l'alléger à l'extrême, et le contact fréquent avec des campements assure une alimentation assez variée ; le fait de bivouaquer au lieu d'habiter sous les abris permanents du point d'attache ne constitue qu'une faible diminution de confort, étant donné le caractère rudimentaire des installations au poste-grenier et la valeur guère inférieure, dans un pays sans pluies, des tentes dont sont ou vont être pourvues toutes les sections.

L'unique différence notable pour le personnel indigène est qu'au point d'attache il a sa famille, tandis qu'en principe elle n'accompagne pas la section en nomadisation.

La place importante que tient la femme indigène dans la vie du tirailleur, plus encore comme servante et cuisinière que comme épouse, a pu faire parfois envisager l'éventualité d'autoriser les tirailleurs mariés à la faire suivre en certains cas de nomadisation.

Cette « vie en smala » serait en effet assez souvent possible étant donné la faiblesse des étapes et la longueur des séjours ; son avantage serait que les tirailleurs vivant alors dans des conditions presque entièrement identiques en nomadisation qu'au point d'attache, la durée des stations au poste-grenier pourrait être réduite presque sans minimum ; mais elle ne resterait pratique qu'à condition que très peu de tirailleurs de la section fussent mariés, ce qui assurerait néanmoins la bonne préparation des aliments de tous (puisque plusieurs célibataires prennent couramment pension dans le même ménage) et éviterait l'encombrement ; elle n'irait jamais sans de multiples petits inconvénients de détail et présenterait en tout état de cause un vice grave : c'est que la section recevant en cours de nomadisation la nouvelle d'un rezzou et partant alors à marche rapide pour agir contre lui, serait obligée de se diminuer de quelques tirailleurs pour escorter les femmes, bien entendu renvoyées au point d'attache quelquefois fort éloigné.

Cette dernière considération suffit à elle seule pour établir l'impraticabilité de la « vie en smala » dans la plupart des cas de nomadisation ; il n'est d'ailleurs fait mention ici de ce système que parce qu'il a été préconisé par un certain nombre d'officiers méharistes, mais l'on ne perdra jamais de vue qu'à l'heure actuelle il n'est pas réglementaire.

En ce qui concerne les chameaux, la nomadisation n'est à considérer que pour ceux qui se sont déjà réparés de grosses fatigues antérieures et sont déjà en état.

Après le gros effort d'une reconnaissance ou d'un contre-rezzou d'où ils rentrent amaigris et mal en point, il leur faut indispensablement le repos absolu au pâturage jour et nuit, c'est-à-dire la station au point d'attache.

Mais après qu'ils se sont refaits et qu'ils ont reconstitué leurs réserves de graisse il leur faut non moins indispensablement un entraînement à l'effort prochain.

Cet entraînement qui n'est pas réalisé au point d'attache peut être commencé, ainsi qu'on l'a vu déjà, par les convois de ravitaillement mais la nomadisation suffit à elle seule à le produire et en tous les cas c'est à elle qu'incombe le rôle de l'entretenir ; elle a, de plus, sur la station l'avantage d'offrir à l'animal une plus grande variété de pâturage.

La nomadisation offre donc pour les animaux en état les meilleures conditions possibles d'entretien, celles qu'il faut leur assurer le plus souvent que faire se peut.

La nomadisation, ainsi qu'il ressortira des paragraphes suivants, n'est d'ailleurs que la simple transposition pour la section de la vie courante des tribus Touareg, et pour en régler les détails il y a avantage, en faisant les éliminations et les adaptations nécessaires, à s'inspirer de cette dernière.

Objectif.

L'objectif de la section en nomadisation est le maintien en condition de ses chameaux et leur entraînement sans fatigue, par conséquent la recherche de bons pâturages rapprochés les uns des autres.

Aucune hésitation ne doit se produire à ce sujet ; un déplacement cesse d'être de la nomadisation et devient une reconnaissance si la première préoccupation du lieutenant commandant et celle qui lui fait régler sa marche n'est pas le souci de ses animaux.

Mais les conditions qu'impose cet objectif fondamental sont assez générales pour permettre à toute nomadisation d'avoir en même temps d'autres objectifs d'un ordre différent n'imposant pas de conditions contradictoires ; en particulier il en est un qui existe toujours concurremment avec le premier : entretenir le contact avec les campements nomades soumis.

Ce deuxième objectif s'allie parfaitement avec le premier : ce sont aussi les bons pâturages que les nomades recherchent et près desquels ils s'installent pour un temps : la section rencontre donc tout naturellement leurs campements ; pour entrer réellement en contact intime avec un campement il faut passer un ou plusieurs jours avec lui : c'est une coïncidence parfaite avec la nécessité d'arrêts fréquents de un ou plusieurs jours qu'impose le souci des animaux, certains de ces campements sont parfois distants les uns des autres de quelques kilomètres seulement : c'est fort bien puisqu'il faut que les étapes restent extrêmement courtes.

Les deux premiers objectifs réunis permettent d'ailleurs encore à la section de se diriger sur n'importe quel point du pays pourvu qu'elle puisse l'atteindre selon un itinéraire plus ou moins direct, jalonné de bons pâturages rapprochés les uns des autres et par suite jalonné aussi de campements nomades.

Toute nomadisation a donc de plus un objectif spécial, subordonné au premier, et qui peut être l'étude de détail de telle tribu, le lever de telle contrée, la solution de tel litige de terrain de parcours, la circulation par mesure de précaution dans tels parages où, sans aucun renseignement précis, l'on peut supposer que passeront des dissidents ou un rezzou, etc...

Enfin en cours de nomadisation peuvent se présenter des circonstances prévues ou non donnant lieu à une reconnaissance ou à un contre-rezzou ; alors la nomadisation est brusquement suspendue, la section exécute un raid qui peut être d'autant plus rapide et énergique que personnel et animaux sont frais et entraînés et que le succès une fois obtenu ils répareront de suite la fatigue de l'effort en reprenant la nomadisation un moment interrompue.

Départ.

Le départ en nomadisation est toujours décidé un certain temps à l'avance, ses préparatifs sont donc faits à loisir.

Ils sont guidés en premier lieu par la préoccupation d'éviter la fatigue des animaux, mais étant donné les prévisions de brièveté des étapes, de longue durée et de fréquence des séjours, il est inutile de réduire démesurément les charges et de les faire inférieures à 100 kilogrammes ou 80 kilogrammes selon les animaux ; d'ailleurs la facilité également prévue du parcours permet d'alléger le convoi : puisqu'il doit se faire en pays à nombreux campements, les points d'eau seront également nombreux, donc les tonnelets sont emportés vides et resteront souvent tels, les occasions d'achat de bœufs ou moutons sont certaines, donc le nombre des caisses de conserve de viande ou la qualité de viande séchée peuvent être réduits au minimum indispensable pour un court raid imprévu, etc...

La deuxième préoccupation dans la préparation du départ est d'assurer au personnel le maximum de confort.

Le tirailleur emportant toujours à sa selle le même paquetage (de même que le personnel européen a toujours le même nombre de chameaux de bagages) c'est surtout dans l'alimentation que ce souci se traduit : quelques bœufs ou moutons peuvent suivre, si l'on juge utile de ne pas tabler uniquement sur les achats en cours de route pour assurer la viande fraîche, la farine de mil se conservant mal, même après une bonne dessiccation, une forte partie de l'approvisionnement est emportée à défaut de riz en grains à piler au fur et à mesure dans les campements près desquels seront faits des séjours, etc...

En ce qui concerne les chameaux, la condition est de n'emmener aucun animal encore maigre et insuffisamment refait, mais il n'est pas indispensable que tous soient entraînés, la nomadisation y pourvoira ; toutefois, dans la répartition des charges l'on avantage ceux qui sortent du repos complet pour que la mise au travail d'entraînement soit progressive.

En thèse générale, bien qu'appropriant tous les autres détails de la préparation au genre spécial de la marche prévue, l'on ne perd jamais de vue l'éventualité au cours de nomadisation d'une reconnaissance ou d'un contre-rezzou impromptus.

Marche.

En principe la mise en marche s'effectue toujours à la même heure dans une même nomadisation ; il en résulte une régularité d'habitudes profitable au personnel comme aux animaux.

Cette heure est fixée d'après les règles générales de marche exposées au titre II, c'est-à-dire en principe, 7 heures du matin en saison froide (marche de jour), 4 heures du soir en saison chaude (marche de nuit).

L'allure exclusive est le pas ; soit le pas lent qui permet au convoi de rester joint à la section et par suite évite à celle-ci à l'arrivée l'attente des bagages et des provisions ; soit le pas moyen qui permet d'être au bivouac avant que le soleil ne soit très haut ou la nuit tout à fait tombée, et auquel il faut d'ailleurs habituer les animaux, puisque c'est l'allure des reconnaissances et contre-rezzous.

La durée de l'étape, forcément variable puisqu'elle correspond à la distance de deux pâturages, est toujours très courte, quatre heures en moyenne ; lorsque le choix se présente entre deux pâturages nécessitant l'un une étape inférieure à la moyenne, l'autre une étape notablement supérieure, c'est la première solution qui est adoptée.

La section fait ainsi en moyenne une vingtaine de kilomètres au plus par jour de marche ; la proportion de un jour de repos pour deux de marche envisagée au titre II est un minimum jusqu'auquel l'on ne descend que très rarement ; la vitesse utile du parcours en nomadisation est donc généralement inférieure à quinze kilomètres par vingt-quatre heures.

L'arrivée se produit vers 2 heures du matin en saison froide, vers 8 heures du soir en saison chaude.

Le bivouac est installé selon les règles invariables données au titre II : dans le cas très fréquent où il est voisin d'un campement de nomades, un intervalle d'un millier de mètres environ est maintenu afin d'éviter toute surprise mais de laisser les communications faciles.

Le pays étant généralement sûr et le bivouac ayant été placé le plus près possible du pâturage, les chameaux conduits à ce dernier dès l'arrivée, y resteront jusqu'au rassemblement pour la mise en route, gardés la nuit par un petit poste détaché s'il est nécessaire.

Cette règle du séjour des animaux jour et nuit au pâturage pendant tout le temps non consacré à la marche est invariable dans le cas de nomadisation.

Séjours.

Le séjour tient une part prépondérante en nomadisation, puisque en somme toutes les journées lui sont consacrées, sauf quatre heures environ de route deux jours au plus sur trois.

Etant donné le temps considérable passé en séjour, les tirailleurs ont au bivouac un emploi du temps réglé pour les occuper à peu près entièrement, sauf un jour complet de repos sur sept (généralement le dimanche).

Chaque jour où l'on n'a pas marché il est fait un exercice ou une manœuvre, bien entendu sans s'écarter du bivouac ; cette pratique tout en maintenant l'instruction ne peut qu'impressionner utilement l'esprit des nomades qui voient la troupe en action. L'heure choisie est généralement celle habituelle de la marche pour ne pas rompre la régularité d'habitude préconisée déjà.

Une courte corvée assure la propreté du bivouac ; le temps nécessaire est employé au nettoyade des armes par escouade l'une après l'autre pour que trois d'entre elles conservent toujours les carabines prêtes ; les effets sont lavés ou réparés, une tenue propre ou en état étant exigée à peu près dans les mêmes conditions qu'au point d'attache.

. Même aux heures non occupées les tirailleurs sont consignés au bivouac ; l'autorisation n'est jamais accordée de se rendre au campement voisin pour quelque motif que ce soit ; s'il y a lieu d'envoyer dans celui-ci une patrouille ou une corvée elle est toujours conduite par un Européen.

Les distributions sont faites en farine de mil prélevée sur le stock individuel et immédiatement remplacée en faisant piler au campement une quantité équivalente de mil apporté en grain au convoi ; l viande fraîche est généralement donnée chaque jour, sinon la ration du lendemain ou surlendemain est boucanée ; un appoint peut être fourni par le gros gibier, mais il est tiré seulement lorsqu'il se présente en vue du bivouac ; l'autorisation de poursuite peut en certains cas être donnée à un chamelier-berger, jamais à un tirailleur qui pourrait s'égarer.

Les chameaux, qui ne quittent pas le pâturage durant le séjour s'il ne comporte pas d'abreuvoir, sont visités chaque jour par le lieutenant commandant ; lorsqu'il y a abreuvoir chaque tirailleur conduit lui-même sa monture sans laisser ce soin aux chameliers-bergers et pratique un pansage sommaire.

Les animaux qui auraient des blessures sont pansés chaque matin sous la direction des Européens ; en principe, un chameau ne blesse jamais en nomadisation que par la faute de l'homme qui a harnaché ou chargé.

Action.

L'action de la section pendant la nomadisation consiste, ainsi qu'il a été dit au début du chapitre, dans le maintien et l'accentuation du contact avec les campements soumis.

C'est au bivouac et surtout pendant les séjours que s'exerce cette action ; le lieutenant commandant après avoir vaqué aux soins de sa troupe reçoit le chef et les notables du campement près duquel il s'est installé, ainsi que ceux des campements voisins avertis.

Il dirige l'entretien selon les directives dont il a été dit un mot au chapitre précédent au sujet des assemblées indigènes au point d'attache, avec cette différence, bien entendu, que les questions traitées sont seulement locales, partant plus poussées dans le détail.

Accompagné de la délégation que lui a envoyée le campement

il va le visiter ; le plus souvent il le recense en détail, en tous les cas il se rend compte de son importance, de ses ressources en animaux ; il peut percevoir l'impôt qui n'aurait pas été versé, parfois il l'exige s'il y a eu jusqu'ici mauvaise volonté.

Il juge de l'état d'esprit, des tendances, des relations avec les tribus voisines ; il étudie le caractère du chef ou de ses proches et note de quelle façon il y aura lieu d'agir avec lui à l'occasion.

Il est inutile d'insister sur les résultats de cette prise de contact étroit au point de vue du développement de notre influence rendue ainsi sans cesse tangible.

Lorsque le lieutenant commandant aura ainsi à peu près tous vu un à un les campements de son ressort, il connaîtra suffisamment les nomades et sera suffisamment connu d'eux pour que son autorité puisse s'exercer en toute connaissance de cause et dans les meilleures conditions en jeu.

Retour.

La nomadisation, comme on l'a vu, peut prendre fin brusquement, dans l'occurrence prévue ou non d'une reconnaissance ou d'un contre-rezzou que la section entreprend sans repasser au point d'attache.

Mais lorsque cette éventualité ne s'est pas produite, le retour s'effectue sans rien changer au mode de marche, même en approchant du poste-grenier.

Le trajet est un itinéraire qui a été calculé pour permettre la rentrée à la date utile sans avoir à activer la vitesse.

La nécessité d'un retour avancé ne peut d'ailleurs se produire que dans une seule circonstance, bien improbable : l'attaque du poste-grenier, et, élimination faite de ce cas particulier, il n'est jamais perdu de vue que l'on irait complètement à l'encontre de l'esprit qui inspire la nomadisation en la terminant par des marches forcées qui annuleraient ses effets et la feraient manquer au premier des résultats cherchés : ramener le personnel et les animaux en meilleur état qu'au départ, parce que entraînés, et en pleine forme pour l'effort prochain.

Les données fournies par le présent chapitre sur l'exécution de la nomadisation permettent d'apprécier que la poursuite de ce résultat n'est pas paradoxale comme il pourrait le paraître à première vue surtout pour le personnel.

Elles établissent en effet que la formule de la nomadisation est somme toute la suivante :

Les tirailleurs, abstraction faite de la question famille dont on a dit un mot, sont placés dans les mêmes conditions de vie et d'habitudes qu'en station au poste-grenier, les seules différences à peine appréciables consistent en ceci que l'exercice journalier est, certains jours, remplacé par une marche de durée comparable, que le camp est souvent déplacé tout en restant toujours à peu près semblable à lui-même ; les chameaux sont placés dans les mêmes conditions qu'en station au point d'attache, les seules différences très favorables consistent en ceci qu'ils ont des pâturages plus variés et que certains jours ils fournissent un très léger travail qui les entraîne.

Ce résultat possible est indispensable, car il faut que la section se prépare et se répare bien complètement en station et nomadisation pour suffire à la grosse dépense de forces et à l'effort intense qu'elle aura à fournir en reconnaissance ou en contre-rezzou.

CHAPITRE III

Principes généraux.

Tout déplacement de la section ayant un objectif précis à atteindre quelles que soient les difficultés rencontrées est une reconnaissance.

En reconnaissance il ne s'agit plus de réaliser la plus grande commodité de vie saharienne, mais d'arriver au but malgré tous les obstacles ; la section n'est plus un outil qu'on façonne et parfait, c'est un outil que l'on emploie quitte à l'user ; si en station et en nomadisation elle s'est reposée et préparée, en reconnaissance elle travaille.

Ce travail occupe au minimum six mois sur douze, souvent il atteint la proportion de huit mois sur douze, en vue de laquelle a été calculée la dotation en animaux, parfois il dépasse cette proportion.

En reconnaissance la poursuite de l'objectif prime tout ; la formule est d'atteindre celui-ci avec le minimum de dépenses de force mais de l'atteindre même s'il ne peut l'être qu'au prix d'une forte dépense.

La fatigue du personnel et des chameaux reste une préoccupation de haute importance mais qui ne vient qu'en second lieu ; elle n'est ménagée que dans les limites que permet l'obtention du résultat.

Comme cette obtention sera toujours laborieuse, le lieutenant commandant n'a pas à chercher à rentrer la section en même condition qu'au départ, mais seulement à revenir après avoir atteint le but sans que ses hommes ni ses animaux soient hors d'état de se refaire par le repos : s'il a pris de si minutieuses précautions en vue de les mettre en forme et de les entraîner, c'est pour pouvoir en reconnaissance leur demander n'importe quel effort sans les ruiner.

Tous les objectifs de reconnaissance sont possibles ; bien dirigée, la section peut exécuter tous les parcours désertiques que pratiquent ou réussissent des nomades en groupe, quels que soient les intervalles de points d'eau ou de pâturages ; sa force lui permet de pénétrer toutes les contrées de son ressort et de prendre contact avec toute fraction nomade qu'elle peut y rencontrer, quel que soit l'état d'esprit de ces nomades et quelles que soient ses directives d'action à leur égard.

La durée de la reconnaissance est variable selon son objectif ; elle est rarement inférieure à une quinzaine de jours, souvent voisine de six semaines, prolongée parfois jusqu'au double.

Objectif.

L'objectif de reconnaissance a pour caractéristiques uniques d'être précis et impérieux ; il peut être quelconque.

Le contre-rezzou lui-même n'est qu'une forme de reconnaissance dont l'objectif spécial entraîne plus certainement nécessité de vitesse et combat, mais toute reconnaissance comporte éventualité d'engagement et exige généralement une marche rapide à cause des longs intervalles à franchir d'une seule étape, de l'éloignement des points d'eau et de la limitation des approvisionnements le plus souvent impossibles à renouveler en cours de route.

L'escorte de caravane est aussi un cas particulier de reconnaissance ; il n'a pas à être l'objet d'indications spéciales, car son principe est que la section, loin de s'astreindre à ne pas quitter les convoyeurs, conserve son indépendance de mouvements et ses règles habituelles de marche; elle peut charger la caravane de porter une partie de ses approvisionnements mais elle évolue au tour d'elle en lui constituant ainsi, selon les circonstances ou la direction du danger et sans jamais se fractionner, une avant-garde, une arrière-garde ou une flanc-garde, parfois assez éloignées ; elle fait, somme toute, de la défense à distance par reconnaissance du pays parcouru.

Les jonctions avec d'autres détachements (troupes du territoire ou troupes algériennes), très utiles au point de vue de l'impression de cohésion de nos forces qu'il importe de donner aux nomades, sont aussi un objectif de reconnaissance lorsqu'il s'agit d'une action combinée contre la même tribu ; mais le plus souvent, étant donné le caractère maintenant courant de ces liaisons elles ne seront qu'occasionnelles : la section a une reconnaissance d'objectif précis à diriger dans une contrée de son ressort qui est limitrophe du ressort d'une section voisine ; toujours en relations suivies avec les postes désertiques proches, qu'ils soient soudanais ou algériens, elle apprend que cette fraction voisine a elle aussi un projet de reconnaissance dans son ressort propre qui l'amènera dans les mêmes parages, vers la même date ; une entente intervient pour rencontre éventuelle des deux troupes près de la limite commune, si cette rencontre est possible sans dérogations nuisibles aux programmes respectifs de marche.

Comme autres objectifs fréquents de reconnaissance l'on peut citer : la découverte d'un puits réputé d'accès difficile et dont il importe de préciser la situation ; l'exploration d'une piste non encore parcourue par nos troupes ; la pénétration d'une contrée nouvelle ; l'étude au point de vue routes et topographie d'une partie du pays mal connue ; la visite de campements momentanément en effervescence pour une cause ou une autre ; la croisière sur un terrain de parcours de rezzous aux dates habituelles de passage ; la prise de contact avec une fraction dissidente qui s'y dérobe ; la réduction et la pacification d'une tribu incomplètement soumise ; etc...

Départ.

En principe, la section, qu'elle soit en nomadisation ou en station au point d'attache, est toujours prête à partir immédiatement en reconnaissance.

Dans le premier cas les hommes ont le paquetage complet de route, le convoi a été constitué en tenant compte de cette éventualité et les 100 chameaux sont en forme pour l'effort.

Dans le second cas le premier soin du lieutenant commandant à son retour au point d'attache a été de tout remettre en état pour un nouveau départ, de faire allotir en magasin les charges du futur convoi, de désigner les 100 animaux frais qui auront à marcher au prochain déplacement.

Dans l'un et l'autre cas le délai de mise en route donné par le lieutenant commandant et son exécution n'a donc pour minimum que le temps de rappeler les chameaux du pâturage et de les charger (quatre à six heures environ au point d'attache, une heure ou guère plus en nomadisation).

Généralement, et le cas particulier de contre-rezzou excepté, le départ n'aura pas besoin d'être aussi rapide ; il aura été décidé quelques jours à l'avance, ce qui permettra d'approprier plus spécialement à l'objectif les détails de sa préparation.

Cette appropriation spéciale, en dehors du travail de renseignements et du choix du guide, parties de haute importance, ne consistera le plus souvent, malgré la très grande variété des objectifs et sauf le cas très rare où il faudrait emporter du fourrage pour les chameaux, qu'en de très faibles modifications à la composition du convoi.

En effet, la reconnaissance se fait le plus souvent en pays inconnu, il faut être prêt à toutes les éventualités et il ne faut se fier qu'à demi aux renseignement qui donnent plus de probabilité aux unes qu'aux autres.

Dans ces conditions et étant donné que l'invariabilité du nombre des chameaux ne permet d'augmenter tel approvisionnement qu'en diminuant tel autre, le convoi de reconnaissance ne s'écartera habituellement qu'assez peu du type général adopté une fois pour toutes dans chaque section pour une durée donnée de parcours.

A titre d'exemple l'on peut donner la composition suivante d'une section et de son convoi au départ pour une reconnaissance de deux mois, type courant qui tient compte de toutes les règles déjà données à cet égard et est fréquemment employé.

Section.

```
1 lieutenant commandant. . . . . . . . . . . . . . ⎫
1 sergent E. (1 laissé au point d'attache) . . . . . . . ⎬ 54 chameaux
52 tirailleurs et gradés (5 laissés au point d'attache) . . . . ⎭
```

Chaque indigène ayant ses 120 cartouches et portant sur sa monture trois jours d'eau, vingt jours de vivres, le linge et vêtements du complet réglementaire de route.

Convoi.

1 chef chamelier.
7 chameliers-bergers (à pied ou montant parfois sur une charge).

```
             ⎧ 1 800 cartouches de réserve (30 par homme
             ⎪     calcul fait pour 60), sur . . . . . 1 chameau
             ⎪ 640 litres d'eau (3 jours), en 16 tonnelets
Groupe A     ⎨     de 40 litres, sur . . . . . . . 8 chameaux ⎬ 10 ⎫
             ⎪ 1 caisse médicaments ⎫                          ⎪
             ⎪ 1 caisse outils      ⎬ sur . . . . . 1 chameau ⎪
             ⎩ 1 caisse papiers, cartes ⎭                      ⎪
                                                               ⎪
             ⎧ Bagages et vivres des européens (lieutenant     ⎪
Groupe B     ⎨   2 + 2, sergent E. 1 + 2, soit . . . 7 chameaux ⎬ 10 ⎬ 46
             ⎩ Matériel de puisage et divers . . . . . 3 chameaux ⎪
                                                               ⎪
Groupe C     ⎰ 20 jours de vivres indigènes (allotis par charges de un ⎱ 10 ⎪
             ⎱   jour, 2 charges par animal. . . . . . . . . . ⎰    ⎪
                                                               ⎪
Groupe D                         Id.                       10  ⎭

Chameaux haut le pied (nombre égal à celui des hommes laissés au
    poste-grenier) . . . . . . . . . . . . . . . . . . . . . . 6
```

La charge de chaque animal de bât est ainsi d'un peu plus de 100 kilogrammes nets ; avec le poids du bât elle reste, en tous les cas, inférieure à celle du chameau de selle qui est d'environ 135 kilogrammes (voir titre I, chapitre IV).

Les animaux placés dans l'ordre prévu au titre II, chapitre III.

Marche.

La marche est réglée d'après les nécessités qu'imposent l'objectif et la nature du terrain parcouru.

Il est toujours possible de satisfaire à ces nécessités sans changement de l'allure normale de marche et seulement par prolongation de la durée des étapes.

La mise en route a lieu en principe aux heures habituelles (voir chapitre II, article 5) : 7 heures du matin pendant la saison froide (marche de jour), 5 heures du soir pendant la saison chaude (marche de nuit).

L'allure est le pas moyen (5 kilomètres à l'heure).

La durée variable de l'étape est généralement longue, elle varie entre six et douze heures, maximum que pour laisser aux chameaux les douze heures sur vingt-quatre sans lesquelles ils se ruinent immédiatement, il y a lieu de ne pas dépasser, quitte à l'atteindre plus souvent.

La reconnaissance comportant une moyenne d'étapes de six heures (30 kilomètres étape méhariste) et une proportionnalité de repos de un jour pour deux de marche, n'exige qu'un effort moyen des animaux s'ils sont bien en forme ; et ils restent suffisamment dispos pour la grosse fatigue d'un contre-rezzou éventuel ; ce régime de marche convient pour les longues reconnaissances (deux mois et plus) qui fournissent ainsi une vitesse utile de 20 kilomètres par jour et couvrent en deux mois un parcours total de 1.200 kilomètres.

Dans le cas de reconnaissance de plus courte durée où cette rapidité de déplacement est insuffisante, il vaut mieux augmenter la durée moyenne d'étape et la porter s'il le faut jusqu'à douze heures (60 kilomètres double étape méhariste), plutôt que de modifier la proportionnalité de jours de repos ; c'est alors pour les hommes et pour les animaux un effort mais qui, grâce à la fréquence des journées de repos, peut se soutenir et permet encore aux uns et aux autres de fournir à la rigueur et sans se ruiner irrémédiablement un court contre-rezzou ; ce régime de marche n'est employé en principe que pour des reconnaissances d'une durée inférieure ou au plus égale à un mois, qui peuvent aussi fournir une vitesse utile de 40 kilomètres par jour et couvrent en trente jours seulement le parcours total de 1.200 kilomètres.

Dans le cas particulier de contre-rezzou cette rapidité de déplacement peut être accrue pendant quelques jours seulement, comme il sera détaillé au chapitre suivant, mais pour toute reconnaissance courante les deux vitesses utiles envisagées, 20 et 40 kilomètres par jour, suffisent à tous les besoins quels qu'ils soient.

Il est bien entendu d'ailleurs qu'entre ces deux régimes de marche très tranchés peuvent se placer tous les régimes intermédiaires fournis par la variation de la moyenne d'étapes entre six et douze heures, la proportionnalité de repos de un jour sur trois restant inchangée.

De plus, il est certain que lorsque le temps n'est pas impérieusement mesuré à la reconnaissance, celle-ci n'a pas à être effectuée d'un bout à l'autre selon un invariable régime de marche ; une partie facile du parcours à l'aller (mais pas au retour, voir chapitre III dernier paragraphe) peut même être fait en nomadisant.

De là résulte, dans l'exécution de toute reconnaissance, un grand nombre de combinaisons possibles pour l'organisation de la marche ; l'expérience et la valeur du lieutenant commandant se révèlent par le choix entre toutes de celle des solutions qui lui permettra d'atteindre l'objectif sans ruiner sa section.

Action.

Le mode d'action en reconnaissance diffère essentiellement selon l'objectif.

Pour le cas particulier du contre-rezzou des indications précises seront mentionnées au chapitre suivant.

Pour le cas également spécial de l'escorte de caravane quelques mots ont été dits au paragraphe qui précède.

Pour les autres cas de reconnaissance les directives d'action qui pourraient être données à l'égard de chacun d'eux sans sortir du cadre que s'est assigné le « Guide » resteraient trop générales pour avoir de l'utilité.

Un caractère commun de l'action en reconnaissance, est que l'objectif, toujours impérieux, n'est jamais exclusif.

De même que la section, en reconnaissance pour fixer la position d'un puits par exemple, se détournera quelques jours de son chemin pour joindre un rezzou imprévu, de même si elle est eu reconnaissance pour aller soumettre une bande dissidente elle ne manquera pas au passage et sans se retarder de régler telle ou telle question pendante avec un campement soumis rencontré par hasard ou de faire tel ou tel crochet qui lui permettra de recueillir une donnée importante sur le pays.

L'occasion, au désert, est un facteur important, savoir en profiter est toujours utile, c'est parfois, en certaines circonstances, l'un des secrets de la réussite.

Un principe général d'action est de ne jamais poser un objectif de reconnaissance sans être certain de l'atteindre.

Le maintien de la confiance de la troupe en elle-même et de son prestige sur les nomades, autant que le souci de l'opinion très impressionnable de ces derniers interdit l'insuccès ; si motivé qu'il puisse être, il entraînerait inévitablement une grosse perte d'influence difficile à récupérer ensuite.

Qu'il s'agisse de quoi que ce soit, d'un parcours extrèmement difficile à effectuer ou d'un campement fugace à joindre par exemple, différer l'entreprise si les circonstances du moment introduisent une part trop grande d'aléa, faire une préparation minutieuse, laisser se produire ou faire naître à loisir les conditions les plus favorables, puis, le maximum de chances en main et pas avant, lancer la section, mais alors arriver du premier coup au résultat coûte que coûte.

La patience est une qualité saharienne ; elle s'allie bien avec la ténacité et, le moment de l'action venu, avec une énergie d'autant plus intense qu'elle s'est concentrée dans l'attente.

Retour.

Une fois l'objectif atteint, et par suite n'imposant plus le régime de marche, celui-ci peut être modifié pour que le retour ne comporte que le minimum de fatigue compatible avec la nature du parcours.

A cet effet la moyenne de la longueur d'étapes est diminuée mais seulement dans la mesure du nombre de jours de vivres restant disponibles, car l'envoi par le poste-grenier à la reconnaissance d'un convoi de vivres supplémentaires est une ressource à laquelle il vaut mieux ne recourir que rarement, étant donné l'habituelle faiblesse de la garnison de sûreté laissée et le principe que le poste-grenier fait des convois de ravitaillement seulement en arrière, c'est-à-dire en zone sûre.

D'ailleurs quelle qu'ait été l'intensité de l'effort fourni, étant donné l'état excellent des animaux au départ et la brièveté relative de l'effort, ils ne seront réellement exténués que si la reconnaissance a été mal conduite ; dans le cas normal ils ont certainement perdu leurs réserves de graisse mais restent susceptibles, sans se ruiner complétement, de rallier le point d'attache à la vitesse minimum de reconnaissance (vitesse utile 20 kilomètres par jour).

C'est cette vitesse ou une voisine qu'il conviendra d'employer dans la plupart des cas pour le retour quand les intervallles de pâturage le permettront.

La méthode préconisée par plusieurs de mettre la section en nomadisation dès l'objectif atteint et pour le retour au point d'attache est parfaite si l'effort a été assez court pour ne pas abaisser la condition de l'animal, c'est-à-dire n'a duré que très peu de jours.

Lorsqu'il en est autrement, et c'est le cas général, le retour en nomadisant entraine le double inconvénient suivant : il retarde le *repos complet* dont le chameau a *d'abord* besoin et avant lequel la nomadisation serait peu efficace pour le refaire — il allonge démesurément le temps pendant lequel la section marche avec des animaux fatigués, c'est-à-dire dans de mauvaises conditions pour entreprendre un contre-rezzou imprévu.

En tout état de cause ce serait un point de vue très faux que de chercher à rentrer d'une reconnaissance avec des animaux aussi en forme qu'au départ ; cette préoccupation de maintenir les bêtes toujours grasses ne pourrait aboutir qu'à de la timidité dans l'effort : le chameau est un animal à utilisation intermittente, il est normal qu'après avoir été employé il ait à se refaire.

La reconnaissance aura été bien conduite au point de vue maniement des animaux si les 100 chameaux emmenés rentrent au complet, plus ou moins fatigués ou amaigris mais presque sans blessures, et suceptibles de se remettre en forme dans le laps de temps que leur départit à cet effet le roulement avec l'autre groupe.

CHAPITRE IV

CONThE-REZZOU

Principes généraux.

Le contre-rezzou est l'opération dirigée contre un rezzou pour l'attaquer et le disperser.

Elle comporte généralement mise en route à l'improviste, marche rapide pour prendre le contact, et combat.

Elle est de courte durée parce que l'adversaire, venu de l'extérieur, n'entre dans la zone d'action de la section que pour frapper un coup unique et, après réussite ou échec, en sort de suite.

Elle exige un effort intense de vitesse parce que le rezzou, extrêmement mobile, cherche à éviter d'en venir aux mains.

Elle est décisive parce que, une fois rejoint, il se défend et ne lâche pied qu'en pleine déroute.

Le contre-rezzou n'est pas un fait anormal pour la section ; il est toujours éventuel dans quelque situation qu'elle soit, en station, en nomadisation ou en reconnaissance.

C'est l'utilisation courante qu'elle prévoit sans cesse et à laquelle elle se tient prête à tout moment ; c'est aussi l'utilisation intensive en vue de quoi elle a accru, réservé et concentré ses forces afin de pouvoir alors les dépenser sans compter.

Réussir un contre-rezzou, c'est joindre l'adversaire ; le battre et le disperser est sous-entendu ; l'obligation d'arriver au contact à tout prix efface toute autre considération quelle qu'elle soit.

La fatigue du personnel et des animaux qui, dans la reconnaissance ordinaire, intervient encore comme deuxième préoccupation générale, n'entre plus en ligne de contre-rezzou que par une seule condition : maintenir les uns et les autres en état de fournir l'élan maximum au dernier moment de l'action.

Quel que soit l'effort fourni la section en forme ne peut pas être ruinée, puisque cet effort ne dépassera jamais quelques jours: donc lui faire donner tout ce qu'elle peut. Elle peut beaucoup, car c'est dans ces conditions de dépense brève avec possibilité de prompte et assez longue réparation que le chameau se montre pour un instant un animal incomparable, susceptible d'un rendement momentané énorme.

Tout rezzou signalé à temps est l'objet d'un contre-rezzou ; à cause de la faiblesse des ressources en eau et en pâturages son effectif reste limité et sa supériorité numérique ne sera jamais telle qu'il ne puisse être attaqué avec confiance.

Le contre-rezzou dure strictement ce qu'il faut de temps pour assurer au plus vite le résultat et rentrer sans retard ; l'opération exige rarement plus d'une dizaine de jours.

Objectif.

L'objectif est d'atteindre le rezzou et de lui porter un coup brusque qui le mette en pleine déroute pour qu'il se retire de suite dans son pays d'origine en renonçant à la razzia s'il n'a pu encore la faire, en abandonnant ses prises si elle a déjà eu lieu.

Pour motiver les particularités de cet objectif, il importe de préciser ce qu'il faut entendre par le mot « rezzou », sous lequel le langage courant englobe volontiers le rezzou proprement dit, la harka et même le djich qui ne se distinguent d'ailleurs entre eux que par de minimes différences de formation et surtout d'effectif.

Le rezzou est une bande armée, forte soit de quelques dizaines, soit d'une ou deux centaines d'hommes, et qui est levée momentanément pour un seul but : le pillage.

Il est formé de nomades d'une même tribu ou de plusieurs tribus alliées qui se sont concertées pour aller surprendre tel cam-

pement parfois fort éloigné et lui enlever la plus grande quantité
possible de butin.

Ils se réunissent avec leurs meilleurs chameaux, leurs armes,
des provisions d'eau et de vivres, sous les ordres d'un chef accepté
pour la circonstance, se dirigent au plus court sur la fraction vi-
sée, bien accueillis en général sur leur passage, soit par crainte,
soit parce que ce genre d'opérations est partout fort en honneur
dans le Sahara.

Si, au contraire, ils trouvaient devant eux une force suffisante
leur barrant le passage, ils n'accepteraient le combat que dans
l'impossibilité absolue de s'y soustraire. S'ils jugeaient l'adversaire dangereux et impossible à éviter au retour, ils renonce-
raient à l'entreprise trop ardue ; ce n'est que s'ils estiment facile
de le déjouer à l'aller comme au retour qu'ils persévèrent, tâchant
alors de le tourner pour passer sans coup férir.

Le campement atteint, ils ne manquent pas l'occasion, si elle
se présente, de le mettre à sac, lui ou un campement voisin, en
profitant de l'absence des défenseurs ; c'est seulement dans l'impossibilité d'assurer autrement leur entreprise qu'ils emploient
leurs armes.

Maîtres du terrain d'une façon ou d'une autre, ils rassemblent
le plus qu'ils peuvent de chameaux, les chargent des objets les
plus précieux qui leur tombent sous la main, font prisonnières
quelques femmes noires (rarement des femmes de leur race) et se
remettent immédiatement en route pour rentrer chez eux.

Ils accélèrent leur marche autant que le leur permet le poids
du butin pour se mettre au plus tôt hors d'atteinte, c'est-à-dire
pour sortir de la zone d'action de la section, zone à l'extérieur de
laquelle est toujours situé leur pays d'origine, puisque notre autorité a mis fin partout aux rezzous intérieurs.

Poursuivis, ils cherchent plus que jamais à se dérober, puisqu'il
s'agit maintenant de sauvegarder les prises qui les alourdissent ;
rejoints et n'ayant plus d'autres moyens de préserver celles-ci,
ils se résolvent à les défendre à main armée ; comme, pillards
avant tout, ils sont aussi des guerriers, ils acceptent alors franchement le combat et s'y déploient d'autant plus entièrement que
de son issue dépend la possession du butin.

Battus, une fois qu'ils estiment ce butin perdu pour eux, ils abandonnent nettement ; guidés toujours et uniquement par les mêmes considérations utilitaires, ils ne persévèrent pas dans l'insuccès en tentant des retours offensifs mais ne songent qu'à limiter leurs pertes par la fuite.

D'ailleurs, rentrés chez eux et leurs animaux réparés par quelques mois de repos, ils recommenceront une entreprise analogue dans l'espoir qu'ils seront plus heureux et que le butin de cette deuxième expédition paiera avec bénéfice ses débours et les pertes de la précédente.

Si cette deuxième tentative et les suivantes ont un insuccès régulier, sans doute en arriveront-ils à conclure que dans la zone en cause les rezzous sont sans profit et qu'il vaut mieux leur donner une autre direction.

Mais si toute autre direction est impossible ou si une expédition réussie par hasard entretient l'espoir, les rezzous continueront tant que des considérations d'ordre international ou intérieur interdiront l'occupation effective de la contrée d'origine par la puissance européenne dont elle dépend.

Choix tactique.

A un moment quelconque du jour ou de la nuit, en station ou en route, un agent de renseignement ou le messager d'une tribu vient annoncer au lieutenant commandant qu'un rezzou est en marche vers un point de la zone d'action de sa section.

Il ne s'agit pas d'une arrivée lointaine, sans quoi ce serait le cas d'une simple reconnaissance et la section n'aurait qu'à aller en croisière sur l'itinéraire prévu : l'homme interrogé précise tel lieu et telle date de passage du rezzou, qui était déjà dans la zone quand lui-même s'est mis en route pour prévenir.

La première question qui se pose est la suivante : est-il temps encore pour agir contre le rezzou ?

S'il est vraisemblablement impossible de l'atteindre avant qu'il n'ait quitté la zone, une tentative impuissante et d'insuccès certain serait pire encore que l'abstention complète, mais cette regrettable et pénible éventualité doit de plus en plus devenir exceptionnellement rare.

S'il est temps encore d'agir contre le rezzou faut-il chercher à prendre le contact au cours de sa marche aller ou au cours de sa marche retour?

Dans le premier cas, l'opération est beaucoup plus difficile parce que le temps dont on dispose pour prendre le contact est plus limité, parce que le rezzou a toute sa mobilité, parce qu'il renoncera peut-être à son entreprise s'il apprend que la section marche contre lui.

Dans le second cas, la difficulté est moindre parce que la section dispose de plus de temps pour se rendre sur les lieux, parce que le rezzou est alourdi par ses prises, parce que rejoint il acceptera le combat.

Mais dans le premier cas se trouve évitée l'attaque du campement menacé, qui lui coûterait très probablement quelques vies humaines et sûrement des pertes d'animaux, même si ceux enlevés et non tués sur place étaient récupérés ensuite.

Donc aucune hésitation n'est permise; si le temps en reste c'est dans sa marche aller qu'il faut chercher à atteindre le rezzou.

Faut-il chercher à l'atteindre en prenant sa piste et en le gagnant de vitesse, ou en se portant avant lui à l'un des points prévus de son itinéraire pour lui couper la route?

La deuxième solution a des avantages si évidents sur la première qu'il est inutile de les détailler.

C'est elle qui est toujours adoptée en principe.

Mais il ne faut pas perdre de vue qu'en certains cas elle est impossible, par exemple quand le rezzou déjà en retraite se dirige sensiblement selon une droite passant par la position actuelle de la section; le temps manque pour faire un détour permettant de le dépasser et de le prendre ensuite de face quand même le terrain aurait assez de pâturage ou d'eau pour le permettre.

Donc la section, en règle générale, coupe la route au rezzou, mais a aussi à prévoir le cas où elle doit le gagner de vitesse sur le même itinéraire.

En quelques minutes d'entretien, tout en jugeant le degré de créance à accorder à celui qui le renseigne et tout en ayant évalué l'effectif adverse, considération qui n'interviendra en principe que dans la fixation de la quotité de la réserve de cartouches puisque tout rezzou est attaqué (voir règles générales) le lieutenant commandant doit s'être suffisamment éclairé à l'égard du rezzou signalé pour pouvoir décider sur tous les points qui précèdent.

Bien entendu, il faut pour cela qu'il possède une connaissance assez complète du pays et des habitudes nomades pour pouvoir tirer toutes les déductions nécessaires des données sommaires et insuffisantes pour tout autre qui lui ont été apportées.

Une fois décidé sur le *moment* de la prise de contact projetée (marche aller ou marche retour) et sur son *mode* (lutter de vitesse ou couper la route), il ne reste plus qu'à lui assigner un *lieu* approximatif.

Un calcul basé sur l'itinéraire et la vitesse probables du rezzou, ainsi que sur la date à laquelle il a été signalé en un point connu, permettra de déterminer dans quels parages il se trouvera au moment prévu pour la prise de contact ; c'est dans ces parages que le lieutenant commandant fait choix du *lieu*, généralement un puits, auquel il a intention d'arriver avant l'adversaire s'il peut lui couper la route, presque en même temps ou peu après lui s'il ne peut que lutter de vitesse et que l'on pourrait appeler le « point d'approche ».

Il va de soi que ce programme pourra en cours de route subir, selon les circonstances, des modifications de détail ; mais en tous les cas, et c'est indispensable, la section au moment du départ pour le contre-rezzou a un plan précis, son commandant sait vers quel point elle marche et à quelle date elle doit y parvenir.

Départ.

La section étant toujours prête à partir en contre-rezzou et tous les préparatifs ayant été faits en ce sens depuis longtemps, il s'agit seulement d'une appropriation de détail de ces préparatifs au plan arrêté d'où découle la durée probable du contre-rezzou et de la nature du pays à parcourir.

Cette appropriation des préparatifs dépend surtout de l'alternative suivante : faut-il partir sans convoi ou en emmener un léger?

Le premier cas assure évidemment à la section une précieuse liberté de mouvement et les vivres (10 à 20 jours) que chaque tirailleur porte sur sa monture dépassent en durée celle probable de l'expédition, les trois jours d'eau des peaux de bouc individuelles suffisent aussi aux intervalles courants de points d'eau, étant donné surtout la rapidité de marche ; mais la section ne peut se passer d'une réserve de cartouches, de médicaments et d'objets de pansement, de matériel de puisage, etc..., et la répartition du tout sur les montures les surchargerait beaucoup.

Le deuxième cas, qui sera à peu près forcément la règle si la section au départ pour le contre-rezzou est en nomadisation ou en reconnaissance, la munit à l'égard de circonstances inattendues et toujours possibles nécessitant une réserve d'eau ou même de vivres, l'emploi d'animaux haut le pied, etc..., sans parler de l'avantage de pouvoir emporter les tentes d'européens et quelques bagages, etc... ; l'embarras que constitue le convoi n'est pas toujours aussi grand qu'il peut le paraître à première vue : les animaux de bât, avec des charges aussi légères que celles tenues prêtes pour le convoi de contre-rezzou, peuvent marcher presque aussi vite que les animaux de selle ; au moment du combat à pied ces derniers constitueront toujours un poids mort d'ailleurs peu gênant et il est assez indifférent qu'il comporte 100 bêtes au lieu de 60 ; d'ailleurs, dans le dernier élan de l'approche rien n'empêchera de laisser le convoi en arrière avec consigne de suivre la piste, et il arrivera bien rarement qu'il soit l'objet d'une contre-attaque ; enfin pour le retour, et quelle que soit la confiance dans le résultat, il est aléatoire de tabler uniquement sur les animaux de prise comme renfort des montures pour transporter les blessés, etc...

Donc les deux solutions restent possibles, mais la seconde garde l'avantage.

En cas de raid particulièrement court, rapide et sans aléa, la section peut à la rigueur partir sans convoi : la plupart du temps elle en emmènera un léger dont le type, sans changement du nombre des animaux de bât, se déduit de celui du convoi de reconnaissance (voir chapitre III) par les modications suivantes : très forte diminution du nombre des charges de vivres, dédoublement de celles emportées (charge d'un chameau : un jour seulement) répartition, sur les animaux ainsi rendus disponibles, d'une partie des autres charges (réserves de cartouches et d'eau, matériel de pansage, médicaments, bagages, etc...), ce qui permet d'abaisser la moyenne des charges à 60 ou 70 kilogrammes.

Dès que cette question du convoi est résolue par lui, c'est-à-dire alors que le laps de temps écoulé depuis la réception de la nouvelle du rezzou ne se chiffre encore que par des minutes ou des fractions d'heures, le lieutenant commandant donne l'ordre de départ en contre-rezzou.

Immédiatement, et c'est la première mesure d'exécution, un envoyé part au pâturage pour en faire ramener les 100 chameaux du groupe à marcher, toujours désignés à l'avance et depuis longtemps.

Les prescriptions particulières sont alors communiquées. Si la section est en nomadisation ou en reconnaissance, elles se réduisent à rien, puisque tout le monde marche et que le convoi est emmené ou suit tel qu'il est. Si la section part du point d'attache, ces prescriptions consistent simplement dans la fixation de la composition du convoi, détail des charges, en particulier augmentation de la réserve habituelle de 30 cartouches par homme si l'effectif adverse est élevé, et dans la désignation du personnel non marchant ; celui-ci, outre les 5 ou 6 tirailleurs malades ou fatigués, comporte en général un sous-officier européen si la section a les deux siens, parce qu'il est avantageux que le contre-rezzou puisse communiquer avec le poste-grenier pour envoi éventuel de vivres, etc..., surtout s'il n'emmène pas de convoi ; au contraire, si la section ne compte momentanément qu'un sous-officier européen, elle ne laisse qu'un sergent indigène au commandement du poste-grenier, car il faut en tous les cas, pour parer aux éventualités du contre-rezzou et du combat, qu'il y ait un autre européen avec le lieutenant commandant.

L'ordre de départ donné, le lieutenant commandant n'a plus qu'à surveiller les préparatifs qui se font dans le plus grand ordre et avec rapidité, puisque chacun, ayant répété bien des fois ces opérations prévues en tous leurs détails, connaît sa tâche et l'exécute mécaniquement.

Il s'occupe personnellement du choix du guide ; les ressources immédiates sont généralement trop faibles pour permettre que ce choix soit aussi méticuleux que pour le départ en reconnaissance (voir chapitre III) mais le messager qui a annoncé le rezzou connaîtra en général la contrée sur laquelle on se dirige, en tous les cas les guides permanents de la section peuvent être employés au départ, quitte à faire prévenir des hommes connus et plus aptes qui rejoindront, ou à en prendre au passage dans les campements.

A l'arrivée des chameaux, tout est prêt et il ne reste qu'à harnacher ou charger (voir chapitre III) ; cinq ou six heures après réception de la nouvelle du rezzou (deux heures même si elle était en nomadisation ou en reconnaissance), la section part en contre-rezzou.

Lutter de vitesse.

Si le plan d'opération n'a pu comporter de couper la route du rezzou mais consiste simplement à lutter de vitesse avec lui, le régime de marche n'en a pas moins au départ une base précise sans laquelle il ne pourrait être que désordonné ; cette base est la suivante : gagner le point d'approche dans la limite maxima de temps fixée par le plan (voir paragraphe : choix tactique).

Ces conditions de distance et de temps auxquelles s'ajoutent celles d'intervalles des pâturages et des points d'eau déterminent le plus souvent d'une façon complète et à elles seules le nombre de kilomètres de chacune des étapes.

Comme, d'autre part, pour garder les animaux aptes à la lutte de vitesse, l'allure ne peut et ne doit être que le pas (pas moyen, soit 5 kilomètres à l'heure, pas soutenu, soit 6 kilomètres à l'heure, ou l'un et l'autre alternés selon la longueur du parcours), la durée de chacune de ces étapes est également rendue obligatoire.

Les conditions seront très bonnes si la proportion ainsi imposée n'est pas supérieure à douze heures de marche sur vingt-quatre pendant trois ou quatre jours, même cinq, et le trajet peut s'effectuer alors en observant plus ou moins exactement les règles données au sujet de la reconnaissance à étapes méharistes doublées en ce qui concerne les heures de route, etc. (voir chapitre III).

Il arrivera souvent que l'exécution du plan n'exige pas davantage pour l'arrivée au point d'approche en temps voulu, que cette vitesse utile qui permet, somme toute, en cinq étapes et quatre bivouacs un parcours de 300 kilomètres en cent heures ou cent et quelques heures.

Si la proportion imposée était de seize heures sur vingt-quatre, pendant deux jours ou à la grande rigueur trois, les conditions seraient encore passables pourvu que, à défaut de toutes les autres règles de marche forcément inapplicables, l'allure reste exclusivement le pas moyen et que l'arrêt ait lieu aux heures fraîches pour que les chameaux mangent.

Il est rare que le plan prévoie pour gagner le point d'approche une plus grande promptitude que celle que comporte ce raid de 160 kilomètres en quarante heures ; il n'aurait pas été conçu s'il avait fallu plus, car cette rapidité de marche ne pourrait être dépassée sans forcer les animaux au point de rendre aléatoire le succès de la lutte de vitesse qui reste à exécuter.

A l'arrivée au point d'approche, la section, par les renseignements qu'elle a pu recevoir en cours de route, surtout par les traces qu'elle a relevées, sait où est le rezzou. Il est proche, car si les prévisions sur lesquelles a été basé le plan s'étaient trouvées erronées, ce plan aurait été transformé, la direction modifiée et un autre point d'approche choisi.

D'après la fraîcheur de la piste et les autres données de même nature, le lieutenant commandant estime approximativement l'avance que le rezzou a sur lui ; il escompte cette presque certitude que ce dernier, averti par les patrouilles qu'il ne manque jamais de laisser en arrière à cet effet et qu'il est bien difficile d'enlever toutes, se sent poursuivi ; s'il y a lieu, il décide à quelle allure le convoi suivra en restant en arrière ou en tâchant de se maintenir assez près de la section sans toutefois jamais quitter l'allure du pas ; il juge si celle-ci peut continuer de suite ou bien lui donne quelques heures de repos si c'est absolument indispen-
pensable.

Puis la section prend la piste et la lutte de vitesse s'engage.

Elle échappe à toute règle ou plutôt n'en a qu'une : produire le maximum de vitesse pour que l'effort soit d'autant plus court, c'est-à-dire moins ruineux.

Si le plan a été parfaitement combiné et exécuté jusque-là elle ne prend que quelques heures ; des aléas souvent inévitables font qu'elle exige parfois un jour ou même deux ; en tous les cas sa durée ne peut être que courte, puisque le rezzou, même non alourdi par des prises, n'a pas d'autres moyens que ceux de la section.

Elle commence au pas soutenu ; quelques alternances au petit trot au cours des tout derniers kilomètres ; le petit trot dès que le rezzou est en vue, et même enfin quelques minutes de grand trot si c'est indispensable pour lui donner l'impression qu'il ne peut plus éviter ou différer d'en venir aux mains.

Dès qu'il l'a compris et qu'il fait face, la section met pied à terre à quelques centaines de mètres de l'adversaire, et gagne au pas gymnastique un intervalle en avant et sur le côté des chameaux que les hommes laissés à cet effet font barraquer, puis elle attaque en ouvrant le feu : la lutte de vitesse a été gagnée, le combat d'infanterie commence.

Couper la route.

Si le plan d'opération consiste à couper la route du rezzou, la marche jusqu'au point d'approche s'exécute exactement dans les mêmes conditions que s'il s'était agi de lutter ensuite de vitesse.

Il est d'ailleurs logique qu'il en soit ainsi, car le plan n'est après tout basé que sur des prévisions et il peut arriver que le projet de couper la route se transforme en une lutte de vitesse si la section est arrivée un peu trop tard et après passage du rezzou au point où elle comptait l'attendre ou le surprendre, ou bien, au contraire, que la lutte de vitesse aboutisse à une terminaison analogue à celle prévue dans l'autre cas si la section joint le rezzou bivouaqué et non averti.

En tous les cas, le lieutenant commandant avant d'arriver au point d'approche a vérifié ses prévisions par les renseignements qu'il a pu obtenir en cours de route ou plus sûrement par son service d'exploration à grande distance qu'assurent les guides ; s'il persiste dans son plan, c'est qu'il sait que le rezzou est près de là, en route pour venir au point d'approche, ou déjà bivouaqué dans les tout proches environs de ce point.

Les deux situations se ramènent d'ailleurs à une seule, car si le rezzou à quelques kilomètres est encore en train de s'approcher, il n'est généralement pas indiqué d'aller à sa rencontre : outre que les pistes du désert n'étant pas des sentiers battus dont l'on ne se puisse écarter, il y aurait risque de le croiser sans le voir, mieux vaut, puisque l'on sait maintenant qu'il ne pourra plus éviter le contact et qu'il s'arrêtera au puits prévu, s'assurer l'avantage de l'attaquer en station alors que les animaux étant dessellés ou déchargés il sera dans les plus mauvaises conditions pour la fuite.

Tout revient donc pour la section à tâcher de rester momentanément ignorée et, tout en surveillant le rezzou par son service d'exploration, à se choisir un endroit défilé (creux de dunes, etc.), où elle puisse attendre que le rezzou s'arrête au puits s'il n'y est déjà, et, en tous les cas, que soit venue l'heure d'attaquer son bivouac.

Elle se tient prête, bien entendu, à brusquer cette attaque au moindre signe d'alerte que donnerait le rezzou, mais si tout marche au mieux, qu'elle ne soit pas éventée et reste maîtresse du choix de son heure, laquelle adopter ?

La solution qui semble se présenter en première ligne est celle de l'attaque de nuit. Les avantages habituels de la surprise dans l'obscurité gardent à n'en pas douter toute leur valeur et il est à prévoir qu'au moment de la fuite un grand nombre d'animaux et de charges resteront sur le terrain ; il est moins certain que l'adversaire y laisse beaucoup de morts et de blessés : les effets du feu de la section sont aléatoires dans ces conditions ; à l'égard de la baïonnette ils faut escompter que les guerriers du rezzou sont rompus à tous les hasards du désert autant qu'au maniement de l'arme blanche, qu'ils se ressaisiront promptement après le premier mouvement de surprise et se défendront sinon longtemps du moins avec habileté et énergie ; enfin, après la dispersion, toute poursuite efficace par le feu ou autrement est impossible.

Bien évidemment, aucune règle ferme ne peut être posée en l'espèce, l'attaque de nuit aura souvent à être employée sans être pourtant le procédé de choix à préconiser chaque fois qu'il est possible.

L'on peut dire seulement qu'elle est tout indiquée lorsque le rezzou d'effectif tout à fait disproportionné au sien est exceptionnellement fort par le nombre des fusils à tir rapide et la valeur morale qui résulte de ce dernier facteur ; il y a alors avantage à l'approcher à pied et à la dérobée le plus près possible et à l'heure la plus sombre, puis à pousser l'attaque à fond et avec la plus extrême rapidité en faisant grand bruit, de façon à empêcher l'adversaire d'apprécier la très considérable infériorité numérique de la section assaillante ; si celle-ci ne lui inflige que peu de pertes, elle doit estimer suffisant d'avoir eu le dessus dans les conditions comparatives qui se posaient.

Hors ce cas particulier et sachant que l'attaque de nuit offre le type de l'opération à grosses prises mais à pertes à peu près égales des deux côtés, le lieutenant sera souvent amené à estimer que, en attendant de voir clair pour laisser moins de part au hasard et pouvoir diriger l'engagement, il est en état, avec une dépense d'hommes équivalente ou moindre, d'infliger une leçon plus sévère au rezzou en le frappant autant dans ses biens, davantage dans la vie de ses guerriers.

Lorsque, et ce sera le cas général pour tous les rezzous sans fusils à tir rapide, ces dernières considérations auront prévalu, et que par suite l'heure choisie sera celle de jour (ou de pleine lune) que permettent les circonstances, mais plutôt bien entendu vers le lever du soleil que quand il est haut, l'attaque présente à peu près la même forme que celle qui termine la lutte de vitesse (voir paragraphe précédent).

La section montée s'avance assez rapidement sur le bivouac en défilant sa marche le plus longtemps possible ; dès qu'elle est en vue elle prend le trot pour que l'adversaire se persuade de l'imminence de la prise de contact et de l'impossibilité de l'éviter par la fuite.

Dès qu'il se masse pour la défense, la section met pied à terre

à quelques centaines de mètres de lui, s'avance en avant de ses
bêtes barraquées et, en ouvrant le feu, engage le combat d'infanterie.

Dispersion.

Après le combat d'infanterie, la mise en déroute de l'adversaire
et sa poursuite, la section a été rassemblée près de ses montures
barraquées et des prises rapidement groupées.

L'appel est fait ; les guides sont envoyés explorer à grande distance pour vérifier que les débris du rezzou ne dessinent aucun
retour offensif ; une ou deux patrouilles, auxquelles consigne
formelle est donnée de ne pas s'écarter, sont désignées pour
battre les environs et ramener les chameaux vaguants qui n'auraient pas suivi la bande dans sa fuite.

L'ordre est donné de bivouaquer sur la position ; s'il existe
dans le voisinage des pâturages et un puits, ce qui sera le cas
habituel lorsque le rezzou aura été attaqué en station, la mise en
route pour le retour n'aura pas lieu avant le lendemain ; si toutes
ressources manquent, la section devra repartir plus tôt pour gagner le premier endroit favorable ; mais en tout état de cause, il
lui faut indispensablement quelques heures au moins d'arrêt sur
place.

Le premier soin est celui des blessés ; le lieutenant commandant est préparé à ce devoir et en état de faire mieux qu'un sommaire pansement d'attente : l'ambulance est à plusieurs centaines
de kilomètres en arrière ; que les blessés soient plus tard évacués
sur elle ou que, disponible par exception, le médecin puisse venir
au poste-grenier, il s'écoulera toujours un intervalle d'une vingtaine de jours avant le secours de l'homme de l'art ; dans ces
conditions l'officier n'a à compter que sur lui-même.

Les blessés pansés et installés, les instructions données pour la
préparation d'un dispositif permettant leur transport à chameau
ou à chameaux accouplés, le lieutenant commandant s'occupe
de ce que le rezzou a laissé entre ses mains.

Il n'aura généralement pas de guerriers prisonniers, un nomade
ne reste sur le terrain que mort ; même grièvement blessé il ne
se laisse pas prendre et tient sur la monture qui permet sa fuite.

Si le rezzou n'avait pas pillé avant l'engagement, il ne laisse guère derrière lui, quelle qu'ait été sa débandade, que les chameaux et les armes des morts, des fusils tombés des mains au moment de l'emploi de l'arme blanche, quelques peaux de bouc dont les attaches se seront rompues dans la fuite, etc...

Mais s'il n'a été atteint qu'au retour du pillage, il se peut que soient restés sur place les femmes ou les enfants enlevés dans les campements et que la section amènera pour renvoi dans leurs tribus ; bœufs ou moutons de prise n'auront pu être emmenés ; un plus ou moins grand nombre des chameaux razziés auront été abandonnés avec les charges de butin qu'ils portaient, butin qui, d'ailleurs, consiste surtout en provisions. Dans ce dernier cas il faut organiser sommairement ce personnel et ces animaux pour la marche de retour.

Pendant ce temps le convoi de la section, s'il n'avait pas rallié pendant le combat et ne s'était pas joint aux animaux de selle barraqués, est sans doute arrivé ; à l'aide de sa réserve, les cartouches restant à chaque tirailleur sont complétées à 120 pour que la section soit de suite prête à toute éventualité.

Les patrouilles et les guides envoyés en exploration rentrent ; ces derniers confirment que les derniers fuyards disparaissent sans esprit de retour.

Le moment est venu d'envoyer les animaux au pâturage et de donner aux hommes le repos indispensable après le gros effort fourni.

Retour.

Pour le retour tout est au mieux si, au moment où le rezzou lui a été signalé, la section se trouvait en nomadisation dans les mêmes parages que lui et si, par conséquent, elle n'a eu qu'une faible distance à parcourir pour le joindre ; si elle l'a atteint avant qu'il n'ait pillé et n'est pas encombrée par ce qu'il a abandonné ; si enfin ses blessés ne le sont que légèrement.

En ce cas, bien pourvue par son convoi et certaine que les animaux se referont vite de l'effort très bref, elle n'a qu'à reprendre de suite la nomadisation pour se retrouver bientôt dans d'aussi bonnes conditions qu'avant le raid.

Mais la situation est tout autre si la section a dû lutter longtemps de vitesse avec le rezzou avant de le joindre, si elle a été entrainée en pays mal pourvu de pâturages et d'eau, si ses animaux sont par conséquent fortement fatigués.

Que de plus elle n'ait pas de convoi ou n'en ait qu'un rudimentaire, que plusieurs de ses hommes soient grièvement blessés, qu'elle soit enfin encombrée de femmes et d'enfants à rapatrier, de chameaux de prise exténués, etc... : le trajet de retour constituera la phase la plus laborieuse du contre-rezzou.

Dans ces dernières conditions l'obligation s'impose pour la section de rallier le poste-grenier en forçant la marche autant que le permettent l'état des animaux et les impedimenta qu'elle traine.

Il le faut pour les blessés, il le faut aussi parce que les animaux ne peuvent d'une façon ou d'une autre que continuer à se fatiguer de plus en plus jusqu'à la période urgente de repos complet en station, parce que, enfin, la section est pour un moment, qui doit être aussi court que possible, dans des conditions mauvaises pour toute utilisation intense et immédiate dont la nécessité se présenterait à l'improviste.

La valeur du lieutenant commandant, plus encore que dans le raid de l'aller, se mettra en relief au cours de ce retour pénible lorsque c'est sans à coup et à peu près sans pertes, qu'il aura ramené la section au poste-grenier.

En y rentrant et si les blessés sont en voie de guérison tout souci cesse.

Les chameaux mis au repos sur le pâturage n'inspirent plus aucune inquiétude; l'autre groupe dont c'est le tour de marcher est reconnu parfaitement en forme ; deux jours ont suffi à une première et suffisante remise en état du harnachement ou du matériel ainsi qu'à la préparation du nouveau convoi éventuel de départ brusque ; les tirailleurs, vite reposés, gardent l'encourageant souvenir du succès : la section est prête à repartir, s'il le fallait, pour un nouveau contre-rezzou.

CHAPITRE V

Principes généraux.

La section méhariste est en situation d'engager le combat avec toute bande armée qui peut se présenter dans sa zone.

Ces bandes armées (rezzous, harkas, etc...) sont composées de nomades berbères, de race guerrière ; leur effectif est limité par la pénurie des ressources en eau et en pâturages, il est couramment de 100 hommes, souvent de 150, très rarement de 200.

Elles sont, en règle générale, montées à chameau, en certaines contrées munies de chevaux ; jamais elles ne sont à pied.

Chaque homme est armé d'un fusil à piston et d'un sabre droit ou bien d'un fusil à tir rapide, souvent sans sabre.

La valeur de l'officier et la bravoure des tirailleurs compensent le nombre et assurent à la section la supériorité.

La section ne combat qu'à pied ; le combat est dirigé d'après les principes du règlement d'infanterie et n'emploie pas d'autres moyens que ceux qu'il fournit.

Il est toujours conduit avec la vigueur qui convient à une petite troupe isolée donnant à fond, sans possibilité de recevoir des renforts.

En principe, la section combat toujours entière ; — elle cherche à couper le rezzou de ses animaux chaque fois qu'il ne les a pas maintenus sur la ligne de combat. — Une petite réserve est toujours gardée.

Elle n'est que rarement attaquée ; quand elle l'est par hasard elle considère le combat défensif comme un simple préliminaire du combat offensif auquel elle passe ensuite.

La section attaque en principe toute bande armée qui est signalée dans sa zone et qu'elle peut atteindre ; le combat offensif est pour elle l'éventualité courante qui peut se présenter à tout moment.

Le combat est conduit d'une façon différente selon que la bande adverse n'est pas armée de fusils à tir rapide (ou n'en a qu'un petit nombre, un par vingt hommes par exemple) ou selon qu'elle peut être considérée comme ayant cet armement (60 hommes armés de fusils à tir rapide sur 100 par exemple).

Dans le premier cas il est conduit avec méthode et sans précipitation pour utiliser entièrement la supériorité de l'armement.

Dans le second cas il est poussé avec rapidité et élan pour utiliser entièrement la valeur décisive du mouvement en avant.

Défensive.

« Le combat défensif n'est jamais considéré par la section que comme un préliminaire ; elle passe ensuite au combat offensif. »

Elle est partie pour courir sus à toutes les bandes armées qui sont signalées dans sa zone ; si, par hasard, l'une de ces dernières renverse les rôles, la repousser n'est qu'un épisode et la section rentre immédiatement dans son emploi en l'attaquant à son tour pour la disperser complètement.

La section a tout avantage à passer sans retard de l'une à l'autre de ces attitudes : l'assaillant, surtout s'il n'est pas armé de fusils à tir rapide, ne songe généralement qu'à se retirer aussitôt après l'unique assaut tenté et repoussé ; il serait plus qu'aléatoire d'attendre sur place dans l'espoir qu'il va le renouveler et permettre ainsi de lui infliger des pertes sérieuses, on risquerait de lui laisser gagner trop de terrain et d'avoir ensuite fort à faire pour le rejoindre ; au contraire, en prenant de suite l'offensive, l'occasion est belle pour l'obliger au combat en règle qui peut seul donner les moyens de lui infliger une forte leçon et de le mettre en déroute.

La mise en application de ces directives aboutit dans l'ensemble à une forme à peu près unique d'action parce que toutes les situations dans lesquelles la section peut se trouver au moment de l'attaque se ramènent à quelques détails près à une seule : la section au moment où commence le combat défensif est dans la formation en carré, son convoi chargé et ses montures sellées au centre.

Telle est en effet sa formation dans le cas de l'attaque en marche (voir titre II, chapitre III : dispositif de défensive) lorsqu'elle a été avertie suffisamment à l'avance par son service de sûreté ; au cas où elle est surprise la formation du carré n'est différée que d'un temps très court : si, par exemple, dans un dispositif de marche quelconque les escouades séparées ont reçu sur place et à l'improviste une charge de cavalerie ou un assaut d'infanterie (voir titre II, chapitre III : dispositif de surprise), elles ne fournissent que ce qu'il faut de feux pour repousser ou écarter momentanément l'adversaire et serrent immédiatement en carré.

Telle est aussi sa formation dans le cas de l'attaque au bivouac si l'on tient compte que lorsqu'elle a été avertie suffisamment à l'avance par son service de sûreté, les charges ont été fermées, les montures sellées et le convoi chargé (voir titre II, chapitre IV : bivouac) ; dans le cas où elle aurait été surprise, ou, par exemple, un peu avant le lever du soleil, moment préféré de l'attaque Touareg qui n'a jamais lieu en pleine nuit, une bande aurait réussi à se glisser dans le camp sans donner l'éveil, les tirailleurs, après le corps à corps plus ou moins prolongé et l'expulsion, se seraient encore formés en carré ; en l'occurrence de continuation de l'action, l'on aurait profité de la première circonstance favorable ou d'une accalmie du feu pour faire former les charges, seller ou charger les animaux par les soins des chameliers et des deux hommes de chaque escouade désignés de garde aux chameaux.

L'on peut donc admettre que le combat défensif de la section se déroule dans la forme générale suivante :

La section formée en carré, une escouade sur un rang par face, les hommes baïonnette au canon et prêts à tirer, les animaux barraqués pour diminuer la cible, laisse approcher l'ennemi.

Lorsqu'il est à bonne portée, 600 mètres ou un peu avant si l'on constate ou a prévu qu'il est armé de fusils à tir rapide, 400 mètres si l'on est certain qu'il n'en a pas, le feu est ouvert par la ou les faces menacées ; celles qui ne le sont pas restant prêtes à tirer sans qu'aucun homme quitte sa place ; la nature et l'intensité des feux sont réglées d'après les circonstances.

Dès que les premiers assauts de l'adversaire ont été repoussés par le feu et qu'il commence à se tenir davantage à distance, le lieutenant commandant accuse le mouvement en avant en mettant le carré en marche sur l'adversaire, tout le monde restant à pied ; si la direction d'attaque n'a pas été unique, il adopte celle qu'il a appréciée comme la principale.

Après un bond d'amplitude variable selon l'attitude de l'ennemi, le carré s'arrête, les animaux barraquent et l'on fournit des feux ; la marche est reprise dès que l'ennemi recule et se continue ainsi par bonds successifs suivis de feux pendant un temps qui dépend des circonstances mais n'est jamais très prolongé ; elle a généralement pour résultat de masser l'adversaire, les détachements qui ont pu menacer les faces autres que la face avant rallient le gros.

Quand ce résultat s'accuse suffisamment, le lieutenant commandant, dès lors certain de pouvoir facilement couvrir à distance son convoi et ses montures, leur désigne une garde de l'effectif qu'il juge convenable, arrête le carré sur un bon emplacement à quelques centaines de mètres de l'adversaire, et se porte avec tous ses hommes, sauf la garde, à cent cinquante ou deux cents mètres en avant du groupe des chameaux qui barraquent.

Il est ainsi exactement dans le dispositif d'offensive ordinaire de la section (voir titre II, chapitre III) ; c'est en effet le combat offensif qui commence et la section, libre maintenant de ses mouvements, attaque à son tour avec toute la vigueur qui convient.

Si, à ce moment, ou à l'un des moments antérieurs de l'action, l'adversaire battait en retraite, le lieutenant commandant reprendrait les montures et, laissant le convoi suivre en arrière avec sa garde s'il juge qu'il n'a rien à craindre, entamerait la lutte de vitesse (voir chapitre IV) dont l'aboutissement remettrait la section dans la situation qui précède, c'est-à-dire à pied en avant de ses chameaux et en ligne à quelques centaines de mètres de l'adversaire, contraint cette fois à faire tête et à recevoir le choc dans le combat offensif.

Offensive.

(Adversaire sans fusils à tir rapide)

Le combat de la section contre un adversaire sans fusils à tir rapide ou n'en ayant que quelques-uns doit être conduit avec méthode et sans précipitation.

Il ne doit être considéré, quel que soit l'effectif opposé, que comme une correction à infliger, en rendant cette correction aussi sévère que possible et en ne dépensant pas pour la donner plus de vies de tirailleurs qu'elle ne nécessite.

Autant le résultat est complet, facile et assuré avec une direction pondérée du combat, autant il peut, dans le cas contraire, rester faible et devenir coûteux et même laborieux.

En effet, le tir d'un adversaire qui n'est armé que de fusils à piston est inoffensif au delà de 150 ou 200 mètres ; le tir de la section entre 400 et 200 mètres peut être très meurtrier en maintenant les tirailleurs dans le plus grand calme et en les obligeant à éviter toute hâte dans son exécution.

L'adversaire n'ayant qu'une confiance limitée dans son arme à feu est bien pourvu d'armes blanches ; brave, souple et entraîné, il est habile à manier ces dernières et compte sur elles : dans le corps à corps la valeur de chaque Berbère est très comparable à celle du tirailleur baïonnette au canon ; or, la proportion des effectifs est généralement de deux ou trois nomades pour un tirailleur.

Dans ces conditions la section, si elle agit trop vite, renonce bénévolement à tirer tout le parti possible de l'avantage de son arme à feu et offre d'elle-même à l'adversaire l'occasion de se placer dans les conditions les meilleures pour lui, le corps à corps ; ou bien s'il lâche pied avant de recevoir la charge à la baïonnette, il se retire avec des pertes assez faibles, ou bien, s'il attend

15

cette charge de pied ferme, il peut faire payer cher sa défaite.

Au contraire, si le mouvement en avant, tout en restant continu, est tranquille et non brusqué, le feu à courte distance aura le temps de décimer suffisamment l'adversaire pour que la leçon ait toute la portée qui convient; au moment de la charge à la baïonnette, son moral, abaissé par les pertes subies, ne lui laissera souvent plus conscience que les conditions vont devenir meilleures pour lui en persistant, et il se peut qu'il abandonne sans attendre le choc.

En application de ces principes le combat se déroule généralement de la façon suivante :

Le lieutenant commandant a pris toutes ses dispositions pour que l'adversaire ne puisse pas refuser d'en venir aux mains (voir chapitre IV) : s'il a déjà mis la section à pied pour l'attaquer et qu'il l'ait vu se dérober, il a repris ses bêtes et assuré à nouveau le contact forcé : il est donc délivré de toutes préoccupations à cet égard : l'ennemi accepte la lutte.

Ses chameaux, avec son convoi s'il en a un, sont derrière, couverts par lui et ne réclamant plus qu'occasionnellement son attention.

Il a, défalcation faite des hommes aux chameaux, ses 45 ou 50 tirailleurs à pied et en ligne à quelques centaines de mètres de l'adversaire.

Il désigne une petite réserve, une escouade par exemple, mais en la circonstance il peut la tenir près de la ligne de feu et la faire participer au mouvement.

Il prononce de suite ce mouvement qui doit être une marche en avant calme, régulière, sûre d'elle-même, jamais désordonnée.

En vue de la bonne conduite et de la facile surveillance du feu, il évite de disperser ses hommes sur un trop grand front et adopte couramment la progression par escouade qui a l'avantage, sans trop hâter la marche, de donner à l'adversaire l'impression d'un mouvement continu, parce qu'il a constamment une escouade sur quatre en train d'avancer ; tous les dispositifs, échiquier, échelons, etc..., sont bons.

Jusqu'à 400 mètres l'on tire peu ; inutile d'user beaucoup de cartouches pour un résultat faible ; les escouades sucessivement peuvent, après chaque bond qui est d'assez courte amplitude, faire un feu d'une ou deux cartouches ; ceux par salves sont tout indiqués comme contribuant à maintenir les hommes dans le calme parfait que l'on veut d'eux.

C'est entre 400 mètres et la ligne indiquée par les points de chute de la plupart des balles adverses que le feu doit être dirigé, de façon à obtenir des effets sérieux ; employer le plus longtemps possible les feux à cartouches comptées durant lesquels le tirailleur est encore susceptible de tirer sans précipitation et exiger qu'il vise.

A cette distance et en ce pays découvert le lieutenant commandant peut facilement suivre les effets du feu, l'espacement plus ou moins accusé des contre-attaques que l'adversaire a pu esquisser au début le renseigne ; en arrivant dans la zone fortement battue par les balles ennemies, quand il juge l'adversaire suffisamment éprouvé pour que la leçon porte et qu'il estime que son moral faiblit, il décide l'élan qui doit être aussi fougueux que la marche a été calme jusqu'ici.

Les escouades précipitent et nourrissent leurs derniers feux à volonté pour obtenir cette fois surtout une action impressionnante sur l'adversaire, elles brusquent leurs derniers bonds pour se placer les unes à la hauteur des autres, la réserve se porte sur la ligne qui se resserre, tous les hommes réunis produisent un feu rapide, court mais extrèmement intense, et la section est lancée à la baïonnette.

Offensive.

(Adversaire armé de fusils à tir rapide)

Le combat de la section contre un adversaire armé de fusils à tir rapide doit être poussé avec rapidité et élan.

Il doit être considéré comme une lutte à valeur à peu près égale parce que l'ennemi, s'il n'est pas commandé par un Européen a généralement une supériorité numérique accusée qui peut aller couramment à la proportion de trois nomades pour un tirailleur.

Autant le résultat doit inspirer de confiance si le chef blanc communique à sa troupe un élan et une fougue qui multiplient ses forces et la rendent irrésistible, autant ce résultat deviendrait difficile à acquérir sans cette impulsion transformatrice.

En effet, l'armement de l'adversaire (Mauser, Winchester, Gras, etc...) est excellent aux portées et dans les conditions auxquelles il en fera usage; il a confiance dans le fusil à tir rapide et sait s'en servir; il ne manque généralement pas de munitions et ne les gaspille pas ; il ne tire jamais un coup de feu sans viser soigneusement et réussit bien, la supériorité balistique de l'armement de la section devient un élément secondaire à cause des particularités du tireur et parce que l'adversaire sait s'essaimer pour offrir une cible moins bonne, ainsi qu'utiliser individuellement le terrain pour se défiler.

Comptant uniquement sur son arme à feu, il n'a plus foi en l'arme blanche et a souvent délaissé la lance et le sabre Touareg, encombrants pour le tir ; il n'a pas de baïonnette ; son esprit n'est plus fait à la prévision du choc et il est en mauvaise posture pour le corps à corps.

Dans ces conditions, la section, si elle prolonge le feu, permet à l'adversaire de rester longtemps dans les conditions qui sont les meilleures pour lui : le feu, et ajourne inutilement la mise en œuvre de son moyen d'action seul décisif : l'élan.

Elle confirme la confiance de l'adversaire en son fusil, puisqu'elle lui laisse constater que l'on combat à armes égales et que les pertes s'équivalent en nombre des deux côtés, c'est-à-dire sont plus sensibles pour nous qui avons le moins d'hommes.

Elle risque de laisser affaiblir son effectif pour la charge finale qui seule mettra un terme à ses pertes mais qui peut lui coûter une dernière dépense assez forte, si elle a laissé s'accroître le moral de l'adversaire au point qu'il ose l'attendre de pied ferme.

Au contraire, si le mouvement en avant sans renoncer au bénéfice, après chaque bond, de feux brefs mais très nourris, sans être irréfléchis et désordonnés, s'accuse rapide dès le début et acquiert un élan sans cesse croissant, l'adversaire, déconcerté d'abord de le voir se produire malgré son feu, s'inquiète de le voir activer malgré qu'il tire plus vite.

Sa confiance en son arme diminue à mesure qu'il voit moins

d'hommes tomber parce qu'il vise moins bien ; l'impression de choc prochain et irrésistible se confirme de plus en plus à mesure que la distance diminue et que la vitesse augmente.

Son moral est atteint et il est possible qu'il lâche pied au moment où, à la suite d'une dernière rafale de balles plus intense que les autres, la poussée en avant prend l'impétuosité d'une trombe.

Sinon, ses derniers coups de fusil lâchés de près mais au hasard n'abattront vraisemblablement pas plus d'hommes que n'en aurait coûté son feu ajusté pendant une lutte prolongée et, dans le corps à corps, les tirailleurs auront, en ce cas, toute la supériorité de l'offensive, de l'élan acquis, du moral intact et de l'arme blanche qu'il n'a pas ou n'a pas songé à prendre.

Ces directives de conduite du combat n'impliquent à son égard ni forme anormale ni moyens d'exécution spéciaux.

Il commence au moment où la section, à pied et portée en avant de ses montures, est exactement une section d'infanterie ordinaire ; l'adversaire, armé du fusil à tir rapide, rentre sensiblement dans la catégorie de ceux prévus par le règlement d'infanterie : ce sont les règles données par ce règlement et elles seules qui sont à appliquer dans l'esprit qui vient d'être indiqué.

Poursuite.

Dès que l'adversaire, balayé par la charge à la baïonnette, a lâché pied, la section ralliée exécute les feux de poursuite qui, ouverts très rapidement, peuvent encore produire des effets vu les dimensions d'objectifs qu'offre un chameau monté.

Si la section a avec elle quelques auxiliaires (voir titre IV) il sera tout indiqué de les envoyer sur les traces des fuyards.

A défaut, l'on se gardera de reprendre les montures et de lancer les tirailleurs à la poursuite.

Dans la déroute, en effet, ou du moins dans ses premières heures, les nomades sont toujours extrêmement dispersés, non seulement parce que la panique a fait que chacun d'eux est parti au hasard devant lui sans s'occuper des autres, mais aussi parce qu'ils jugent nettement les avantages du système.

En poursuivant, ce qui exigerait le petit trot prolongé pendant plusieurs heures, c'est-à-dire une grosse fatigue et des blessures certaines pour ses animaux, elle ne trouverait rien devant elle, sinon un essaim de fuyards montés, séparés les uns des autres par plusieurs centaines de mètres et contre lesquels, massée, elle serait complètement impuissante.

Quant à lancer des tirailleurs isolés, ce serait une imprudence des plus graves ; outre les aléas de coups de main de trois ou quatre nomades que tenterait certainement une si belle occasion offerte, il faut prévoir que dans l'ardeur de la poursuite il y en aurait toujours qui dépasseraient les limites de temps fixées et qui s'égareraient ; ce serait d'ailleurs manquer à ce principe invariable qu'un tirailleur ou un petit groupe de tirailleurs ne doit jamais être envoyé au loin en zone désertique.

La poursuite par le feu terminée, la section sera donc simplement rassemblée pour l'appel près de ses montures barraquées ; il reste d'ailleurs à remplir tous les soins inévitables d'après le combat (voir chapitre IV : dispersion) et l'on peut y vaquer en pleine sécurité, car tout retour offensif est improbable : il est dans le tempérament de la race que ceux des nomades qui ne sont pas restés sur le terrain ne songent qu'à se réfugier au plus tôt dans leur tribu pour y porter la nouvelle de leur défaite.

CHAPITRE PREMIER

REPOS

Principes.

Après chaque reconnaissance, après chaque contre-rezzou la section, ainsi qu'on l'a dit, rentre au point d'attache avec des animaux amaigris, fatigués et momentanément hors de service.

Ceci est la règle absolue, et il n'y a pas à chercher à éviter qu'il en soit ainsi parce qu'il n'y a pas à chercher à modifier la nature même du chameau.

Une section qui aurait constamment tous ses animaux gras et en forme serait une section qui ne travaille pas ; un jeu régulier de son action amène logiquement que le même groupe de ses animaux soit alternativement en forme et hors de condition : tout est bien si la mise hors de condition n'arrive jamais jusqu'à la ruine irréparable, et si la réparation est conduite de façon à se réaliser dans les délais prévus.

Sur tous ces points le lieutenant commandant doit se baser strictement sur les données d'expérience qui ressortent de l'étude d'ensemble de l'utilisation du chameau dans les tribus et qui peuvent se résumer comme suit :

a) Le chameau est un animal à utilisation intermittente : après chaque période de son travail, qui consiste à fournir des journées de marche entremêlées de journées de repos, il lui faut une période de réfection, dont la durée est toujours supérieure à celle de la période de travail.

b) Une proportion de quatre mois de travail pour huit mois de réfection garantit de ne pas dépasser l'usure normale ; — une proportion de six mois de travail pour six mois de réfection est encore possible mais amène une usure plus ou moins prématurée ; — une proportion de travail supérieure entraîne un dépérissement rapide et certain de l'animal, très souvent sa ruine et sa perte.

c) La réfection complète d'un animal fatigué comporte deux phases distinctes : — d'abord celle du repos complet, durant lequel il a besoin d'une pâture abondante et, s'il y a lieu, des soins vétérinaires — ensuite celle de l'entraînement.

Ces données d'expérience dont la connaissance insuffisante a, au début des troupes méharistes, coûté la perte de nombreux chameaux, sont maintenant des principes fondamentaux définitivement reconnus, d'après lesquels les sections réparent leurs animaux après chaque travail fourni, c'est-à-dire après chaque reconnaissance ou contre-rezzou.

Il reste à examiner ou à achever d'examiner les détails d'application de ces principes, c'est-à-dire, comment faire pour reposer le chameau, comment lui donner la meilleure pâture, comment le soigner s'il est malade ou blessé, comment l'entraîner.

Mode.

La réparation après l'effort est une nécessité trop fondamentale de la section méhariste pour qu'elle n'influe pas sur son organisation, sur son règlement de marche, sur son utilisation, et pour que l'on n'ait pas été ainsi amené, à propos de chacun de ces sujets, à détailler déjà les dispositions qui permettent cette réparation tout en maintenant la section toujours prête à agir : division de ses animaux en deux groupes de 100 dont l'un se refait pendant que l'autre marche.

L'on se bornera donc ici à rappeler le plus brièvement possible, en les précisant, les conditions dans lesquelles se refait et d'abord se repose le groupe de 100 chameaux qui vient de fournir un effort.

Le repos doit offrir les caractéristiques suivantes :

a) Suivre immédiatement la phase la plus intense de l'effort.
b) Etre complet et absolu.
c) Etre ininterrompu.
d) Etre pris sur un pâturage abondant.

Ces conditions sont entièrement réalisées par la station au poste-grenier point d'attache : les bêtes, jour et nuit au pâturage, ne le quittant momentanément qu'aux rares moments d'abreuvoir.

Elles ne peuvent l'être que de cette unique façon et l'on a eu déjà l'occasion d'insister sur cette remarque que la nomadisation parfaite un peu plus tard ne peut, au début, remplacer la station, que le très léger travail qu'elle comporte, profitable dès la remise en condition, est de trop jusque-là.

Durée.

Quand un groupe de 100 chameaux rentre d'une reconnaissance ou d'un contre-rezzou, combien lui faut-il de temps de repos complet sur les pâturages du point d'attache avant d'être soumis à l'entraînement ?

La réponse exacte, mais générale, paraît bien simple : le chameau doit rester au repos complet sur le pâturage jusqu'à ce qu'il ait refait entièrement ses réserves de graisse, ce que manifestent à première vue la proéminence de la bosse, la plénitude de l'épaule et de la cuisse ; le mettre à l'entraînement plus tôt serait une grave erreur qu'un méhariste ne doit pas commettre : la section méhariste doit imiter les nomades et ne jamais partir avec des animaux à bosse vide et cuisse creuse, à moins qu'elle ne les ait sacrifiés d'avance.

Cette dernière considération montre que la question posée est un peu moins simple qu'elle ne paraît, parce qu'elle exige comme réponse une évaluation préalable d'un résultat ; en effet, lorsque la section quitte le point d'attache avec un groupe de 100 bêtes

fraîches, il lui faut savoir à peu près quelle durée exigera la réparation de l'autre groupe, parce qu'elle a intérêt à rester dehors
pendant toute cette durée ; rentrer plus tôt ne lui servirait à rien
puisque, si elle avait à repartir de suite, il vaudrait mieux
emmener ce même groupe qui ne ferait que continuer sa période
de travail et non l'autre incomplètement refait ; agir autrement
serait « mettre en train » à la fois les deux groupes, c'est-à-dire
aboutir à une situation déplorable dont la section ne se tirerait
qu'au prix d'un séjour prolongé au point d'attache.

Établir une relation numérique précise entre la durée de
l'effort et la durée du repos nécessaire à le réparer est impossible
(même en éliminant les cas particuliers d'animaux plus longs à
se refaire que la moyenne) ; certains officiers méharistes s'y sont
essayés en faisant, comme il le fallait, intervenir des coefficients
exprimant la plus ou moins grande dépense de forces qu'a né-
cessitée chaque journée d'efforts : il y a en jeu beaucoup trop
d'influences diverses dont aucune n'est rigoureusement constante pour que l'on puisse tenir compte de toutes dans une formule simple que l'on risquerait fort de voir démentie au retour
par l'état des animaux.

Il est plus sûr de s'en tenir simplement à la donnée très
approximative suivante qui, dans la pratique, reste toutefois
suffisamment exacte parce qu'un effort court et intense abaisse
beaucoup moins vite la condition qu'un effort moyen et prolongé.

La durée de remise en condition étant double de celle de
l'effort, admettre que la durée de repos nécessaire est cette durée
de remise en condition diminuée d'un minimum de quinze
jours pour l'entraînement : si les animaux ont refait leur graisse
avant la date prévue, la durée d'entraînement s'en augmentera
d'autant, ce qui ne saurait nuire.

Il est bien entendu qu'en parlant de réparation l'on n'envisage
que le cas d'animaux fatigués et amaigris mais non exténués et
fourbus ; lorsque se présente par extraordinaire ce cas qui doit
être exceptionnel dans une section bien conduite et que l'on estime que beaucoup de mois seraient nécessaires à la remise en
condition de l'animal en cause, mieux vaut, comme on l'a dit
déjà, le réformer (voir titre I, chapitre II : remonte).

Transhumance éventuelle.

L'on a dit en parlant du mode de repos que la station sur les pâturages du poste-grenier point d'attache offrait toutes les conditions nécessaires.

Ceci est vrai mais suppose que ces pâturages sont excellents et abondants, comme on doit s'y attendre, puisque c'est cette condition qui entre en première ligne dans la détermination de l'emplacement du poste-grenier.

Or, il peut se présenter que certaines années particulièrement sèches la sortie des herbes se fasse mal ou encore, particularité propre à l'un des postes-greniers du Territoire Militaire du Niger (celui d'Itchouma-Bilma), que le pays soit tellement pauvre que ses pâturages les plus riches et choisis à ce titre comme point d'attache ne puissent peut-être pas sûrement et toutes les années suffire constamment aux besoins de la section.

En ce cas l'on a recours à une transhumance alternative des deux groupes de 100 chameaux, celui qui a à se refaire allant à cet effet non sur les pâturages insuffisants du point d'attache mais sur ceux particulièrement riches d'un poste voisin, généralement choisis parmi ceux possédant une garnison de sûreté non montée susceptible d'assurer la garde du troupeau sans distraire les tirailleurs méharistes de leur service habituel.

Lorsque le trajet entre le point d'attache de la section et ce poste de transhumance est très long ou spécialement difficile (ce qui se produit dans le cas particulier d'Itchouma séparé d'Agadès, son poste de transhumance, par une distance de 500 kilomètres dont 240 sans eau ni pâturages) l'on fait en sorte de n'arriver à le parcourir que le moins souvent possible et à cet effet les périodes de travail sont portées à leur maximum, c'est-à-dire que (élimination faite du temps du parcours de transhumance) chaque groupe reste six mois seul avec la section qui l'emploie chaque fois qu'elle sort, puis va passer les six autres mois au repos et à l'entrainement.

Ce procédé exceptionnel n'aura que très rarement à être employé ; il convenait de le mentionner pour établir que l'action d'une section méhariste peut se trouver un peu gênée mais n'est pas compromise lorsque des circonstances imprévues l'ont privée de ses pâturages d'attache, ou l'ont obligée à lui assigner un point d'attache dans un pays à pâturages relativement maigres.

CHAPITRE II

Principes.

L'étude d'ensemble de l'utilisation du chameau dans les tribus a fait ressortir les particularités et les exigences de son alimentation.

Il suffit de préciser ici les règles d'abreuvoir et de pâture en usage dans les sections, règles d'ailleurs calquées sur les méthodes des nomades et au sujet desquelles des indications ont été données déjà en parlant du règlement de route.

Le chameau de troupe boit en principe tous les deux jours en été, tous les cinq jours en hiver ; comme il peut sans inconvénient espacer ses abreuvoirs au moins du double, surtout en station, il est sans inconvénient de laisser chaque lieutenant commandant fixer, dans ces limites, les intervalles qui lui paraîtront les meilleurs selon qu'il partage l'une ou l'autre des deux théories méharistes dont aucune n'a pu encore faire valoir son avantage sur l'autre : au repos en station, ou bien abreuver souvent le chameau pour lui donner un confort de plus ou bien ne l'abreuver que lorsqu'il marche afin de ne pas détruire son entraînement à la soif.

L'eau est donnée en deux reprises, la bête ayant mangé avant la première et mangeant dans l'intervalle de la première à la deuxième.

L'administration du sel est faite selon l'habitude de chaque section ; aucune donnée précise n'ayant encore sûrement établi l'avantage de telle ou telle méthode ; en tous les cas les bêtes se trouvent bien de prendre 0,500 de sel à une même date de chaque mois, avant l'abreuvoir.

Le chameau de troupe, a-t-on dit, a en route un minimum de pâturage de six heures sur vingt-quatre, toujours prévu entre 4 heures du soir et 10 heures du matin ; en station il reste jour et nuit au pâturage et y mange lorsqu'il lui plaît.

Un point qu'il ne faut pas perdre de vue est que le chameau ne broute qu'en marchant : Il se déplace à travers le pâturage en faisant un kilomètre ou deux à l'heure et en agrippant de ci de là une touffe d'herbe ou un branchage ; il ne peut d'ailleurs jamais s'éloigner beaucoup étant entravé et c'est affaire aux chameliers-bergers, d'ailleurs très adroits en l'espèce, de prendre la piste et de ramener toute bête trop vagabonde.

Contrarier cette habitude serait gêner l'animal dans son alimentation ; il n'arrivait que trop souvent, au début des troupes méharistes, que la garde au pâturage formait un cercle assez étroit dans lequel on ramenait toute bête voulant en sortir : le résultat était ceci que un à un les chameaux, après deux ou trois essais infructueux pour s'écarter, se couchaient sur place et renonçaient à manger ; l'on s'étonnait ensuite de les voir dépérir quoique travaillant peu et passant chaque jour au pâturage plus de temps qu'il ne fallait ; il importe que la garde se persuade bien que son rôle est de surveiller les alentours et de défendre les bêtes au besoin mais nullement de diriger la pâture, soin qui incombe aux chameliers-bergers.

Enfin la grosse question, celle qui domine toutes les autres en l'espèce, c'est, comme on l'a dit, le choix du pâturage ; l'on sait que le chameau exige une nourriture constamment variée, et composée de végétaux différents suivant les saisons, qu'il n'accepte à chaque moment que telles ou telles espèces déterminées et refuse les autres ; c'est ainsi qu'un pâturage qui, au premier coup d'œil, pourrait paraître excellent parce qu'il contient à foison des herbes riches et de la paille haute ne conviendra nullement au chameau, tandis qu'il se trouvera fort bien du pâturage voisin d'aspect plus maigre, où l'on n'apercevra qu'une petite paille souvent coupée et jonchant le sol ou bien quelques plantes rampantes ; la détermination à chaque moment de l'année du pâturage qui convient est une tâche si délicate et exigeant une si parfaite connaissance de l'animal et de la flore saharienne que le lieutenant commandant fera sagement de toujours s'éclairer des avis du chef-chamelier passé maître en la matière.

Il pourra toutefois se guider sur les listes de végétaux données au cours du présent chapitre ; leur classification en pâturage de saison sèche et en pâturage de saison froide n'a naturellement pas à être considérée comme absolument rigoureuse : telle plante de saison froide sera parfois consommée en saison chaude à défaut de telle autre plus recherchée et certaines sont acceptées pendant les deux saisons ; les noms indiqués sont les noms Tamascheck mais comme les dialectes Touareg varient assez notablement d'une extrémité du territoire à l'autre, l'on précise qu'ils sont pris dans l'idiome d'Azbin : chaque lieutenant trouvera toujours à sa portée des nomades parlant ce dialecte qni est l'un des plus répandus ; c'est également en Azbin qu'ont été relevés et notés la plupart de ces végétaux mais dans le voisinage et au nord il y a dans toute l'étendue du territoire une unité de flore presque parfaite.

L'identification de ces arbustes ou plantes n'a pas été faite ; il y aurait avantage à constituer dans chaque section un herbier dont l'envoi en France permettrait de mettre chacun d'eux à sa place dans la classification botanique et de lui attribuer un nom scientifique.

Pâturages de saison froide (1).

L'on sait qu'en saison froide le chameau consomme surtout des branchages.

Cette règle n'est pas absolument exclusive et il accepte aussi quelques herbes.

Les pâturages de saison froide doivent, en principe, contenir plusieurs à la fois des arbres ou plantes suivantes :

(1) Les listes de végétaux sont dues presque sans changement au Capitaine Dario.

Arbres.

Tedeini. — Arbre donnant comme fruits des gousses appelées Abalaya. Très bon.

Ezzen ou Abbaka. — Arbre portant une petite baie rougeâtre appelée Ezziggaren.

Tigger. — Arbre épineux riche en tanin, portant des gousses appelées Agguer. Très bon.

Tamat. — Arbre épineux portant des gousses appelées Tenjeguer. Très bon.

Ateuss. — Arbre épineux à gousses appelées Tangham. Bon.

Agagh. — Arbre épineux. Bon.

Afagat ou Tassrag. — Arbre à épines blanchâtres. Bon.

Aboirak. — Arbre à grosses épines. Le fruit se nomme Ikakan.

Abesgui. — Arbuste très répandu, fleurit en hiver, ses fruits appelés Tezag ressemblent à de petites groseilles. Bon lorsqu'il est en fleur.

Tadent. — Arbuste ayant l'aspect du fusain. Bon.

Tamillo. — Arbre genre if. Assez bon.

Aneg. — Arbuste ressemblant au genêt. Assez bon.

Akaouat. — Plante parasite des arbres. La fleur ressemble à celle du chèvre feuille. Très recherché.

Aguerguer. — Plante poussant en larges touffes. Ses fleurs sont jaunes et ses fruits constitués par de longues gousses. Se trouve partout mais en petite quantité. Très recherché.

Equeliss. — Plante rampante constituant un fourrage de première qualité.

Afazo. — Graminée de très bonne qualité. Pousse en touffes très hautes. Très appréciée au début de l'hiver pour ses grains dont les Touareg se servent d'ailleurs pour leur propre nourriture.

Adereiba. — Très bon fourrage de décembre à mars. Les chameaux maigres nourris à l'adereiba engraissent rapidement.

Tekaini. — Espèce de charbon piquant portant des fleurs violettes et que les chameaux consomment frais ou sec. Se trouve partout et toute l'année.

Pâturages de saison chaude.

En saison chaude le chameau ne consomme généralement pas de branchages et se nourrit exclusivement d'herbes et plantes basses.

Les pâturages de saison chaude doivent, en principe, contenir plusieurs à la fois des plantes suivantes :

Amareha. — Plante à fleur jaune. Assez bonne.

Tareda. — Plante frêle et très basse. N'est bonne que verte.

Tassera. — Plante contenant une assez forte proportion de sel. Bonne en petite quantité.

Helleg. — Petite plante rampante. N'est consommée que verte.

Aouchemma. — Plante portant des fleurs violettes. De qualité médiocre.

Allouat. — Plante poussant en grosses touffes assez hautes, à feuilles larges et fleurs violettes. La tige est très aqueuse, elle jouit de la propriété de désaltérer les animaux au point que ceux qui la consomment peuvent rester plusieurs mois sans boire.

Guirfis. — Herbe poussant par touffes, longue, dure et fine. C'est elle qui est surtout employée dans les cas exceptionnels où, à défaut de pâturages, il faut emporter du fourrage sur les animaux.

Hammassa. — Herbe longue et assez fine. Egalement employée comme fourrage à transporter. Assez bonne.

Abasto. — Sorte de jonc. Peut aussi être bottelé et emporté.

Ezezi. — Herbe courte. Assez bonne.

Ikardanalla. — Herbe courte qui se termine par trois branches. Bonne.

Efir. — Herbe fine. Assez bonne.

Erafnekli. — Herbe courte et grosse. Passable.

Tasmé. — Herbe chétive et rase. Médiocre.

Terrhoummoun. — Herbe fine poussant par touffes. Assez bonne.

Echiban. — Trois espèces appelées Tégabar, Akacho, et Asséghal. Donne une paille courte et très bonne.

Oulaijek. — Vulgairement appelé cram-cram. Assez bon.

Achagogh. — Donne une grosse paille jaune et longue. La graine ressemble à l'orge. Assez bon.

Azannec. — Donne une paille courte. Épi assez rempli. Bonne.

Tejit. — Herbe très fine et frisée. Très bonne.

Tamassel. — Plante grimpante portant des piquants. Très bonne et très recherchée.

Tabadébét. — Plante rampante. Très bonne.

Tazera. — « Hâd des Arabes ». Bon.

Il importe de faire une mention spéciale du « Tanala », plante rampante à larges feuilles du genre liseron que les nomades considèrent à tort ou à raison comme vénéneuse pour les chameaux.

Suralimentation.

Si l'on entend par suralimentation l'absorption de nourriture prise en quantité telle que l'assimilation du jour dépasse la dépense de ce même jour, il est certain que le chameau est en suralimentation pendant toute la période du repos, puisqu'il refait ses réserves de graisse épuisées.

Mais si l'on entend par suralimentation l'usage d'une nourriture spéciale plus riche que celle habituelle, l'on doit constater que ce procédé est d'emploi tout à fait exceptionnel à l'égard du chameau.

L'on peut, imitant en cela un usage constaté dans plusieurs tribus, faire en certains cas prendre de force au chameau un barbottage de mil demi-pilé, ou de dattes desséchées, ou de noyaux de dattes concassés ; mais c'est une ressource de fortune qui peut tout au plus permettre à l'animal exténué de faire une étape de plus si le repos prolongé est au bout.

L'on peut aussi, pour lutter contre le dépérissement des animaux atteints du « Tabourit », c'est-à-dire de « la maladie de la mouche » (voir chapitre III), leur faire prendre de force des boules de mil et de viande pilée, comme le font les vétérinaires Touareg, mais c'est un régime de bête malade qui ne saurait se prolonger et qui ne donne d'ailleurs que de médiocres résultats.

L'on a pu en certains endroits où l'on cherchait à faire vivre des chameaux de troupe, alors que ceux des tribus n'y pouvaient subsister (à Bilma par exemple), essayer comme nourriture habituelle d'un mélange d'épineux apportés et de noyaux de dattes pilés, mais le résultat cherché, et qui ne fut d'ailleurs pas atteint, était simplement de soutenir le chameau en lui donnant, à défaut de sa nourriture habituelle impossible à trouver sur place, des aliments de remplacement.

En thèse générale il faut admettre qu'il est impossible de nourrir le chameau, comme on y a parfois songé, exclusivement avec du mil ou des dattes : il lui faut, il est vrai, une nourriture suffisamment riche en principes azotés, hydro-carbonés, grâce auxquels il pourra refaire ses réserves de graisse, mais comme à tout ruminant il lui faut aussi une nourriture *volumineuse* : la base de son alimentation doit donc rester toujours la paille ou les fourrages verts durant les rares mois où il est possible d'en trouver.

Quand une section méhariste aura des animaux à réparer qu'elle les mette, comme on l'a dit, au repos sur de bons pâturages et qu'elle varie ces derniers pour exciter l'appétit des bêtes et les amener à prendre en surabondance la nourriture qui s'offre à eux, mais qu'elle ne cherche pas à transformer la nature de cette nourriture, ce serait un essai qui pourrait lui coûter aussi cher que les expériences de semi-stabulation faites, un peu à leur corps défendant, par certaines formations méharistes du début et qui entraînèrent bien des pertes d'animaux.

CHAPITRE III

SOINS VÉTÉRINAIRES

Principes.

Nous ne savons rien de la physiologie du chameau ni de sa pathologie ; pas une autopsie régulière n'a pu encore être faite et, le soupçonnant d'être couramment tuberculeux, nous n'avons même pas pu être fixé sur ce point ; nous ne connaissons que grossièrement la disposition de ses organes, nous ne faisons que deviner dans l'ensemble comment ils fonctionnent et nous constatons les symptômes de leurs lésions sans avoir de données fermes sur la nature ou les causes de ces lésions.

Pour nous tirer de cette ignorance un vétérinaire militaire a été envoyé dès 1908 au Territoire du Niger et depuis vit constamment avec l'une et l'autre des sections méharistes, l'accompagnant dans ses déplacements et étudiant ainsi le chameau de troupe dans toutes les circonstances de sa vie et de son service.

Il s'est consacré à sa tâche avec un zèle et une compétence qui ont obtenu ce résultat que, courant au plus pressé, sans délaisser l'étude générale de l'animal, il a fait la lumière sur celle des questions vétérinaires qui se posait avec le plus d'urgence : les blessures du chameau et les soins à leur donner ; le manuel qu'il a pu rédiger sur ce sujet et dont des extraits sont donnés ci-après, établit que nos sections sont maintenant à même de traiter rationnellement les bêtes blessées.

Restent les bêtes malades ; ce n'est pas en un an ou deux qu'il est possible de concevoir et de créer la thérapeutique complète d'un animal inconnu et qu'il faut d'abord étudier au point de vue anatomique et physiologique ; l'étude se poursuit : elle ne peut porter ses fruits avant longtemps.

En attendant, les sections méharistes n'ont pas d'autre parti plus sage que de confier purement et simplement leurs bêtes malades aux soins du vétérinaire Touareg, qui se trouve être le chef-chamelier de la section, homme choisi avec soin et offrant à cet égard toute la sécurité compatible avec l'état des connaissances des nomades en la matière ; tout au plus peut-on faciliter ses moyens d'intervention en mettant à sa disposition quelques médicaments simples et d'effet certain, par exemple en lui donnant de la pommade d'Helmerich pour soigner la gale, parce que nous ne risquons pas de nous tromper en pensant que, quel que soit l'animal et son acarus, le soufre aura une action plus efficace sur ce dernier qu'une décoction de tabac ou tel autre produit que peuvent se procurer les nomades.

Le vétérinaire Touareg obtient des guérisons, ce qui est logique, car il est impossible d'admettre qu'une race berbère intelligente, aimant l'animal sans lequel elle ne pourrait subsister et vivant couramment avec lui n'ait pas, par des observations et l'expérience d'un grand nombre de générations, acquis la tradition d'un ensemble de pratiques bienfaisantes.

Mais, comme dans toute science populaire, ces pratiques bienfaisantes sont simplement routinières et non raisonnées, elles comportent généralement une part utile, une autre part qui n'est qu'une complication superfétatoire, parfois même nuisible à l'effet de la première, et qui représente l'apport inévitable de la superstition et des idées fausses.

Dans la pratique des sections le lieutenant commandant pourra parfois amener un chef-chamelier à l'élimination au moins partielle de cette seconde part adventive, élimination qui reste encore incomplète dans la liste que l'on donne ci-après des principales maladies du chameau et des remèdes indigènes.

Au cours de cette liste l'on s'est gardé de tout rapprochement entre chacune des affections signalées et telle ou telle affection connue du cheval ou du bœuf, l'on s'est même gardé de toute appellation trop précise qui pourrait amener à croire que l'affection en cause est précisément cataloguée alors qu'aucune ne l'est, sauf la gale : les maladies sont simplement désignées par leur nom en arabe ou en Tamascheck (dialecte d'Azbin) qui permettra de les reconnaître dans toutes les parties du territoire, puisque l'on y trouve à peu près partout des nomades parlant ces deux idiomes et que les maladies du chameau ne diffèrent guère d'un point à un autre.

Maladies et remèdes.

Les maladies les plus fréquentes du chameau sont celles ci-après ; la médication indigène mentionnée à la suite de chacune d'elles est la plus répandue.

El Djereb. — C'est évidemment la gale ; elle naît et se développe dans tout groupe d'animaux mal soignés ou en mauvaise condition ; pour éviter la transmission par le contact direct il importe d'isoler dès le début tout animal contaminé, pour éviter la transmission par le contact indirect (écorce des arbres où se frotte l'animal atteint, harnachement, matériel d'abreuvoir, etc...) ou par des insectes vecteurs (mouches, moustiques, tiques, etc...) il importe de tenir les isolés très loin des bêtes saines et de désinfecter tous les objets qui ont touché les premiers ; elle constitue une véritable calamité pour les troupeaux de chameaux et ne peut guère être guérie qu'en saison sèche, tous les soins donnés restant souvent inefficaces pendant les pluies.

Traitement. — Epilage, puis écorchage des boutons pour mise à nu des acarus ; ensuite lotions réitérées avec une décoction de tabac ou onctions avec un goudron indigène tiré de « l'Akaoua » (coloquinte) ou de « l'Aboirak » (voir pâturage saison froide).

Les indigènes reconnaissent que pour la première partie de l'opération le lavage au natron ou à la chaux éteinte donne un résultat moins barbare et plus rapide, que pour la seconde partie l'onction à la pommade soufrée ou même au goudron de houille détruit les acarus plus sûrement que ne le fait aucun des produits du pays.

Bou dououara. — Affection intestinale très meurtrière, caractérisée par la perte de l'appétit et de la soif, des coliques fréquentes, etc. ; causes probables : excès de fatigue, mauvais régime alimentaire, etc...

Traitement. — Pointes ou raies de feu, dans la région du nombril et sur les flancs.

Ségui. — Affection des voies respiratoires caractérisée par de la toux, perte d'appétit, etc...

Traitement. — Saignées à l'angulaire et à la nasale superficielle, lavage de la muqueuse nasale avec du lait de chèvre frais.

El Bareda. — Maladie également meurtrière, causes aussi obscures que le traitement est illusoire ; caractérisée par des chapelets de tumeurs dans les régions où la peau est la plus fine ; gouttière jugulaire, face interne des avant-bras et des cuisses.

Traitement. — Application sur les tumeurs d'un emplâtre confectionné avec la poudre d'une pierre poreuse appelée « hemmiro ».

Tabourit. — Maladie de la mouche ; déterminée par la piqûre peut-être d'une mouche spéciale, peut-être simplement des insectes courants s'ils sont en grand nombre : caractérisée par un amaigrissement rapide malgré un très bon appétit, par l'aspect des yeux qui s'enfoncent dans l'orbite et deviennent larmoyants, par la modification des poils qui deviennent durs et cassants, etc...

Traitement. — Suralimentation par administration de boulettes de mil pilé alternant avec des boulettes de viande bouillie et également pilée.

Esné (T). — Fièvre caractérisée ; tremblements ; élévation de la température ; suppression de l'appétit.

Traitement. — Saignée à la zygomatite ou à la jugulaire ; puis administration d'un mélange de tabac, oignons et lait.

Arasef (T). — Coup de sang ; tous les symptômes de la congestion.

Traitement. — Intervention rapide, saignée au bas de l'épaule et près du coude (membres antérieurs).

Outre les affections très courantes et dangereuses une foule d'autres secondaires :

Nchaz. — Inflammation des muqueuses nasales; suintement glaireux.

Traitement. — Lavage des narines avec de l'eau tiède et projection de poudre de poivre.

Takhanchich. — Obstruction partielle des narines par du mucus desséché, mélangé à des débris alimentaires et à du sable.

Traitement. — Désagrégation de la masse à l'aide d'eau chaude et curetage des narines avec un bâtonnet mince écrasé en pinceau.

Dafor. — Tumeur granuleuse sur la caroncule lacrymale.

Traitement. — Excision ou grattage.

Torf. — Ophtalmie due au sable soulevé, aux malpropretés, etc...

Traitement. — Cautérisation en surface, à l'aide d'une pierre rougie, de la partie du chanfrein correspondant à l'œil malade ; lavage avec une macération de noix de kola.

Tionig. — Catarrhe auriculaire, généralement signalé par un suintement muqueux.

Traitement. — Raies de feu dans la région parotidienne.

Eddem. — Démarche vacillante, rougeur intense des muqueuses, épistaxis, pouls faible, respiration dyspnéique et enfin monoplégies.

Traitement. — Saignée abondante à la jugulaire, à l'angulaire de l'œil ou à la nasale superficielle ; puis projection de tabac à priser dans les yeux.

Kouane. — Paralysie de l'arrière-main qui semble affecter une forme épizootique.

Traitement. — Isolement des bêtes atteintes ; aucun remède n'est administré.

Meggardou. — Tétanisation de l'encolure tout entière.

Traitement. — Pointes de feu profondes à droite et à gauche du cou.

Sorar. — Crevasses ; les callosités du genou se fendillent et la bête ne pouvant plus barraquer se couche sur le côté.

Traitement. — Raies de feu autour de la callosité ; grattage au couteau des bords de la crevasse pour les aviver.

Telhas. — Usure de la face plantaire à la suite de marche prolongée sur un sol dur ; inflammation consécutive.

Traitement. — Scarification de la région malade : adaptation d'une sandale en peau de bœuf.

Terhas. — Abcès de la région plantaire ; survient souvent à la suite de « Talhas ».

Traitement. — Ponction, cautérisation périphérique ; pansement avec un mélange de graisse et de sel ; sandale ou emmaillotement du pied.

Zerad. — Gonflement du genou par suite de choc.

Traitement. — Incisions circulaires, l'une au-dessus, l'autre au-dessous du genou, réunies par deux incisions verticales pratiquées l'une en avant, l'autre en arrière de l'articulation.

Adress. — Gonflement d'un doigt à la suite d'une piqûre d'épine, etc...

Traitement. — Scarification.

Blessures et traitement (1).

Les blessures du chameau de troupe ont les causes suivantes qui doivent être supprimées dans la mesure du possible :

1° *Les défectuosités du harnachement* : Voir titre I, chapitre IV, perfectionnement de la selle.

2° *L'exagération du sangler :* Il faut veiller à ce que l'on

(1) Le manuel de traitement des blessures que contient ce paragraphe est dû au vétérinaire en 2° Boiron.

puisse sans trop de difficulté passer la main à plat sous la sangle.

3° *Le manque de propreté du dos* : il est nécessaire avant de seller de débarrasser soigneusement le dos des brins d'herbes, crams-crams, etc... et de lisser les poils.

4° *La mauvaise conformation ou le mauvais état du dos* : voir titre I, chapitre II, élimination par la commission de remonte des animaux mal conformés et portant des cicatrices anciennes.

5° *La rapidité de l'allure* : voir titre II, chapitre V, prescription habituelle du trot et limitation courante de l'allure au pas moyen (5 kilomètres à l'heure).

6° *La fréquence des arrêts* : voir titre II, chapitre V, principe de l'étape d'une seule traite avec interdiction des arrêts individuels.

7° *Les oiseaux parasites* : pour protéger les blessures en traitement et même celles anciennes contre les coups de bec des corbeaux, il est indispensable de les tenir couvertes à l'aide de bandes de coton du pays ou de surfaix de fortune.

Les blessures ont aussi les causes suivantes, auxquelles l'on ne peut pallier que dans la limite des nécessités du service :

1° *La longue durée des marches* : voir titre II, chapitre V, détermination des durées d'étapes ; restant établi toutefois que pour une étape de distance obligatoire la prolongation de la durée de marche est un moindre danger de blesser que l'accroissement d'allure.

2° *Le poids et la nature de la charge* : voir titre I, chapitre IV, paquetage de route et confection des charges, titre III, chapitre III, convoi de reconnaissance.

3° *La température* : voir titre II, chapitre V, marche de nuit pendant la saison chaude ; toutefois la durée de l'étape ne permettant pas toujours d'éviter la marche aux heures chaudes, c'est par les précautions prises en sellant que l'on peut pallier au danger de blesser que présentent sous la selle les poils agglutinés par la sueur.

4° *La nature des terrains parcourus* : c'est la bonne confection et le bon arrimage de la charge qui peuvent pallier aux dé-

placements et frottements résultant des efforts de l'animal pour
se tirer des terrains très mous, pour monter et descendre les
pentes, etc...

Les blessures du chameau revêtent toujours un caractère de sérieuse gravité parce que chez lui la suppuration s'établit facilement et entraîne fréquemment de graves complications, parce
que la réparation est toujours lente.

Pour les traiter nous devons proscrire énergiquement les
méthodes empiriques indigènes qui, en matière de blessures,
sont non seulement inefficaces mais souvent nuisibles, adopter
ce principe vérifié par l'expérience que les blessures du chameau
se soignent de la même façon et avec les mêmes moyens que
celles des autres animaux.

Les blessures du chameau se rangent dans les six catégories
suivantes qui sont énumérées par ordre de gravité croissante
avec indication du mode de traitement qui convient à chacune
d'elles.

1° *Excoriations.*

Définition. — L'excoriation est une lésion très superficielle du
derme ou de l'épiderme.

Symptômes. — Quand on enlève une selle ou un bât, on peut
observer, en certains points du dos ou du corps, une surface complètement dépilée, de couleur rougeâtre, et légèrement suin-
tante.

En général il n'y a aucun gonflement au-dessous ni autour de
l'excoriation; si un œdème apparaît, il présentera les symptômes
qui seront décrits plus loin.

L'excoriation se termine presque toujours par la guérison. Il
se forme une croûte qui peut persister longtemps si on ne provoque pas sa chute.

Diagnostic. — Il est facile à établir. On pourrait confondre
l'excoriation avec une plaque d'eczéma ou de gale, mais son lieu
d'élection et les conditions de son apparition permettront d'éviter
une erreur qui d'ailleurs ne serait pas grave.

Pronostic. — Il ne présente aucun caractère de gravité.

Traitement. — Couper les poils autour de la plaie qui sera savonnée puis lavée avec une solution antiseptique légère et recouverte d'une solution picriquée ou de pommade à l'oxyde de zinc ou encore de glycérine iodée. Une toile cirée très propre appliquée sur la lésion permettra l'utilisation de l'animal.

2° *Les plaies simples.*

Définition. — On appelle plaies simples des lésions caractérisées par la destruction complète du derme cutané et du tissu musculaire sous-jacent.

Symptômes. — Le derme et l'épiderme étant complètement détruits, on est en présence d'une plaie d'une étendue variable, à contours plus ou moins réguliers et à fond saignant constitué par du tissu musculaire.

S'il s'agit d'une plaie par arrachement on constate une déchirure de la peau laissant à découvert un muscle ou un os.

Le pus ne tarde pas à faire son apparition en quantité variable.

Les terminaisons ordinaires sont la guérison, la nécrose, la gangrène des tissus.

Diagnostic. — Très simple.

Pronostic. — Sans gravité si l'intervention médicale est hâtive ; il devient grave s'il survient une des complications signalées.

Traitement. — Couper les poils autour de la plaie. Lavages antiseptiques avec de l'eau bouillie ou une solution de permanganate de potasse ou de bichlorure de mercure.

Combler la plaie avec un cicatrisant : iodoforme, iodure d'amidon (teinture d'iode et poudre d'amidon), teinture d'aloès, alcool camphré, etc...

S'il s'agit d'une plaie par arrachement, faire une suture en ayant le soin de laisser en haut et en bas une ouverture permettant le passage des injections antiseptiques et l'écoulement du pus.

Quand la plaie est à niveau, traiter avec la solution picriquée ou la pommade à l'oxyde de zinc.

Si le bourgeonnement est trop lent, le provoquer par un badigeonnage à la teinture d'iode ou au nitrate d'argent.

S'il est exubérant, le réprimer en le saupoudrant d'alun calciné et en appliquant un pansement un peu compressif.

Si les lèvres de la plaie s'indurent et ne bourgeonnent pas assez vite, il faudra les gratter très légèrement avec un bistouri ou les cautériser au nitrate d'argent.

Dans tous les cas, il faudra recouvrir les plaies d'un pansement protecteur. Les soins seront aussi fréquents que possible. La guérison rapide et régulière dépendra de la façon dont les animaux auront été soignés.

3° *Les œdèmes.*

Définition. — L'œdème est une tumeur se développant, en général, sur les côtés du garrot ou sur les côtes ; chaude, douloureuse, elle est due à l'infiltration de la sérosité dans le tissu conjonctif sous-cutané.

Symptômes. — En général, la lésion n'apparaît que quelques heures après que l'animal a été dessellé. On constate sur un ou sur les deux côtés du garrot ou sur les côtes la présence d'une tumeur plus ou moins volumineuse, chaude, douloureuse à la pression qui provoque des cris et de vives défenses de l'animal.

Cette lésion, laissée sans traitement, peut se résoudre d'elle-même au bout de quelques jours ou s'abcéder ou s'endurcir.

Diagnostic. — Très facile.

Pronostic. — Assez grave étant donné les terminaisons possibles de la lésion.

Traitement. — On peut appliquer des coussins continuellement imbibés d'un liquide astringent : eau froide, eau salée, eau blanche (solution de sous-acétate de plomb), solution de sulfate de fer ou de sulfate de cuivre.

Le mieux est d'appliquer le feu sans tarder. Pour cela, on se servira d'une tige de fer de 50 centimètres de longueur et de 5 millimètres de diamètre que l'on portera au rouge vif. On appliquera sur toute l'étendue de l'œdème des raies de feu parallèles entre elles et distantes les unes des autres de 3 centimètres environ. On rejettera la cautérisation en pointes qui est souvent suivie de chute de peau.

La cautérisation sera très superficielle ; pour augmenter ses effets, on pourra faire sur toute l'étendue de la tumeur une application de teinture d'iode.

Si l'intervention est tardive et si on se trouve en présence d'une tumeur indurée, on fera des applications répétées de teinture d'iode ou mieux de vésicatoire non mercuriel.

4° *Les cors.*

Définition. — Le cors est une gangrène de la peau due à une compression exagérée qui arrête la circulation sanguine et entraîne la mortification et la chute des tissus privés de sang.

Symptômes. — Le cors ne se produit généralement pas brusquement ; il ne s'observe qu'après plusieurs jours de marche. On voit apparaître en un point variable, mais presque toujours sur les côtes, une plaque plus ou moins dénudée, froide et sensible.

Après plusieurs jours, un sillon se forme autour de cette plaque qui se trouve ainsi complètement séparée des parties avoisinantes.

Ce sillon s'étend progressivement en largeur et en profondeur jusqu'à ce que la partie centrale soit complètement éliminée, laissant alors une plaie vive qui présentera tous les caractères d'une plaie ordinaire susceptible de guérir ou de se compliquer comme il a été dit précédemment.

Diagnostic. — Très simple. L'aspect de la lésion, l'apparition du sillon ne laissent aucun doute sur la nature du mal.

Pronostic. — Assez grave par l'indisponibilité assez longue que cette lésion entraîne.

Traitement. — Dès que le sillon apparaît, on pourra enlever le cors au bistouri en ayant soin de ne laisser au pourtour et au fond de la plaie aucun tissu mortifié qui se reconnaîtra à sa consistance dure et à sa couleur nacrée tranchant avec le rouge des muscles.

On peut hâter l'élimination du cors en passant le crayon de

nitrate d'argent au fond du sillon. La plaie qui résultera de l'ablation ou de l'élimination et ses complications, s'il s'en produit, seront traitées comme il a été indiqué.

3° *Les abcès.*

Définition. — L'abcès est une lésion prenant naissance dans la profondeur du derme ou du tissu musculaire et se traduisant extérieurement par une tumeur chaude, douloureuse, dure au début mais ne tardant pas à s'ouvrir pour donner écoulement à une plus ou moins grande quantité de pus.

Symptômes. — L'abcès peut faire suite à l'œdème ou apparaître directement.

On constate, en un point du corps, l'apparition d'une tumeur qui va sans cesse s'accroissant, laquelle est chaude, douloureuse et dure à la pression.

Après plusieurs jours on observe en un ou plusieurs points, un soulèvement des poils, un amincissement de la peau qui devient souple et qui se déchire d'elle-même sous la pression du pus contenu dans l'intérieur de la poche.

Le pus qui s'écoule est blanc laiteux, épais, bien lié et sans odeur ; s'il est strié de sang, grumeleux et fétide, c'est qu'il existe au fond de l'abcès un point de nécrose.

La terminaison ordinaire de l'abcès est la guérison, mais cette lésion peut se compliquer.

Il arrive fréquemment, faute d'une intervention chirurgicale rapide, que le pus s'infiltre entre les muscles pour venir au contact d'un os qu'il nécrose.

Enfin, le pus peut arriver dans une des grandes cavités thoracique ou abdominale et déterminer une pleurésie ou une péritonite rapidement mortelle.

Une complication relativement fréquente est la suivante : le pus fuse très facilement entre les muscles thoraciques et la face profonde de l'épaule ; il ne tarde pas atteindre le plexus brachial dont il nécrose les rameaux nerveux, déterminant une boiterie intense dont la cause est bien difficile à définir si on n'est pas prévenu.

Toute boiterie d'un membre qui ne pourra s'expliquer par l'existence d'une lésion apparente devra faire penser à une complication d'une plaie suppurante.

Diagnostic. — Très simple.

Pronostic. — Peu grave si on intervient en temps voulu ; il devient très sérieux si la guérison tarde à se produire et s'il survient une des complications signalées plus haut.

Traitement. — Il faut intervenir le plus rapidement possible.

Dès qu'un point fluctuant apparaît à la surface de la tumeur il faut ponctionner au bistouri ou mieux au fer rouge.

L'ouverture au bistouri se cicatrise trop rapidement et on est presque toujours obligé de recommencer ; celle obtenue avec un cautère reste plus longtemps ouverte à l'écoulement du pus.

L'ouverture étant pratiquée, on vide complètement la poche purulente ; on sonde ensuite celle-ci pour se rendre compte de ses dimensions et de sa direction ; si la poche est petite, on la débridera jusqu'à son fond, puis on détergera la plaie qui sera ensuite traitée comme une plaie simple avec un pansement couvert.

Si la poche est profonde, on placera, pour éviter un débridement trop considérable, une mèche taillée dans une bande de coton ou une poupée de chanvre qui, partant de l'ouverture supérieure, viendra sortir au fond de l'abcès ; on attachera extérieurement les deux extrémités de la mèche. Il importe d'éviter la stagnation du pus dans la poche et, pour cela, il faut provoquer son écoulement par en bas, pour l'empêcher de se frayer un passage dans les interstices musculaires profonds.

Le traitement consistera alors en injections antiseptiques très fréquemment renouvelées et en lavages de la mèche.

Au bout de quelques jours, les parois de l'abcès bourgeonnent et il ne reste plus qu'un canal étroit dans lequel passe la mèche. On devra alors enlever celle-ci et continuer les injections jusqu'à guérison complète.

S'il y a nécrose, on interviendra comme il sera dit plus loin.

Les pansements devront être renouvelés tous les jours si possible, afin d'éviter les graves complications qui, vraisemblablement, entrent pour une part importante dans la mortalité des chameaux.

En outre, on ne perdra pas de vue ce fait que tous les animaux qui suppurent, maigrissent très rapidement et sont, après guérison, très longs à se remettre en état, c'est-à-dire incapables de fournir un travail sérieux.

Il faut donc aider la guérison pour réduire la durée de la convalescence et de l'indisponibilité. Une autre raison qui milite en faveur des soins fréquents, c'est la présence dans le pus de vers très nombreux qu'il est convenable de ne pas laisser séjourner dans les plaies, malgré ce que peuvent penser les Touareg sur ce sujet.

6° *La nécrose.*

Définition. — La nécrose est la destruction du tissu musculaire ou du tissu osseux : c'est une complication fréquente des abcès profonds.

Les cas de nécroses observés sont beaucoup moins fréquents chez le cheval et le bœuf que chez le chameau. C'est la nécrose qui entretient ces suppurations interminables qui causent tant de préjudice aux sections méharistes. Sa guérison spontanée est exceptionnelle ; son action destructive se poursuit lentement mais sûrement jusqu'à la mort du malade.

Symptômes. — Le pus qui s'échappe d'une plaie cesse brusquement d'être bien lié, sans odeur et de consistance caséeuse. On constate qu'il est strié de sang, grumeleux, mal lié et d'odeur très fétide.

La plaie présente des bourgeons grisâtres ayant mauvais aspect ; le sondage permet de constater l'existence d'un conduit plus ou moins étroit dont le fond est constitué par une surface dure et rugueuse se laissant néanmoins pénétrer par la sonde.

La main ne tarde pas à être suffisamment exercée pour faire la différence entre un tissu osseux sain qui est dur et lisse, et un tissu osseux en voie de nécrose qui est moins résistant et rugueux.

La guérison spontanée est très rare ; dans ce cas, la partie de l'os nécrosée s'élimine d'elle-même, le périoste se reforme et la plaie bourgeonne et se cicatrise.

Le plus souvent la nécrose s'étend, progresse, entretenant une suppuration abondante et fétide ; l'animal maigrit, il est envahi par les mouches, les tiques et en un mot par tous les parasites de la brousse qui l'importunent, l'empêchent de manger et de se reposer ; il maigrit rapidement et, si cet état se prolonge, il meurt d'épuisement s'il ne succombe pas à une pleuro-pneumonie ou une péritonite purulente.

Diagnostic. — Il est facile à établir, grâce à la couleur, à l'odeur du pus et aux renseignements fournis par le sondage.

Pronostic. — Il revêt un caractère de gravité variable suivant la région intéressée. Très grave quand la lésion siège au niveau du garrot ou sur les vertèbres dorsales, il l'est moins quand elle s'observe sur les côtes.

Dans le premier cas, en effet, il s'agit d'une région très complexe, où l'intervention est assez difficile et dont la position très déclive facilite singulièrement la diffusion du pus dans les parties profondes ; dans le second cas, au contraire, il s'agit d'une région peu compliquée où les débridements et l'intervention médicale sont aisés.

Traitement. — Il faut débrider longuement et profondément, puis cautériser la plaie jusqu'au fond ; la cautérisation a pour but de provoquer l'élimination de la partie nécrosée. Tant que cette élimination n'aura pas eu lieu, la guérison ne se produira pas. Il ne faut pas craindre de répéter l'opération ; elle sera indiquée tant que le pus ne sera pas redevenu inodore et caséeux ; en ce moment on traitera la lésion comme une plaie simple et on pourra escompter la guérison dans un délai très bref.

Si, en débridant, il se produisait une hémorragie, on l'arrêterait en tamponnant la plaie avec du perchlorure de fer ; l'on peut se servir avantageusement des injections de la liqueur de Villate et de nitrate d'argent. On place dans la fistule un crayon de nitrate d'argent qui provoquera l'élimination de l'eschare.

Enfin, on pourra placer des mèches de chanvre ou de coton chaque fois qu'on le jugera convenable.

Soins accessoires.

Jusqu'à ces derniers temps, les chameaux de troupe n'avaient guère été plus favorisés que ceux des nomades et n'avaient guère eu comme pansage que celui qu'ils se faisaient eux-mêmes en se roulant dans le sable ou en se frottant aux arbres.

Or, sans qu'il soit question de faire subir au chameau un pansage aussi minutieux et aussi fréquemment répété que celui du cheval, il est certain que comme tous les animaux il a besoin de certains soins de propreté que nous devons lui donner.

Ses poils épais, bourrus, sont le réceptacle de poussières, d'épines d'arbres, de parasites que le pansage seul peut faire disparaître et faute de quoi ils deviennent des causes de blessure.

Il est prévu (voir paragraphe précédent) que chaque fois que le tirailleur selle sa monture il doit se débarrasser le dos de tout corps étranger et lisser les poils.

Il est prévu également qu'à chaque abreuvoir il est procédé à un pansage régulier ; ce pansage, pour lequel un matériel spécial est emporté en route par la section, se fait comme il est indiqué ci-après.

Brosser tout le corps en insistant sur le dos et les membres.

Enlever les tiques et les brûler ; au cours de cette opération visiter soigneusement les naseaux et les oreilles.

Laver les yeux, la bouche, l'anus, le fourreau, le périnée.

Laver et essuyer les espaces interdigitaux, les postérieurs surtout où l'urine et la poussière peuvent constituer un véritable vésicatoire entraînant inflammation et même boiterie.

CHAPITRE IV

ENTRAINEMENT

Principes.

La question de l'entraînement du chameau de troupe n'avait jusqu'à ces derniers temps que peu préoccupé les officiers méharistes et, parmi tant d'autres causes des énormes pertes d'animaux du début, il faut faire entrer cette omission.

Aujourd'hui il n'y a plus divergence d'avis ni hésitation en la matière : l'absolue nécessité de l'entraînement du chameau est unanimement reconnue ; outre que l'on ne saurait penser que cet animal seul échappe aux grandes lois physiologiques, une expérience chèrement acquise nous a démontré surabondamment combien sont motivées les traditions des nomades, dont pas un ne partirait pour une longue course avec un animal au repos depuis longtemps sans l'avoir remis *progressivement* au travail, en appliquant d'une façon plus ou moins consciente les règles fondamentales de tout entraînement.

Dans chaque section le groupe de 100 chameaux laissé au point d'attache pour se réparer, après qu'il est resté assez longtemps au repos complet sur le pâturage pour refaire ses réserves de graisse, est mis à l'entraînement, mais cet entraînement est une opération délicate qui ne peut donner de bons résultats qu'à condition d'être conduite d'une façon méthodique et appropriée à l'animal.

Entraîner le chameau comme on entraîne un cheval, par exemple, serait en effet une erreur déplorable.

Entraîner un cheval c'est, somme toute, le mettre en état de parcourir dans le minimum de temps une distance donnée ; pour cela il faut développer l'appareil musculaire et augmenter la puissance des systèmes circulatoire, respiratoire et nerveux ; on y arrive, outre un dosage convenable de la nourriture, par un travail d'abord progressif, puis intensif, qui provoque l'usure prématurée d'un grand nombre de sujets ; ceux qui résistent sont des bêtes sélectionnées qui deviennent susceptibles d'un rendement en vitesse très supérieur à celui de la moyenne.

A l'égard du chameau il ne s'agit de rien de pareil ; d'abord l'on ne cherche aucunement à obtenir la vitesse puisque l'on n'a pas l'intention de lui demander en principe une autre allure que le pas et même le pas moyen (5 kilomètres à l'heure) ; ensuite rien ne serait plus funeste qu'un entraînement intensif aboutissant à la mise hors de service de certains sujets, puisqu'on doit les employer tous ; enfin l'on n'a que faire d'une sélection rendant quelques bêtes aptes à des tours de force individuels puisque, toutes, qu'elles soient de première valeur ou de valeur moyenne, ne marchent jamais qu'en troupe.

L'objectif de l'entraînement du chameau est tout différent et très spécial ; il est le suivant :

Entraîner le groupe de 100 chameaux qui vient de se réparer du dernier effort, c'est *le mettre et le maintenir tout entier en état de fournir la reconnaissance ou le contre-rezzou prochain avec le moins de fatigue possible, c'est-à-dire avec le minimum d'usure.*

L'on verra au cours du chapitre par quels moyens l'on peut y parvenir.

Mode.

L'entraînement du chameau de troupe, tel qu'il vient d'être défini, est donc « l'entraînement au travail ».

Il consiste à développer l'appareil musculaire et respiratoire, à donner à la bête « du muscle » et « du souffle » après que par le repos complet au pâturage elle s'est donné « la graisse » dont, contrairement à d'autres animaux, elle a besoin aussi et qu'il faut lui conserver pour l'effort parce qu'elle ne peut, comme eux, au delà d'une certaine dépense de forces, réparer journellement cette dépense par une ration d'entretien proportionnée.

Il ne saurait avoir qu'un seul mode :

Tout en donnant aux animaux une alimentation aussi abondante, aussi riche et aussi variée que possible, les soumettre à un travail régulier et progressif ne devant jamais aller jusqu'à la fatigue.

Si nous représentons la marche de l'entraînement par une courbe, nous aurons :

D'abord une portion ascendante partant du moment où les 100 animaux du groupe ont refait leur réserve de graisse, et où l'entraînement commence ; la courbe ne s'élève que lentement, car la progression doit être assez peu rapide pour n'entraîner l'usure prématurée chez aucun des sujets.

Ensuite un sommet qui devra être atteint au moment où la section rentre au poste-grenier avec l'autre groupe pour relayer ses animaux ; la courbe se maintient à ce sommet, c'est-à-dire suit l'horizontale pendant tout le temps que la section séjourne au point d'attache et même le plus longtemps possible après qu'elle est repartie en emmenant comme montures de bât les bêtes entraînées.

Enfin une portion descendante qui représente la période de la reconnaissance durant laquelle les bêtes ne pouvant plus réparer au fur et à mesure la dépense de forces de chaque jour, leur condition s'abaisse.

L'on peut admettre si l'on veut qu'au moment où la section rentre au point d'attache, la courbe cesse de descendre (atteignant ainsi son minimum au moment où la courbe de l'autre groupe de 100 chameaux atteint son maximum), qu'elle suit l'horizontale pendant tout le temps que le groupe ramené et mis au repos complet sur le pâturage refait ses réserves de graisse ; cette portion droite sera relativement courte, car quel qu'ait été l'effort fourni, si l'entraînement préalable a été bon les bêtes se remettent vite ; une fois les réserves de graisse refaites, l'entraînement reprend et la courbe recommence le cycle.

L'entraînement du chameau n'exige donc que la réunion et l'emploi judicieux de deux facteurs :

1° Bons pâturages.
2° Travail léger.

Pour le réaliser pratiquement l'on doit évidemment chercher, sans que le premier facteur fasse défaut, à ce que le second, c'est-à-dire le travail d'entraînement, outre son utilité pour l'animal, ait de plus un effet utile supplémentaire et d'ordre général.

Ce sont les conditions que réalisent les deux *moyens d'entraînement* qui vont être examinés successivement : entraînement par transports, entraînement par nomadisation.

Entraînement par transports.

L'entraînement par transports consiste à choisir ceux des chameaux du groupe au repos qui ont complètement refait leur réserve de graisse et à leur faire exécuter un convoi de ravitaillement du poste-grenier, en les envoyant chercher des charges de vivres à un poste de deuxième ligne, généralement le centre de la compagnie mixte.

Le mécanisme et le genre de marche de ces convois de ravitaillement ont été exposés en détail au titre III, chapitre I ; il suffit de préciser ici comment ils réalisent l'entraînement.

La première condition d'entraînement, très bons pâturages, est assurée ; ces derniers sont en effet pour la plupart des sections, bien fournis et presque ininterrompus sur tout le trajet du poste-grenier au poste de deuxième ligne qui le ravitaille, et qui est le plus souvent situé en zone non désertique ; les animaux ont chaque jour à portée un pâtis abondant, qui de plus est très varié puisqu'ils se déplacent.

La seconde condition, légèreté du travail, est également assurée ; en effet, chaque animal ne porte que 50 ou 60 kilogrammes, c'est-à-dire pas même la moitié de la charge courante du cha-

meau de troupe qui est, comme on le sait, de 135 kilogrammes
pour la bête de selle et de guère moins pour la bête de bât et,
d'autre part, les étapes sont aussi courtes qu'on le veut, puisque
les intervalles de pâturages ou points d'eau sont faibles et que
le temps n'est pas strictement limité.

Non seulement les deux facteurs d'entrainement existent réunis mais encore leur mise en œuvre judicieuse est facile.

Tout d'abord l'étape étant toujours très courte et la sécurité du
pays permettant de ne pas rentrer les bêtes au bivouac pour la
nuit, elles ont la majeure partie du temps pour brouter ; mais, en
outre, rien de plus simple que de tirer la meilleure utilisation possible des pâturages du parcours, puisque la marche comporte une
assez forte proportion de jours de repos, et qu'il est tout à fait
loisible d'effectuer ces séjours sur les meilleurs des pâtis rencontrés.

Rien de plus simple que d'assurer le caractère *progressif* du
travail d'entrainement, puisque l'exécution du convoi comporte
d'abord un aller à vide, ensuite un retour avec charges de poids
constant ; il est tout indiqué à l'aller de commencer par des
étapes extrêmement courtes et entremêlées de jours de repos fréquents, puis peu à peu d'augmenter la longueur des étapes en
restreignant la proportion des repos ; au retour et les charges
prises, de commencer par des étapes beaucoup plus courtes et
entremêlées de repos plus fréquents que celles que l'on était arrivé
à faire en dernier lieu étant à vide, puis peu à peu de recommencer l'allongement des étapes et la diminution de la proportion des repos, sans jamais, bien entendu, perdre de vue le principe fondamental : ne pas aller jusqu'à la fatigue.

Il va de soi que pour que l'entrainement s'avère parfait, cette
progression doit être réglée non pas d'après un schéma fait à
l'avance mais d'après l'examen journalier des animaux et la constatation de leurs progrès plus ou moins rapides ; c'est pourquoi il
y a toujours avantage à ce que les convois de ravitaillement
soient conduits par celui des deux sergents européens non en
route avec la section.

L'on évite ainsi tous les aléas possibles et qu'il faut prévoir, car
autant un convoi de ravitaillement bien dirigé est profitable à la

condition des animaux employés, autant un convoi maladroite-
ment conduit pourrait abaisser facilement cette condition ou
même la ruiner ; cette dernière éventualité ne peut d'ailleurs jamais se produire que par cette unique cause, inaptitude du chef
de convoi, puisque, comme on l'a dit déjà, l'entraînement par
transport n'est pas entrepris si le temps est trop limité ou si, par
par suite de particularités exceptionnelles, le parcours de ravitaillement ne s'y prête pas.

Entraînement par nomadisation.

L'entraînement par nomadisation consiste pour le lieutenant
commandant à monter la section et son convoi à l'aide de 100 chameaux qui viennent d'avoir refait leur réserve de graisse et qui
sont ou non entraînés par transport, à partir avec eux pour,
selon la définition de la nomadisation, « se déplacer lentement
de pâturages en pâturages avec arrêts fréquents de un ou plusieurs jours sur les meilleurs d'entre eux ».

Le mécanisme et le genre de marche de la nomadisation ont
été exposés en détail au chapitre II du titre III consacré entièrement à ce mode de déplacement ; il suffit de préciser ici comment
il réalise l'entraînement.

La première condition d'entraînement, « très bons pâturages », est réalisée par la nature même du mouvement, puisqu'il
ne se fait qu'en pays bien pourvu et que l'itinéraire, qui n'a nul
besoin d'être accompli dans une durée limitée, a pour premier
objectif d'atteindre chaque jour un pâtis de choix, très proche
du précédent ; la variété est, d'autre part. aussi grande que possible grâce au déplacement journalier.

La seconde condition d'entraînement, travail léger, est également réalisée ; en effet, les charges sont, il est vrai, celles courantes du chameau de troupe, mais des deux facteurs dont le produit constitue le travail journalier (poids et distance) le premier
est constant et le second aussi faible qu'on le désire ; il suffira
donc de faire l'étape extrêmement courte pour que ce travail
journalier soit aussi léger qu'il convient au début.

Non seulement les deux éléments d'entraînement existent

réunis mais encore leur mise en œuvre judicieuse est facile.

Tout d'abord la faible durée des étapes et la sécurité du pays qui permet de ne pas rentrer les animaux au bivouac pour la nuit leur laissent tout leur temps pour brouter ; en outre, le maximum d'utilisation des pâtis est réalisé, puisque la nomadisation comporte essentiellement « des arrêts fréquents de un ou plusieurs jours sur les meilleurs d'entre eux ».

Quant au caractère *progressif* du travail d'entraînement, il suffit pour l'assurer de partir d'une très faible durée d'étapes et d'une très forte proportion de journées d'arrêt, puis, selon une graduation absolument facultative, d'augmenter peu à peu les durées d'étapes tout en diminuant cette proportion d'arrêts.

La comparaison des deux procédés d'entraînement par transport, par nomadisation, aboutit aux constatations suivantes :

Le deuxième procédé a, comme le premier, l'avantage d'assurer un effet utile du travail d'entraînement, puisque la section en nomadisation remplit un rôle qui a été détaillé (voir titre III, chapitre II : action).

L'entraînement par transport peut commencer plus tôt que l'autre parce qu'il offre seul cette faculté de n'entraîner qu'un certain nombre des animaux du groupe de 100 et de laisser au repos ceux qui se seraient trouvés en retard sur les autres pour refaire leur réserve de graisse ; mais cette faculté n'est qu'un avantage médiocre à l'unique point de vue entraînement, puisque la section, ne sortant jamais qu'avec 100 animaux au complet, ne pourra employer immédiatement le groupe que s'il est *tout entier* entraîné par transport, et qu'il suffit que quelques bêtes ne l'aient pas été, pour qu'il y ait obligation de mettre au préalable à l'entraînement par nomadisation le groupe auquel elles appartiennent.

En considérant par suite l'entraînement du *groupe entier* par l'une ou par l'autre méthode, on trouve à l'actif de l'entraînement par nomadisation les avantages suivants : il est dirigé par le lieutenant commandant lui-même ce qui assure sa parfaite exécution ; il offre des conditions plus exactement approchées de celle du travail : les animaux de selle étant entraînés par la monte et les animaux de bât par le port d'une charge, tandis que l'autre méthode entraîne différemment animaux de selle et animaux de bât par le port d'une charge ; il est toujours possible tandis que l'entraînement par transport ne l'est que dans certaines conditions (voir titre III, chapitre I) ; lui seul peut être employé pour *maintenir* l'entraînement déjà acquis, parce qu'il faut alors garder les animaux à portée pour un contre-rezzou imprévu et que l'entraînement par transport les éloignerait momentanément.

Pour ces motifs l'entraînement par nomadisation reste le procédé d'élection : celui qui offre les plus parfaites garanties et qui peut suffire à tout à lui seul.

Il est le seul employé dans le cas où l'entraînement par transport offre des inconvénients ; lorsque ce cas qui est rare ne se présente pas il est combiné avec lui de la façon suivante qui est la forme type :

Quand la section est dehors et que la date prévue de sa rentrée en laisse le temps, le sergent européen du point d'attache entraîne par transport les bêtes du groupe au repos au fur et à mesure qu'elles ont refait leurs réserves de graisse ; la section au retour trouve les 100 bêtes refaites et en suffisant embonpoint, toutes sont entraînées si l'absence de la section a été assez longue, quelques-unes ne le sont pas si cette absence n'a été que de courte durée ; dans l'un ou l'autre cas la section, après une très courte station, part en nomadisation avec les 100 bêtes à marcher, pour, dans le premier cas, maintenir l'entraînement de tout le groupe, pour, dans le second cas, maintenir l'entraînement de certaines bêtes et effectuer celui des autres : en toutes occurrences, le lieutenant commandant après quelques jours de nomadisation a avec sa section 100 bêtes toutes entraînées et parfaitement en forme, prêtes à n'importe quel effort.

CHAPITRE PREMIER

EMPLOI PROGRESSIF DES NOMADES

Avantages.

Nos sections de tirailleurs noirs montés à chameau constituent dès maintenant une troupe de haute valeur militaire ; si leur harnachement ou leur matériel est encore à revoir, l'amélioration marque des progrès rapides, si elles sont encore un peu fragiles, puisque l'inexpérience technique d'un officier débutant peut les user en quelques semaines, la spécialisation des cadres européens, remède certain, s'accentue chaque jour ; dans un temps très court elles auront atteint le plus haut état de développement dont elles sont susceptibles.

Est-ce à dire qu'alors elles constitueront des outils méharistes et sahariens parfaits ?

Non, parce que cet outil, susceptible il est vrai de suffire à toutes les tâches, n'y suffira pas plus qu'aujourd'hui avec aisance et facilité, parce que les sections tant qu'elles auront un recrutement noir ne rempliront leur rôle qu'au prix d'un effort intense, soutenu et pénible du personnel nullemnet fait pour ce rôle.

Dire que malgré tout nos braves tirailleurs arrivent à faire face à tous les besoins, c'est assez faire leur éloge pour n'avoir nulle hésitation à constater nettement combien il est pour eux laborieux d'y parvenir.

Au combat, ils restent les superbes soldats au-dessus de toute comparaison, mais hors ce cas qui n'est après tout que l'épisode relativement rare, combien ils paraissent dépaysés, incertains et mal à l'aise dans la vie saharienne alors que le nomade y évolue avec tant de sûreté, de facilité et de naturel ; le chameau n'est pour eux qu'un animal étranger qui les porte mais à l'égard duquel ils n'éprouvent qu'une parfaite indifférence et qui, sans les chameliers-bergers, ne pourrait subsister ; ce n'est que groupés et sous la conduite de leur chef qu'ils peuvent se tirer des circonstances journalières ; isolés ils seraient livrés à tous les hasards dans les zones désertiques où ils ne savent vivre ni se conduire et c'est un principe absolu de ne jamais détacher de petites patrouilles pour l'exploration à grande distance, la reconnaissance d'un puits, la poursuite, etc... : se rationner d'eau, se nourrir de farine de mil, marcher des mois entre le ciel et le sable, tout ce qui est pour le nomade l'existence même constitue pour eux un état de vie anormal qu'ils supportent par discipline mais dont ils souffrent ; le rare contact avec la population du pays n'est pas un dérivatif, car celle-ci est d'une race trop distincte, qui a trop peu d'affinité pour le noir et professe à son égard des sentiments trop hautains pour qu'il y ait jamais relations familières ; même aux moments très fugitifs où ils retrouvent au point d'attache la femme indigène dont la privation habituelle leur est si pénible, le foyer noir n'a pas sa forme habituelle parce que les ressources du pays sont trop pauvres et parce que le cadre est inhabituel.

A cet état de choses pas de remède possible par une spécialisation du tirailleur noir amenant sa transformation : il ne rengage pas aux méharistes et aucun des moyens dont nous pouvons disposer n'est de nature à l'amener à rengager ; il est insensible à toutes les considérations qui peuvent attacher le blanc à la vie méhariste ; celle-ci ne pourrait l'attirer que si l'on s'y battait très fréquemment, car un instinct guerrier le ferait peut-être alors passer outre sur tous les désavantages, mais cette influence n'existe pas puisque l'on ne se bat et l'on ne se battra

que de plus en plus rarement; les avantages à lui faits sont trop
maigres pour entrer en ligne de compte, mais deviendraient-ils
plus importants qu'ils ne seraient pas rendus plus efficaces, car il
ne peut dans le pays faire de son argent l'usage auquel il est accoutumé ; les bénéfices d'avancement restent également impuissants, car l'on a vu des sergents indigènes sacrifier leurs galons
pour ne rengager qu'aux troupes non montées et résidant au pays
de sédentaires.

D'ailleurs cette spécialisation, fût-elle réalisable, ne le transfor-
merait pas, parce que sa race n'a pas l'élasticité d'adaptation de
l'européen, et aussi parce qu'il n'a pas comme ce dernier l'impression que le pays natal est loin, qu'il sent au contraire qu'il
aurait à quelques centaines de kilomètres plus au sud tout ce
qui lui manque dans la zone désertique ; parce que enfin les
contingences matérielles ont trop de prise sur lui pour qu'il
puisse résister à un bouleversement total de toutes ses habitudes d'alimentation, d'habitat, de commerce humain, d'emploi
du temps, etc...

Il faut donc s'incliner devant ce fait péremptoire et démontré
que le tirailleur noir, d'où qu'il provienne, ne pourra jamais être
dans la vie saharienne et dans la section méhariste qu'un exilé
inconsolable et un étranger inadaptable, que, sédentaire des pays
de brousse, il n'arrivera jamais à connaître, aimer et pratiquer le
désert comme un nomade, que, homme du sud, il n'arrivera jamais
à connaître, aimer et pratiquer le méhari comme un berbère.

Nos soldats des sections montées ne seront des sahariens et des
méharistes parfaits que lorsque nous les recruterons parmi les
Touareg nés dans le sable et vivant dès l'enfance avec le chameau.

Alors nous aurons des hommes faits pour l'emploi, qui seront
chez eux et mèneront leur vie propre, pour lesquels la pauvreté
de la vie saharienne ne sera pas une privation, puisqu'ils ne con-
çoivent pas une autre existence, qui verront dans leur monture un
être familier et un compagnon fidèle à payer d'attachement, qui ac-
compliront les raids les plus sévères sans se douter qu'ils pourraient
pour d'autres coûter un effort, qui se trouveront toujours parés à
toutes les circonstances du désert, parce qu'ils y sont rompus par

l'accoutumance et qu'aucune ne peut être nouvelle pour eux, qui, lancés isolément en avant comme éclaireurs à longue distance ou comme chercheurs de pistes, évolueront avec toute la sûreté de leur instinct d'homme du sable, et toute l'ingéniosité résultant d'une pleine connaissance des ressources et d'une pleine possession des moyens d'action propres au pays, qui offriront en résumé tous les précieux avantages de parfaite adéquation aux rôles qui nous ont fait si hautement apprécier le tirailleur noir en pays noir et qui nous ont fait constamment ériger en principe dans notre occupation coloniale d'employer, de préférence à toutes autres, des troupes recrutées sur place.

Il serait superflu de s'appesantir sur les avantages d'un tel recrutement pour nos sections méharistes au point de vue facilité de maniement, souplesse d'adaptation aux circonstances, ainsi que rapidité d'action, etc... et aussi au point de vue allégement de l'unité en marche, simplification des approvisionnements, conservation des animaux, etc...

Possibilité.

Ce recrutement des sections méharistes qui, avec l'accroissement possible des difficultés de recrutement noir, deviendrait peut-être un besoin impérieux, qui, en tous les cas, s'avère dès maintenant comme un perfectionnement si net, est-il possible ?

Autrement dit, puisqu'il est démontré que du tirailleur noir nous ne pouvons pas faire un méhariste et un saharien, est-il possible de faire un tirailleur du méhariste et saharien né qu'est le nomade ?

Oui, incontestablement, parce que si l'on ne peut pas créer des aptitudes on peut toujours utiliser ou développer celles qui existent, et parce qu'il ne pourrait y avoir en l'espèce qu'une seule impossibilité radicale : le manque absolu d'esprit guerrier chez le nomade et une veulerie de race telle qu'il ne puisse faire un soldat.

Or, il est bien loin d'en être ainsi ; chacun sait que les Touareg sont essentiellement guerriers, puisqu'avant notre arrivée dans le pays leur seule occupation et leur seul moyen de vie étaient la guerre et la razzia de tribu à tribu ou contre les sédentaires et il est à peine besoin de préciser que le recrutement nomade envisagé ne peut et ne doit être qu'un recrutement touareg, parce que cette race est la plus nombreuse de toutes, qu'elle existe dans toutes les parties de la zone désertique du territoire militaire du Niger, et que, le mélange des races hostiles étant à éviter dans une troupe, nous n'avons même pas besoin de faire ressortir la supériorité d'aptitudes qu'elle accuse sur les Maures de l'Ouest et les Tebbous de l'Est, d'ailleurs en nombre comparativement négligeable. Dès lors que le Touareg est guerrier, il peut faire un tirailleur : la condition est nécessaire mais elle est suffisante.

Que sa manière de se battre indique un genre de bravoure un peu spécial, c'est possible, mais c'est là une particularité qui n'a pas à intervenir dans le fond de la question, elle ne sera à considérer que dans la détermination des méthodes de conduite de la troupe ; il n'est pas deux races qui aient le même genre de courage guerrier, pour ne prendre d'exemple qu'en Afrique la bravoure sagace du Toucouleur est bien distincte de la bravoure aveugle du Bambara : on les utilise tous les deux, seulement, au feu, on n'agit pas sur le premier de la même façon que sur le second, c'est toute la différence ; nos officiers apprendront le maniement du Touareg au combat comme ils ont appris le maniement de chaque race noire, c'est affaire de métier ; du moment que le Touareg se bat l'on est certain de pouvoir en tirer parti. Comme il n'aura pas d'autres adversaires que des gens de sa race ou de race très voisine, il deviendra supérieur à cet adversaire dès qu'il sera commandé par des européens.

Que son caractère soit indépendant, orgueilleux, subtil, peu franc, c'est possible encore, c'est même certain ; mais nul des officiers qui ont manié le Toucouleur ne niera que ces caractéristiques puissent aussi s'appliquer en toute équité à cette dernière race et pourtant elle nous a fourni des tirailleurs excellents, des gradés indigènes hors ligne ; là encore c'est affaire de connaissance des particularités de l'élément humain employé et d'appropriation des méthodes de commandement ; les hommes de troupe les meilleurs pour l'action ne sont pas toujours des caractères irréprochables, l'on peut regretter qu'il en soit ainsi mais c'est un fait d'observation banale.

Que ses particularités de race soient incompatibles avec l'organisation et les usages de nos corps de troupe noirs, c'est incontestable ; mais si cette amélioration peut prendre un peu plus de relief que les autres, c'est seulement parce qu'elle apportera des modifications matérielles plus tangibles aux traditions africaines ; jusqu'ici nos troupes indigènes de l'Afrique occidentale se ressemblent toutes parce qu'elles sont composées d'hommes d'origines voisines, ayant un rôle invariable dans des pays très semblables les uns aux autres ; du moment que nous en formerons une nouvelle avec des hommes d'une race très distincte de la race noire pour évoluer en pays totalement différent et y faire un service absolument spécial, il est tout à fait logique que, nous conformant au principe fondamental de constitution des troupes indigènes, qui est d'adapter l'uniforme et l'organisation à la race et au lieu, nous aboutissions à ce que le tirailleur méhariste touareg ne ressemble guère davantage à un tirailleur sénégalais qu'un tirailleur annamite ou un tirailleur algérien ; c'est moins commode et cela complique un peu l'ensemble mais du moins c'est sans inconvénient péremptoire et il n'en sera pas moins un tirailleur.

Qu'enfin son loyalisme soit douteux, c'est chose évidente ; nous sommes les conquérants et il est le vaincu, en entrant chez lui nous avons violé son domaine, nous lui avons arraché la suprématie qui lui était chère et nous lui avons imposé une autorité, ce qu'il ne connaissait pas : il ne peut pas nous aimer ; mais du moment qu'il aura accepté d'être tirailleur il deviendra mercenaire ; dès lors il en sera de lui comme de tout mercenaire ; nous devrons rester toujours persuadés que, pas plus que le tirailleur noir, il ne nous servira par affection, nous pourrons nous attendre à le retrouver parfois dans le camp adverse après sa libération, comme l'on retrouvait autrefois dans les bandes de Samory, et en grand nombre, de nos anciens tirailleurs noirs libérés ; mais nous pourrons escompter aussi que toujours, comme le tirailleur noir et tout simplement parce qu'il est guerrier, il subira l'ascendant personnel de l'officier blanc qui aura fait ses preuves en sa présence, lui aura imposé sa valeur de chef et saura

le commander ; tant qu'il sera lié au service il sera incapable de
l'abandonner ni de le trahir au combat, bien moins encore
qu'ailleurs et même il pourra s'attacher à lui ; cette influence de
l'autorité morale de l'européen qui ramène la question à une
simple nécessité de choix des cadres, serait apparemment fragile
peut-être aux yeux d'un profane mais ne peut que prendre sa valeur vraie de facteur prépondérant aux yeux de tout colonial, car
nul n'a pratiqué l'indigène sans apprendre que c'est là tout le
secret de sa conduite et nul n'a approché le tirailleur sans savoir
qu'il est le soldat d'un homme et non pas d'une entité abstraite
comme une nation ou une race. — D'ailleurs, à tout prendre et en
mettant les choses au pire, si même nous admettons une ineffica-
cité anormale de ce facteur moral et une inconséquence invrai-
semblable chez des gens qui se sont rendu compte de notre ténacité et de notre fermeté, si nous supposons un instant possible
ce qui, dans des situations analogues, journellement posées pour
d'autres races, ne s'est jamais produit, que risquons-nous au recrutement touareg ? qu'une section méhariste ne tue ses cadres
européens et ne prenne la brousse : sans chef blanc sa valeur
tomberait immédiatement, n'importe quelle autre section en
viendrait à bout et ce n'est pas une mais six qui resteraient au
territoire pour cet office, ce ne serait donc qu'un accident, pénible
comme tous les accidents, mais qui ne compromettrait rien ;
quant à une connivence entre plusieurs sections pour la rebellion
il serait puéril d'en envisager l'hypothèse : les sections, vu leur
éloignement les unes des autres, seront recrutées d ns des tribus
distinctes, indifférentes, sinon hostiles entre elles et si les en-
tentes fermes entre tribus étaient faciles, il est bien probable que
nous ne serions pas encore les maîtres en zone désertique : hési-
siter au recrutement touareg à cause de cette occurrence serait un
raisonnement analogue à celui qui aboutirait à faire hésiter de
jamais bâtir parce qu'une perturbation cosmique n'est jamais
impossible.

Il résulte des considérations qui précèdent que le recrutement touareg, démontré avantageux, est aussi démontré possible.

Mais l'on n'a pas dit qu'il fût facile ; les premières lignes de l'alinéa ci-dessus mentionnent même un postulatum : que le touareg accepte de se faire tirailleur.

C'est là que gît la difficulté qui a retardé jusqu'ici l'adoption de ce recrutement souhaitée depuis longtemps par tous : quand le touareg voudra bien servir dans nos troupes nous sommes sûrs d'en faire un excellent soldat méhariste, mais jusqu'ici il n'a pas voulu.

L'on va voir au paragraphe suivant comment, maintenant que nous sommes maîtres dans les confins sahariens, nous pouvons l'amener progressivement à prendre du service.

Méthode.

Aux premiers temps des sections méharistes, alors que nous n'avions pas pénétré les confins sahariens et que pas un nomade n'imaginait que nous y puissions jamais étendre notre autorité, l'on ne pouvait naturellement envisager qu'un seul mode de recrutement, le recrutement noir.

Mais dès qu'en 1905 nous commençâmes à aller dans les tribus et à les soumettre, que notre rôle saharien nous apparut dans toute son ampleur et qu'en maniant nos sections noires notre expérience méhariste se forma, l'idée, d'ailleurs tout indiquée, du recrutement touareg se fit jour de suite ; de suite aussi l'on comprit l'axiome qui reste dominer la question, que ce recrutement ne pouvait être que progressif : des ouvertures faites aux premières tribus soumises pour obtenir des volontaires furent en effet accueillies avec trop de défaveur pour qu'il ne fût pas dès lors démontré que des Touareg ne pourraient être amenés à faire des tirailleurs méharistes qu'en passant par des états intermédiaires.

Cette considération amena la conception de la méthode suivante, qui, comme on va le voir, sous sa logique apparente dissimulait une grave erreur.

Puisqu'il faut des chameliers-bergers, se dit-on, c'est le stage tout trouvé ; les nomades qui assureront ce service participant constamment à la vie de la section et étant en contact permanent avec les cadres et avec les tirailleurs se familiariseront avec les

uns et avec les autres en même temps qu'ils se feront connaître ;
au bout d'une année ou plus ces chameliers-bergers ne pourront
manquer de constater que s'ils étaient tirailleurs méharistes au
lieu d'être ce qu'ils sont, ils mèneraient exactement la même vie
mais avec moins de travail et une solde plus forte, qu'ils auraient
un uniforme et une monture, des chances d'avancement, etc...;
donc ils demanderont à s'engager. Or, comme les officiers auront eu tout le temps de voir chacun d'eux à l'œuvre, de le connaître et de juger de sa valeur, il sera facile de n'accepter que des
candidats susceptibles de donner satisfaction.

Il se produisit en effet qu'au bout d'un certain temps des chameliers-bergers demandèrent à engager ; aucun n'avait fait très
bonne impression ni donné beaucoup d'espoir mais comme il
fallait faire l'expérience on les accepta : ils firent de très mauvais
tirailleurs méharistes, paresseux, insouciants et peu sûrs (surtout
dans l'unité devenue depuis celle d'Araouan) et l'on renonça à
ce genre de recrutement.

L'erreur avait été d'envisager ainsi le recrutement touareg par
les « bellahs » ou serviteurs, c'est-à-dire par la caste inférieure,
la seule qui pût évidemment fournir les chameliers-bergers ; ces
gens du sang le plus mêlé, déprimés (surtout dans l'ouest) par
l'habitude de la domesticité et le dédain que leur vouent les berbères et même les noirs ne pouvaient pas faire des soldats ; c'est
en vain que l'on escomptait chez eux le ressort de l'ancien serviteur Bambara qui, une fois émancipé et incorporé, se révélait
du jour au lendemain un tout autre homme ; sans doute les bellahs pourront se transformer parce qu'ils travaillent le sol et que
par là ils se relèveront quand l'autorité du maître ne pèsera plus
sur eux, mais il faudra pour cela plusieurs générations ; en tous
les cas, prendre des bellahs comme tirailleurs méharistes serait le
plus sûr moyen de détruire aux yeux des nomades le prestige du
service armé et de le fermer irrémédiablement aux autres classes
qui ne pourraient concevoir la promiscuité avec eux, c'est dire
assez que le recrutement de ces métis est à proscrire entièrement.

La seconde méthode de recrutement touareg qui fut conçue,
présenta, comme il fallait s'y attendre, la contre-partie exacte de
la première :

Puisque le « bellah » ne peut faire un tirailleur à cause de son
infériorité de caste, se dit-on, prenons « l'Imochar », c'est-à-dire le
touareg noble, celui de la plus haute classe ; comme il s'y refusera
apriori trouvons un moyen de contraindre quelques-uns d'entre
eux à rester près de nos officiers ; on les traitera bien, on les fa-
miliarisera et avec le temps il est possible qu'on puisse graduelle-
lement les amener à nous servir d'abord d'auxiliaires montés puis
plus tard de tirailleurs méharistes, en ne les mélangeant bien entendu jamais aux noirs et en ne les mettant pas sous les ordres
de gradés indigènes.

La méthode fut mise en application en 1907, dans la région de
Tombouctou, à l'occasion d'une tournée de police contre des nomades qui fut réglée par une convention exigeant le maintien près
du commandant de région à titre d'otages de quelques jeunes
touareg fils de notables ; on tâcha d'agir sur eux dans le sens
prévu, mais l'échec fut complet ; ils restèrent confinés dans une
froideur hautaine que rien ne put entamer ; après quelques
mois d'efforts infructueux, l'on profita du premier prétexte venu
pour les renvoyer dans leur tribu et l'on renonça au recrutement
« Imochar » comme l'on avait renoncé au recrutement
« Bellah ».

Le procédé simpliste de la contrainte initiale, d'ailleurs le seul
possible, n'était pas le principal vice de la méthode, il aurait pu
se réparer par l'action graduelle prévue qui était bonne ; c'est
par sa base même que péchait le projet, la grosse erreur avait
été de prévoir le recrutement par la caste supérieure : les « Imo-
chars » (ou Imagueren) dont le nombre est d'ailleurs très restreint, constituent, par cela même qu'ils sont une faible minorité,
une caste à idées absolument fixes, arrêtées et invariables ; ces
idées se résument dans la fierté de leur origine, la crainte de déroger aux yeux de leurs semblables, l'amour de la suprématie
que ne leur contestent pas les autres classes, le culte de l'indépendance personnelle absolue, la haine de l'européen qui leur a
pour la première fois fait sentir une autorité supérieure ; elles
aboutissent, dans l'impuissance où ils sont d'agir contre nous, à
les faire vivre à l'écart, le plus loin possible du blanc et de son
contact, en opposant de parti pris la résistance par inertie à tous

ses efforts transformateurs ; les ressources des « Imochar » en troupeaux, etc..., leur permettent d'ailleurs cet isolement voulu et les mettent à l'abri des influences matérielles ; il s'agit donc là d'une caste irréductible au moins dans la génération présente, dont chaque membre pris individuellement a des côtés de caractère certainement très dignes, mais qui, au point de vue général, doit ou se fondre dans les autres classes ou disparaître parce qu'elle est un obstacle à l'évolution de la race : d'après ce qui précède il va de soi que pas plus que le recrutement « Bellah », et pour des motifs exactement opposés, nous n'avons à envisager pour l'instant le recrutement « Imochar ».

Il reste le recrutement « Imrad », c'est-à-dire le recrutement dans la classe intermédiaire et c'est là qu'est en effet la solution.

L' « Imrad » est de même sang que l' « Imochar » et sans doute a exactement la même origine ; comme lui il porte le sabre et, comme lui, il est avant tout un guerrier ; la distinction des classes remonte aux temps des luttes qui ont marqué la constitution de la société touareg : les différentes familles guerrières, d'abord indépendantes les unes des autres, en sont forcément venues aux mains, les vaincues reconnurent l'autorité des autres plus heureuses, ces dernières se mesurèrent successivement jusqu'à ce qu'elles soient devenues assez peu nombreuses pour ne pas se gêner réciproquement : les descendants des familles suzeraines sont les « Imochar » et constituent l'extrême minorité, les descendants des familles vassales sont les « Imrads » et constituent la masse ; les « Imochar » s'étant taillé la part du lion s'habituèrent petit à petit à nomadiser dans les régions à riches pâturages et à vie facile qu'ils s'étaient attribuées, leurs troupeaux s'accrurent, ils devinrent riches et n'éprouvèrent plus le besoin d'expéditionner ni de se déplacer au loin ; les « Imrad », plus mal partagés, durent, sans se dérober à l'autorité assez légère de leurs suzerains se détacher d'eux peu à peu pour s'éloigner à la recherche de pâturages et d'aventures ; subsistant au jour le jour, aujourd'hui à l'aise, demain ruinés, jamais opulents, ils vécurent sur les confins du pays, toujours prêts à partir en rezzou, toujours aussi sur le chemin des rezzous venant de l'extérieur. Leurs qualités sahariennes, leurs instincts pillards et guerriers se développèrent et prirent un libre jeu auquel notre arrivée dans le pays mit un terme en leur imposant par la force le respect des populations à nous soumises.

Cette vie d'antan, ils la regrettent ; si nous en faisons miroiter à leurs yeux un reflet possible en leur offrant de les associer à notre action militaire, l'on conçoit qu'ils puissent venir à nous ; condottirie ayant beaucoup vécu, ils ont laissé en route pas mal de préjugés de race et sont devenus avant tout des gens pratiques; si, en leur for intérieur, ils admirent encore l'attitude superbe de « l'Imochar », ils ne s'estiment pas assez dégagés des contingences matérielles pour pouvoir l'imiter ; suzeraineté pour suzeraineté, ils aimeraient autant après tout accepter celle de l'européen, si elle se présente sous des aspects pas trop rébarbatifs et si elle apporte plus de profits ; d'autant qu'ils la savent inévitable en tout état de cause et se rendent compte que s'il leur est impossible d'être indépendants, mieux vaut n'être soumis qu'à une seule autorité et non à deux.

La pente est glissante pour un berbère, dès qu'il consent à faire entrer en jeu les considérations d'intérêt personnel : l' « Imrad » est au bord de cette pente, il suffit d'un peu de doigté et de patience pour la lui faire doucement descendre jusqu'au bout, c'est-à-dire pour en faire l'élément constitutif des sections méharistes berbères; de ce qui a été dit de lui résulte clairement que nous n'avons pas à regretter que sa classe soit la seule qui puisse nous fournir le recrutement touareg, parce que nulle autre qu'elle ne pourrait nous le fournir aussi bien.

Le recrutement parmi les nomades que le Gouverneur de la colonie et le Commandant supérieur des troupes ont posé en principe comme l'objectif de perfectionnement des sections méharistes à poursuivre par des mesures graduées a donc maintenant une voie nette et précise, dans laquelle le Colonel Commandant le territoire militaire du Niger a orienté tous les efforts : l'appel progressif aux tribus touareg « Imrad ».

Quant à l'échelle de progression à parcourir dans un intervalle minimum de trois ans, elle vient d'être proposée (1), approuvée

(1) Cette progression a été proposée par le capitaine Dario.

et est sur le point d'entrer dans le domaine de l'application par un premier essai confié à l'une des sections actuelles (celle d'Agadez).

Cette progression comporte trois phases qui vont être examinées successivement :

Première phase : Goum d'auxiliaires méharistes.
Deuxième phase : Goum de gardes méharistes.
Troisième phase : Section méhariste Touareg.

CHAPITRE II

PREMIÈRE PHASE. — GOUM D'AUXILIAIRES MÉHARISTES

Caractéristiques.

La première phase occupera une durée minimum d'une année.

Elle comporte la constitution d'un goum non permanent formé de 40 Touareg Imrads et qui ne sera réuni que dans les cas suivants :

1° Période annuelle d'instruction de dix jours.

2° Convocations éventuelles pour un service d'auxiliaires.

En dehors des circonstances où il sera réuni, ses hommes rouleront entre eux pour qu'un piquet de 4 goumiers soit en permanence près du lieutenant commandant.

La caractéristique de cette première phase et du goum d'auxiliaires, c'est de ne constituer qu'un épisode dans la vie habituelle des hommes qui reste celle antérieure, de leur laisser la plus grande liberté d'allures, d'éviter tout ce qui peut ressembler à de la discipline de détail, de ne leur faire sentir l'autorité du chef que d'une façon très générale et appropriée à l'indépendance de caractère de la race.

La méthode de constitution du goum sera la suivante :

Le lieutenant commandant de chacune des sections méharistes actuelles fera choix d'une ou de plusieurs des tribus Imrads de sa zone qui lui paraissent susceptibles de fournir le meilleur et le plus facile recrutement ; il se laissera guider, à cet effet, par l'emplacement des campements, l'étude des rezzous et contre-rezzous que dirigeait la tribu avant notre arrivée dans le pays, son état d'esprit actuel, ses ressources en chameaux, l'autorité et les tendances de son chef, ses relations avec les autres tribus qui doivent participer au même recrutement, etc...

Le choix fait, il proposera à quelques jeunes hommes de la tribu de les emmener comme auxiliaires dans un prochain contre-rezzou ; cette proposition sera renouvelée dans la même tribu ou dans des tribus différentes jusqu'à ce que soient trouvés les 40 volontaires destinés à former le goum.

Si l'offre a été convenablement préparée, si elle est bien présentée, si elle a l'appui du chef de tribu qu'il faut avant tout se concilier, elle apparaîtra de prime abord aux Imrads en cause comme une occasion facile de prendre part à une opération guerrière qui n'ira pas sans quelques bénéfices : ainsi qu'on l'a dit, leur caractère est tel que cette perspective est de nature à les séduire.

Le prêt, en vue de cette opération, d'une arme à tir rapide sera hautement le bienvenu de tous, si toutefois cette arme n'est pas du modèle 1874, dépréciée à cause de ses mauvaises munitions ; le désir de savoir s'en servir aidant, il semblera assez naturel aux 40 volontaires de faire au préalable une petite période d'instruction de dix jours, conduite de façon à ne les heurter en rien, durant laquelle ils n'auront, bien entendu, aucun contact avec les tirailleurs ou gradés noirs, et qui n'aura même pas besoin d'être effectuée au poste-grenier, mais qu'il y aura avantage à faire durant un séjour de nomadisation de la section près du campement de la tribu.

Quand le goum, ainsi formé et sommairement instruit, reviendra du contre-rezzou promis qui aura été sa première convocation et ne devra avoir laissé à tous que de la satisfaction, les hommes seront déjà familiarisés avec le lieutenant commandant et ce dernier n'aura pas de peine à trouver parmi eux les 4 volontaires du premier piquet.

En agissant sur eux pendant les deux ou trois semaines de ce service durant lequel ils ne seront en relations qu'avec lui seul, jouiront d'une liberté complète en dehors des moments d'emploi assez espacés, et recueilleront de petits avantages pécuniaires en plus de leur solde, le lieutenant commandant poursuivra d'une part la prise de possession de leur esprit, d'autre part la formation de l'impression qu'ils communiqueront aux autres goumiers lorsqu'ils rentreront chez eux ; si cette impression est bonne, et il faut qu'elle le soit, la relève du piquet sera facile et peu à peu ce service deviendra presque un agrément pour les hommes.

Quand le lieutenant commandant, en station ou en route, aura ainsi vu de près et étudié successivement chacun des goumiers, il sera à même de juger du moment où l'on pourra passer à la seconde phase ; car il est bien entendu que la durée d'une année assignée à la première pour fixer les idées n'est qu'une probabilité ; selon la valeur des Imrads employés, selon la valeur aussi de l'officier dirigeant la progression, cette première phase pourra exiger une durée plus ou moins prolongée et variable selon chacune des sections dont il s'agit de transformer le recrutement. Le principe sera le suivant : ne passer de la première phase à la seconde que lorsqu'on sera assuré que cette seconde phase non plus que la troisième n'auront à dépasser les durées qui leur sont à elles assignées d'une façon beaucoup plus ferme que pour la première et qui sont de un an chacune.

Organisation.

Le goum d'auxiliaires sera toujours commandé par un officier européen et ne marchera jamais sans lui ; pour la période d'instruction et les piquets le rôle sera rempli par le lieutenant commandant la section, pour les convocations il sera bon que ce dernier ait momentanément à sa disposition un autre lieutenant spécialement chargé du goum et qui peut être, soit un adjoint au cercle prêté par le commandant de ce cercle, soit un officier de la compagnie mixte.

Le goum ne comportera pas de sous-officiers européens ; pour la période d'instruction seulement, les deux sergents de la section pourront être employés comme instructeurs.

Il ne comportera pas de gradés touareg en pied, le rôle sera rempli en cas de besoin par des hommes désignés, fils de notables.

Il restera indépendant des gradés ou tirailleurs noirs de la section.

L'armement sera la carabine de gendarmerie modèle 90 ou, de préférence, le mousqueton modèle 92, avec le nombre habituel de 120 cartouches ; hors le cas de périodes d'instruction, piquet et convocations, les armes et munitions resteront au magasin au poste-grenier.

Au cours de la période d'instruction, il sera consommé par chaque homme 30 cartouches de tir, distinctes des 120 cartouches de sûreté.

Il n'y aura pas d'uniforme proprement dit, les goumiers garderont leurs vêtements habituels, auront comme signes distinctifs et très visibles : une large ceinture et un turban de couleur déterminée (vert par exemple), des cartouchières-baudriers en peau de filali rouge faites dans le pays sur un modèle unique.

Les ceintures, turbans et cartouchières seront fournis et entretenus sans frais pour l'homme.

Ils seront tenus, pour les périodes d'instruction, piquets et convocations, de se présenter avec un chameau de selle leur appartenant, de posséder un harnachement et ses accessoires (peaux de bouc, etc...) et de se procurer en principe leurs vivres.

La solde journalière du goumier auxiliaire sera la suivante :

Pendant les périodes d'instruction et piquets . . . . 0 fr. 50
Pendant les convocations . . . . 1 fr. 25

Pendant les piquets il sera, de plus, alloué à chaque homme partie du salaire spécial prévu au budget local pour les différents services qu'il rendra au lieu et place d'un autre indigène (guide, agent de renseignement, etc...) mais sans que le total de la solde et de ses allocations puisse dépasser 1 fr. 25 par jour.

Au point de vue budgétaire, cette organisation de première phase se traduira comme suit pour une année et pour chaque goum d'auxiliaires.

Prêt par le service de l'artillerie de 40 carabines modèle 90 ou mousquetons 92 et de 4 800 cartouches de sûreté. . .		*Mémoire*
Achat et entretien des ceintures, turbans et cartouchières .		270 francs
Période d'instruction	Solde de 40 hommes à 0 fr. 50 pendant 10 jours . . . . 200 fr.	
	Cartouches de tir . . . . . . 300 »	500 »
Piquet	Solde de 4 hommes à 0 fr. 30 pour l'année.	730
Convocations	Solde de 40 hommes à 1 fr. 25 pendant 20 jours	1 000 »
Dépenses totales du goum d'auxiliaires		2 500 francs

Convocations.

Les convocations du goum d'auxiliaires ne devront pas être considérées comme un moyen d'effectuer une reconnaissance ou un contre-rezzou puisque, en principe, la section méhariste doit suffire à elle seule à tous les besoins de la zone ; elles ne seront regardées que comme un exercice pratique d'instruction du goum et comme une occasion d'agir favorablement sur l'esprit des goumiers en leur montrant sur ses côtés les plus actifs et les plus attrayants pour eux le service méhariste sous nos ordres.

Il y a lieu d'insister d'une façon toute particulière sur ce point pour que l'esprit de l'institution et par suite ses résultats ne puissent pas être faussés : la création du goum d'auxiliaires n'a nullement pour objet de donner des hommes de plus au lieutenant commandant, elle vise uniquement à préparer le recrutement touareg de la section méhariste sans augmentation définitive des effectifs actuels ; ce n'est qu'accessoirement et occasionnellement qu'elle produit un effet utile et immédiat.

De là la directive impérieuse de ne pas convoquer le goum d'auxiliaires en vue de ne lui faire exécuter que les missions qui paraîtraient les moins passionnantes pour la section (escortes de convois, escortes de caravanes ne pouvant prêter à aucune opération militaire, etc...) ; choisir au contraire pour le convoquer des cas de reconnaissances intéressants, des cas, si possible, de petits contre-rezzous brillants, de petits coups de main audacieux auxquels le plus souvent il prendra part avec la section, que parfois il exécutera seul sous les ordres de l'officier blanc mis à sa tête.

Les convocations doivent être surtout le côté séduisant du service de goumier auxiliaire, celui qui l'attirera à entrer plus tard dans les formations de deuxième et troisième phase ; sa préparation pratique matériellement efficace au rôle futur de soldat régulier consistera davantage, non seulement dans la période d'instruction, mais dans l'action (individuelle comme il convient à tout début d'enseignement) qu'il subira pendant ses tours de piquet près du lieutenant commandant.

L'on peut ajouter que, sans cesser de considérer comme secondaire l'effet utile immédiat de l'utilisation du goumier auxiliaire de piquet, le lieutenant commandant, surtout en route, app. ̃ ̃era vivement son concours, même avec un effectif aussi restrein. que celui prévu ; en effet, il sera dès le début à même d'assurer les détails du service en campagne exigeant l'isolement passager ainsi que la parfaite connaissance du pays et qui, par cela même, ne peuvent être confiés au tirailleur noir, par exemple le service de sûreté à grande distance, l'exploration ou la reconnaissance préalable des points d'eau, les patrouilles de reconnaissance après le combat, etc...

CHAPITRE III

DEUXIÈME PHASE. — GOUM DE GARDES MÉHARISTES

Caractéristiques.

La deuxième phase occupera la durée d'une année.

Elle comporte la constitution d'un goum régulier et permanent formé de 30 Touareg Imrads choisis parmi les volontaires du goum auxiliaire créé pendant la phase précédente, doté d'une organisation consistant dans une simple adaptation de celle du corps des gardes cercle à pied ou à cheval du Territoire militaire du Niger, employé selon les méthodes un peu différentes à toutes les utilisations des sections méharistes noires actuelles.

Elle comporte aussi la reconstitution, dans les conditions vues pour la première phase, du goum de 40 auxiliaires, par appel à 40 hommes nouveaux ou par appel aux 10 ajournés et à 30 hommes nouveaux remplaçant ceux passés goumiers-gardes.

La caractéristique de cette deuxième phase et du goum de gardes qu'elle comporte est que les hommes commencent à abandonner leurs occupations habituelles pour se consacrer exclusivement au service en adoptant un genre de vie spécial qui est mixte entre la vie de la tribu et la vie militaire ; ils conservent encore à peu près leurs allures antérieures mais à leurs yeux comme à ceux de la population ils cessent d'être des Touareg quelconques, ils deviennent des agents professionnels et des agents du blanc ; sans être encore militarisés au sens propre du mot, ils sont graduellement façonnés à une discipline intelligente et hiérarchisés entre eux ; l'autorité de l'officier européen, toujours aussi ferme, ne cesse pas de ménager les particularités de caractère de la race mais s'exerce dans toute l'étendue jugée nécessaire et devient l'autorité unique.

La méthode de constitution du goum sera la suivante :

Dans les derniers mois de la première phase le lieutenant commandant (en profitant des occasions de piquet) aura préparé individuellement l'esprit des goumiers auxiliaires à la transposition ; il se tiendra exactement au courant des tendances de chacun, et comme on l'a dit ce sera d'ailleurs seulement lorsque il sera sûr à l'avance de l'adhésion des 30 hommes jugés les meilleurs qu'il procédera avec autorisation de l'autorité supérieure et à la date fixée par elle, sur ses propositions, à la constitution du goum de gardes, qui se fera ainsi, tout naturellement et avec la plus grande simplicité, par une convocation devenant permanente.

Au moment même de cette constitution, le lieutenant commandant renverra au commandant de la compagnie mixte la moitié des tirailleurs méharistes noirs (plus exactement 27 indigènes) qui seront réintégrés comme tirailleurs non montés et distribuera aux goumiers-gardes les 60 chameaux devenus disponibles qu'ils recevront à raison de 2 par homme et à titre de prime d'engagement au goum ; mais sous réserve de les restituer au bout d'une année s'ils ne passent pas dans la formation de troisième phase... Il prêtera aux goumiers-gardes (pour un an) les carabines et les cartouches de la demi-section noire remise à pied et par suite reprenant le fusil, et emploiera toujours pour son goum de 40 auxiliaires reconstitué les 40 carabines et les cartouches qu'a prêtées le service de l'artillerie au début de la première phase ; alors que pendant la première phase il avait à sa disposition une section méhariste noire et un goum d'auxiliaires il aura ainsi à sa disposition pendant la sesonde phase : une demi-section méhariste noire de 30 hommes (avec 120 chameaux), un goum de gardes méharistes touareg de 30 hommes également, un goum d'auxiliaires touareg de 40 hommes.

A chaque formation de goum de gardes méharistes le commandant de territoire disposera donc d'un supplément de 30 tirailleurs non montés qu'il emploiera numériquement à renforcer une garnison mixte de deuxième ligne choisie par lui, en la diminuant d'autre part de 30 gardes de cercle (par licenciements, non rengagements, etc...) cette mesure a pour résultat que ni les effectifs des corps de tirailleurs, ni ceux du corps des gardes ne se trouveront changés et que (avec une petite différence qui sera vue au paragraphe suivant) les économies réalisées par le licenciement des 30 gardes à pied serviront à l'entretien du groupe des 30 gardes méharistes créé.

Organisation.

Le goum de gardes méharistes touareg sera commandé par le lieutenant qui assurera ce commandement en même temps que celui de la demi-section méhariste noire.

Le goum comportera un sergent européen qui sera l'un des deux de l'ancienne section méhariste noire, l'autre restant à la section noire subsistante.

Il comportera un brigadier chef touareg, 2 brigadiers touareg six gardes de 1re classe (sans solde spéciale).

Les goumiers-gardes contracteront un engagement d'un an avec faculté pour le commandant du territoire de licencier purement et simplement en cas d'inaptitude ou d'indignité et obligation pour l'homme de restituer les deux chameaux de prime s'il quitte le service au bout d'un an ou avant.

Ils seront soumis à des règles calquées sur celles du corps des gardes-cercle du Territoire militaire du Niger en ce qui concerne l'instruction (exercices au moins bi-hebdomadaires, tir à nombre de cartouches annuellement fixé par le commandant du territoire, enseignement du Français, etc...), l'avancement (nomination par le commandant du territoire sur la proposition du lieutenant commandant qui tiendra compte de la façon de servir comme goumier auxiliaire, etc...), punitions (en réservant la prison pour des manquements absolument exceptionnels et rares).

L'armement sera celui commun aux méharistes noirs et aux gardes-cercle du territoire : carabine de gendarmerie modèle 90 (ou de préférence mousqueton 92) et 120 cartouches de sûreté ; il sera renouvelé et entretenu d'après les règles en vigueur dans le corps des gardes-cercle du territoire.

Sans qu'un uniforme précis soit exigé, les divergences marquées de forme, d'ampleur ou de couleur des vêtements seront évitées dans le costume national touareg qui sera conservé ; les goumiers-gardes se procureront eux-mêmes leurs vêtements en prélevant à cet effet sur leur solde et devront toujours les entretenir propres et en bon état.

Ils auront comme signe distinctif et très visible une ceinture et un turban de couleur déterminée (bleu par exemple si la couleur des goumiers auxiliaires est le vert), des porte-cartouches en peau de filali faits dans le pays sur un modèle invariable ; le tout également à leurs frais.

Ils seront tenus de posséder en permanence deux bons chameaux de selle qu'ils soigneront et entretiendront eux-mêmes, dont ils n'emmèneront en route qu'un seul à la fois, l'autre restant confié par eux à une tribu voisine du poste pour relayer le premier à chaque retour à ce point d'attache ; il devront également être munis à leurs frais d'un harnachement en bon état et de tous ses accessoires (peaux de bouc à eau, à vivres, etc...) leur permettant d'emporter sur la monture un approvisionnement d'une durée à fixer par le lieutenant commandant pour chaque sortie ; il leur incombera de se procurer eux-mêmes et également à leurs frais les vivres et tout ce qui sera nécessaire à leur entretien.

La solde des goumiers-gardes méharistes sera, à égalité de grade, celle des gardes à pied du territoire augmentée de :

1° Une majoration journalière de 0,50 correspondant au renouvellement et à l'entretien des deux chameaux et du harnachement ; l'on peut voir que cette majoration sera très suffisante, car le goumier-garde satisfera évidemment à ces besoins à bien meilleur compte que la section noire actuelle et l'on sait que celle-ci y parvient sans peine avec des allocations guère plus fortes $\frac{35}{365} + 0,10 + 0,10$, soit à peu près 0,295 par jour et par chameau (voir titre I, chapitre II : remonte).

2° Une majoration journalière de 0,15 correspondant à l'achat, au renouvellement, à l'entretien de l'habillement et équipement ; l'on peut voir que cette majoration sera très facilement suffisante, car le goumier-garde aura des vêtements moins nombreux et moins coûteux que ceux confectionnés en Europe qui sont distribués au garde à pied, et l'on sait que le service local assure ces distributions au moyen d'une allocation guère plus forte $\left(\frac{65}{365}\right.$ soit environ 0,18 par homme et par jour).

Le principe simplificateur déjà partiellement appliqué au garde à pied sera donc absolu pour le goumier-garde méhariste : sauf l'armement et les munitions qui lui sont fournis, sauf le logement bien rudimentaire et le matériel collectif de la section noire (tonnelets, matériel de puisage et d'abreuvoir, médicaments) dont, parce qu'il ne s'agit que d'un intervalle d'un an, il pourra profiter concurremment avec la demi-section noire subsistante et sans nouveaux achats ni dépenses pour le budget dans le courant de cette unique année, il devra lui-même se procurer sur sa solde majorée en conséquence tout ce qui lui est nécessaire, c'est-à-dire non seulement la nourriture comme le garde à pied, mais aussi tout ce qui a été énuméré plus haut (montures, harnachement et accessoires, habillement et équipement individuel, etc...)

Cette solde majorée du goumier-garde, décomptée par mois comme pour les gardes à pied, lui assurera par jour :

```
Brigadier-chef Touareg  . . . . . . . . . . . . .  2,31
Brigadier  . . . . . . . . . . . . . . . . . . . .  1,98
Goumier-garde  . . . . . . . . . . . . . . . . . .  1,65
```

Elle sera ainsi supérieure à celle du goumier auxiliaire convoqué, ce qui est nécessaire puisque le goumier-garde supporte quelques dépenses de plus que le premier (2 chameaux à entretenir au lieu d'un et achat à ses frais des objets d'uniforme : ceinture, turban, porte-cartouches) ; elle restera notablement inférieure à celle qui, sans nouvelles dépenses pour l'homme, pourra lui être allouée dans la troisième phase : c'est également nécessaire en vue de l'inciter à entrer dans l'unité distincte qui sera constituée au cours de cette dernière.

Au point de vue budgétaire cette organisation de deuxième phase se traduira comme suit pour une année et pour chaque goum de gardes.

1° En ce qui concerne le *budget local.*

Dépense provenant du remplacement de 30 gardes à pied par 30 goumiers-gardes méharistes (par homme et par jour 0 fr. 65 de majoration de solde, 0 fr. 03 environ d'économie sur l'habillement), en arrondissant	6 700 francs
Economie provenant de la suppression de l'indemnité de service méhariste aux indigènes d'une demi-section noire (un sergent, 2 caporaux, 24 tirailleurs) remise au service à pied, en arrondissant	1 700 »
Différence représentant le supplément de dépenses résultant du *goum de gardes*	5 000 francs
À ajouter les dépenses du *goum d'auxiliaires* de la deuxième phase (les mêmes que celle de la première)	2 500 »
Total de la deuxième phase	7 500 francs

Ainsi qu'on le verra plus loin cette dépense de 7.500 francs sera ultérieurement récupérée par le budget local.

2° En ce qui concerne le *budget colonial.*

Economie sur la prime de masse individuelle des 27 indigènes d'une demi-section noire passant du service méhariste au service à pied dans un poste de la zone de sédentaires (0,18 — 0,15, soit 0 fr. 03 par jour et par homme, soit environ 300 fr.) et moyenne approximative de l'économie sur les primes journalières de la masse de ravitaillement moins fortes que dans certains postes-greniers	1 500 francs
Economie des primes des masses de remonte, de harnachement et de ravitaillement pour les 60 chevaux de la demi-section supprimée (à 108 fr. par bête et par an), en arrondissant . .	6 500 »
Economie totale de la deuxième phase	8 000 francs

Cette économie de 8.000 francs réalisée par le budget colonial sera acquise et ne sera compensée par aucune dépense supplémentaire ultérieure.

Utilisation.

Au point de vue utilisation le goum de gardes offrira des conditions toutes différentes de celles du goum d'auxiliaires.

Si pour ce dernier le rendement immédiat au point de vue police de la zone n'était qu'accessoire, pour le goum de gardes, au contraire, cet effet utile matériel devra marcher de pair avec son effet utile sur le recrutement touareg.

En effet, il remplacera une demi-section noire et, comme on l'a dit, devra remplir le même rôle qu'elle, quoique d'une façon distincte ; il n'y aura pas d'inconvénient à le lui confier puisque, précaution qui s'impose au cours de cette phase, la deuxième 1/2 section noire reste au lieutenant commandant comme élément éprouvé sur lequel il peut compter dans le cas où le moral des goumiers fléchirait au cours d'un engagement, ou bien, dans le cas où, pour une cause quelconque, leur loyalisme deviendrait douteux.

Le goum de gardes et la demi-section noire subsistante ne seront pas utilisés successivement et par roulement parce que cette disposition amènerait l'usage courant d'effectifs de 30 hommes, alors que l'unité méhariste de marche doit toujours compter de 50 à 60 hommes (voir titre II, chapitre V : règlement de route).

Ces deux fractions seront dans la plupart des cas employées de concert mais sans être considérées en tout comme les deux moitiés d'une même section, puisque leurs méthodes de maniement devront rester différentes.

D'ailleurs des distinctions de service s'établiront tout naturellement selon les aptitudes spéciales de chacune d'elles, c'est ainsi qu'au combat noirs et Touareg se battront les uns et les autres, mais que les premiers seront évidemment en première ligne pour l'attaque et le choc tandis que la poursuite sera réservée aux seconds — qu'en route les noirs assureront le service de sûreté rapproché et les Touareg celui de l'exploration — qu'aux arrêts les premiers assureront la garde du bivouac et les seconds celle du pâturage, etc...

Les heurts entre tirailleurs noirs et goumiers Touareg devront être prévenus et évités par tous les moyens, le goum vivra à part de la demi-section, tant au point d'attache où les camps seront distincts, qu'en route où les animaux ne seront jamais mêlés au pâturage ; les tirailleurs noirs ne seront jamais mis sous les ordres d'un gradé Touareg ni réciproquement ; tout service fait en commun par des noirs ou des Touareg sera commandé et surveillé par un Européen ; dans le convoi, qui continue à compter le même nombre d'animaux et le matériel de l'ancienne section noire, l'on distinguera nettement ce qui est réservé à l'usage des tirailleurs noirs et ce qui est prêté aux goumiers-gardes.

Dans l'utilisation du goum de gardes toutes les mesures de détail que le lieutenant commandant jugera convenables seront prises pour faciliter la transition entre la première et la deuxième phase, transition qui, si douce qu'elle soit, est plus marquée que celle qui existera entre la deuxième et la troisième ; par exemple il pourra, surtout au début, accorder dans une assez large mesure des permissions d'une certaine durée — il pourra autoriser les femmes des goumiers-gardes à résider, non dans le camp comme les femmes des tirailleurs noirs, mais dans le ksour voisin du poste-grenier, ce qui sera sans grand inconvénient, car les Touareg seront le plus souvent célibataires, l'habitude de la race étant de se marier tard, etc...

CHAPITRE IV

Caractéristiques.

La troisième phase occupera la durée d'une année.

Elle comporte *à son début* la constitution d'une demi-section de 30 tirailleurs méharistes Touareg ce qui s'opère en militarisant le goum de gardes, vieux d'une année.

Elle comporte *à sa fin* la constitution d'une deuxième demi-section de 30 tirailleurs méharistes Touareg, ce qui s'opère de même en militarisant le deuxième goum de gardes tiré au début de l'année du deuxième goum d'auxiliaires, d'ailleurs non remplacé.

La phase accomplie, le résultat sera donc atteint : il n'y aura plus ni goum d'auxiliaires, ni goum de gardes mais seulement une section de 60 tirailleurs méharistes Touareg.

La caractéristique de cette troisième phase et de l'unité dont elle comporte la formation tient tout entière dans le mot employé à dessein : militarisation ; les goumiers-gardes cessent d'être des agents mixtes semi-civils, semi-militaires, ils deviennent des *tirailleurs*, c'est-à-dire des soldats indigènes au service de notre nation et soumis à toutes les lois et règlements qui régissent dans nos colonies le métier des armes sans distinction de couleur ; bien entendu, comme dans tout corps indigène l'organisation, l'uniforme, le mode d'utilisation, etc... seront appropriés aux habitudes locales, mais seulement dans ce qui est compatible avec le

service de guerre ; bien entendu aussi le commandement s'exer-
cera selon les méthodes les mieux adaptées au caractère de la
race mais sans transiger avec l'autorité absolue que, en campagne,
l'officier doit avoir sur l'homme de troupe.

La méthode de constitution de la section méhariste sera la
suivante :

Au début de la troisième phase, le lieutenant commandant
consultera les 30 goumiers-gardes dont il connaît d'ailleurs à
l'avance les intentions ; celles-ci, dans le cas où la progression
aura été bien conduite, ne pourront qu'être unanimement favorables à la militarisation : en effet, l'on sait tout d'abord que l'on
n'aura passé de la première phase à la deuxième que lorsque l'on
aura été moralement sûr que les goumiers se feraient tirailleurs
au bout d'un an de stage comme gardes ; l'on pense bien enfin
que, durant la deuxième phase, les quelques goumiers-gardes qui
auraient déçu la foi mise en eux auraient été licenciés grâce à la
grande facilité prévue pour cette mesure et remplacés par prélè-
vement dans le goum d'auxiliaires d'un nombre égal de sujets
assez bons pour que, sur leur désir, l'on puisse un peu raccourcir
les stages en ce qui les concerne ; enfin il faut se représenter
qu'au début de la troisème phase le goumier-garde qui a déjà
avec l'européen deux ans de contact progressivement accentué et
devenu dans la dernière année très étroit en soit placé dans l'alternative : ou de rentrer purement et simplement dans la vie de
la tribu en renonçant au métier de guerrier et aussi à l'aisance
que lui assure une solde régulière, en rendant même les deux
chameaux de prime provisoire auxquels, comme tout nomade, il
a dû s'attacher — ou bien de s'engager à continuer deux ou quatre
ans une vie qui lui paraîtra ne guère différer de celle de la dernière année que par une majoration très appréciable de la solde
et par l'appât immédiat d'une prime de 80 ou 160 francs en argent,
c'est-à-dire d'une somme importante pour lui.

Dans ces conditions, et même sans faire intervenir des facteurs
moraux qui ont bien leur valeur (influence du blanc, attachement
aux choses et aux gens, entraînement collectif, routine d'esprit
déjà prise, etc.), l'on peut raisonnablement ne pas escompter de

défections ou ne les escompter que dans une proportion si faible qu'elles deviennent négligeables ; on le répète, dans la progression examinée la première phase agit sur l'homme et le rapproche du métier, la deuxième phase adapte le métier et le rapproche de l'homme : l'un et l'autre sont en présence au début de la deuxième phase, c'est là qu'est le fossé à franchir, si aplani qu'il soit ; une fois le saut fait, et l'homme le fera plus tôt ou plus tard, car on ne l'amènera devant l'obstacle que certain qu'il le franchira, le reste n'est plus qu'une question de temps.

Donc, au début de la troisième phase et leur engagement militaire signé par les 30 goumiers-gardes, le lieutenant commandant fera d'eux une demi-section de tirailleurs méharistes touareg en leur laissant d'ailleurs leurs carabines et leurs cartouches de sûreté à eux prêtées par le corps l'année précédente.

En même temps il puisera un goum de 30 gardes dans le goum de 40 auxiliaires vieux d'un an qui cesse d'exister, n'est pas réformé et dont les quarante carabines et les cartouches de sûreté seront rendues au service de l'artillerie qui les a prêtées au début de la première phase.

Toujours en même temps il renverra au commandant de la compagnie mixte les 30 derniers tirailleurs et gradés noirs à réintégrer comme tirailleurs non montés et à armer du fusil ; il prêtera pour un an leurs 30 carabines et leurs cartouches de sûreté aux 30 goumiers-gardes qu'il viendra d'accepter et distribuera leurs 60 montures à ces mêmes goumiers à raison de deux par homme et comme prime provisoire ; des 80 chameaux de bât restant, 20 seront vendus aux enchères et le produit de cette vente permettra d'entretenir durant l'année 30 qui seront prêtés comme convoi du goum ; les 30 autres constitueront le convoi de la demi-section touareg qui aura des allocations pour entretenir ce nombre.

En somme, toutes opérations de début de phases faites, le lieutenant commandant se trouvera n'avoir plus de tirailleurs noirs ni de goum d'auxiliaires, mais seulement une demi-section de 30 tirailleurs touareg avec convoi de 30 chameaux, un goum de 30 gardes avec convoi de 30 chameaux, il utilisera cette troupe mixte pendant la troisième phase à peu près dans les mêmes conditions qu'il aura utilisé dans la deuxième phase la demi-section noire et le goum de gardes, avec beaucoup plus de facilité cependant car les deux fractions sont moins dissemblables.

Au bout d'une année il clôturera la deuxième phase en militarisant son goum de gardes qui ne sera pas remplacé, et en faisant une deuxième demi-section de 30 tirailleurs touareg ; le cycle sera terminé et la progression aura abouti, le lieutenant commandant n'aura plus que la section méhariste de 60 tirailleurs touareg (au convoi de 60 chameaux) qu'il s'agissait de créer.

Il va de soi qu'au début et à la fin de la phase l'autorité supérieure prendra les mesures nécessaires pour éviter toute modification de l'effectif total des corps de tirailleurs ou du corps de gardes du territoire et même de la répartition des troupes.

Au début de la phase, puisque 30 tirailleurs touaregs sont engagés, elle produira s'il y a lieu (par non rengagement, libération anticipée, etc...) une vacance de 30 tirailleurs à pied dans un ou plusieurs postes de son choix et y enverra en remplacement les 30 tirailleurs noirs remis à pied ; elle n'aura rien à faire pour le corps des gardes dont l'effectif reste inchangé, puisque 30 goumiers-gardes passant tirailleurs méharistes, 30 goumiers auxiliaires passent goumiers-gardes le même jour.

En fin de la phase, puisque 30 goumiers-gardes passent tirailleurs sans être remplacés, l'autorité supérieure fera simplement l'opération inverse de celle opérée au début de la deuxième phase : dans le même poste mixte de deuxième ligne, l'effectif des tirailleurs sera abaissé de 30 par non rengagement, libérations anticipées, etc..., et l'effectif des gardes à pied sera élevé de 30 par voie d'engagements.

De la sorte, la progression aura obtenu un résultat sans laisser subsister une seule trace de perturbation si légère qu'elle puisse être.

Organisation.

La section de tirailleurs méharistes touareg divisée en quatre escouades aura la composition suivante.

1 lieutenant.
2 sergents E.

> 2 sergents T.
> 4 caporaux T.
> 54 tirailleurs T.
> 126 chameaux de selle.
> 60 chameaux de bât.

Les tirailleurs méharistes touareg contracteront les mêmes engagements que les tirailleurs noirs et auront droit aux primes ainsi qu'aux mêmes hautes paves d'ancienneté.

Ils seront soumis aux mêmes règles que les tirailleurs noirs en ce qui concerne l'instruction, — l'avancement qui n'a toutefois lieu que dans les sections méharistes touareg, — les punitions, — et en principe tout ce qui est d'ordre général et ne sera pas signalé ci-après comme exception.

L'armement sera la carabine de gendarmerie modèle 90 à remplacer dès que possible par le mousqueton modèle 92 ; le nombre des cartouches de sûreté sera 120 ; la prime pour entretien de l'armement sera celle des tirailleurs noirs ; de même que pour les primes de la masse de casernement et de la masse d'entretien qui permettent de leur assurer le logement rudimentaire et les objets de campement collectifs.

Ils n'auront pas droit à l'indemnité de service méhariste attribuée par le budget local et que seuls les Européens continuent à percevoir concurremment avec la solde habituelle des corps non montés.

Leur uniforme comportera les pièces du costume national touareg toutes en guinée bleu foncé : le « teguelmous » premier turban enveloppant tout le visage pour le préserver de la réverbération, du vent chaud ou du sable soulevé et ne laissant voit que les yeux ; — le « tekakat », longue souquenille tombant jusqu'au-dessus des genoux, fendue sur le côté pour le passage des bras ; — l' « ekarbeï », pantalon long et ample du haut serré sur la cheville ; ces vêtements confectionnés sur place et achetés par eux en prévalant sur leur solde, car ils n'auront pas la masse individuelle, devront être sensiblement conformes comme coupe, ampleur, genre de tissu, etc... à un type déterminé une fois pour toutes d'après leurs préférences ; brochant sur le tout, ils porteront une large ceinture rouge très apparente et un turban de dessus ou « achedit » également rouge (cette couleur étant réservée au tirailleur touareg pour rappeler la chéchia du tirailleur noir et pour le distinguer facilement de loin des goumiers auxiliaires et des goumiers-gardes dont les couleurs respectives peuvent être le vert et le bleu clair ; enfin un porte-cartouches de poitrine de modèle déterminé fait en peau de filali.

Tel quel cet uniforme porté par des hommes sveltes, souples et d'attitude hardie ne manquera pas d'une certaine allure.

Pas plus que la masse individuelle, la masse de ravitaillement (hommes) n'existera dans la section méhariste touareg ; chaque tirailleur sera tenu de se procurer lui-même ses vivres en prélevant sur sa solde majorée en conséquence.

Les masses de remonte, de harnachement et de ravitaillement n'existeront pas davantage.

Les 126 chameaux de selle répartis à raison de deux pour chacun des 63 européens ou touareg seront la propriété des détenteurs qui les entretiendront à leurs frais ainsi que le harnachement, les accessoires (peaux de bouc, etc...) et tous objets s'y rattachant ; à cet effet les Européens percevront une indemnité de monture de 200 francs par an et les tirailleurs auront une solde augmentée en conséquence : il va de soi que le lieutenant commandant peut toujours prescrire l'achat sur sa solde par chaque homme d'un objet déterminé (par exemple selle de confection européenne, etc...) ; en ce cas le corps fera la commande et l'avance, le paiement des objets sera fait par retenue progressive sur la solde après distribution des objets achetés.

L'européen ou touareg n'emmènera jamais qu'une monture à la fois, l'une se refaisant dans une tribu voisine du point d'attache, pendant que l'autre travaillera.

Les 60 chameaux de bât sont la propriété de la section qui les renouvellera et acquittera les dépenses d'entretien, mais les confiera à raison de un à chacun des 60 touareg de la section pour s'en occuper de la même façon que de ses bêtes de selle ; les 60 chameaux de bât formeront deux groupes de 30 alternant pour la marche et le repos ; le convoi de la section méhariste touareg comptera donc 10 chameaux de bât de moins que celle

de la section noire, différence qui portera uniquement sur le
nombre des chameaux de vivres ; rien autre n'étant changé dans
la composition du convoi courant de reconnaissance (voir titre III,
chapitre III), le Touareg plus léger et moins encombré que le
noir pourra en effet porter davantage de vivres derrière sa selle,
et d'ailleurs est plus sobre ; cette réduction du nombre des animaux du convoi pourra être poussée plus loin par la suite.

Les chameaux de bât seront renouvelés et entretenus à l'aide
d'une masse. Il serait à souhaiter que cette masse fût spéciale à
la section, dite « masse méhariste » et alimentée par une prime
annuelle de 100 francs par animal de bât, soit 6.000 francs par
an ; avec les facilités qu'offrirait le recrutement touareg, cette
allocation à peine inférieure à celle des sections noires (108 francs
par an et par animal) pourrait permettre, comme dans ces dernières, outre le renouvellement et l'entretien des bêtes de charge
celui des bâts, des cordes de brêlage, des accessoires, etc... ;
il y aurait une grande commodité si, quitte à exiger pour elles
des justifications très minutieuses, les dépenses de cette masse
étaient prévues aussi variées qu'il est nécessaire, et si, au lieu
d'être gêné par une nomenclature étroite, le lieutenant commandant pouvait, au cas où des économies de remonte et d'entretien seraient réalisées, les employer à des achats de matériel ou
divers.

La solde journalière des tirailleurs méharistes touareg sera
celle ci-après, assez fortement supérieure à celle du tirailleur
noir pour que puissent être prélevés sur elle la nourriture, l'habillement et l'équipement, la remonte et l'entretien des montures,
le harnachement, etc...

Sergents touareg	3 fr. »»
Caporaux	2 fr. 50
Tirailleurs de 1re classe	2 fr. 10
Tirailleurs de 2e classe	2 fr. »»

Cette solde est d'un taux assez élevé pour que sa moitié, à peu
près, puisse rester comme argent de poche au tirailleur touareg.

Elle met en application d'une façon qu'il n'est guère possible
de rendre plus complète, le développement de l'individualisme

du tirailleur en se basant sur sa parfaite connaissance du pays et sur la mise en jeu de son intérêt personnel. Ce procédé, malheureusement inapplicable dans les sections méharistes noires où il diminuerait la charge écrasante qu'y ont actuellement les cadres, serait parfaitement adapté aux particularités de race du tirailleur touareg.

Au point de vue budgétaire, cette troisième phase qui aboutit à l'organisation ci-dessus, se traduit comme suit pour une année et pour chaque section méhariste créée.

1° En ce qui concerne le *budget local*.

Restitution au service de l'artillerie de 40 carabines modèle 90 et des 4 800 cartouches de sûreté prêtées au début de la première phase . . . .   *Mémoire*

Dépenses de remplacement, comme dans la première phase, d'une demi-section noire par un goum, soit . . . .   5 000 francs

Ainsi qu'on le verra plus loin, cette dépense de 5.000 francs, comme les précédentes, sera récupérée ultérieurement par le budget local parce que l'entretien des sections noires exige de lui quelques frais (indemnités du service méhariste) qui n'existent plus pour les sections touareg.

2° En ce qui concerne le *budget colonial*.

Economies résultant de ce qu'il n'est entretenu monté qu'une demi-section au lieu d'une section et s'égalant à celles de la deuxième phase parce que, comme on va l'établir, les frais d'entretien des sections touareg sont les mêmes que ceux des fractions noires, soit 8.000 francs.

Cette économie de 8.000 francs du budget colonial est acquise comme celle de la phase précédente et ne sera pas compensée par des accroissements de dépenses ultérieurs à cause de cette même raison ; équivalence pour lui des frais d'entretien des sections touareg et des sections noires.

Cette équivalence ressort immédiatement de la comparaison des chiffres suivants concernant le budget colonial, arrondis à 50 francs près.

	Section noire	Section touareg
Solde et accessoires européens	14 400	14 400
Solde et hautes payes indigènes.	12 400	46 200
Primes rengagements	2 300	2 400
Indemnité monture européenne	»	600
Masses, Casernement, Armement, Entretien. . . .	600	600
Masse « méhariste »	»	6 000
— individuelle	6 000	»
— ravitaillement (hommes)	13 000	»
— remonte	7 000	»
— harnachement	7 300	»
— ravitaillement (animaux)	7 300	»
Totaux	70 300	70 200

On le répète, à frais égaux pour le budget colonial les dépenses annuelles du budget local se comparent comme suit : Section noire : 1.920 francs aux Européens, 3.500 francs aux indigènes ; Section touareg : 1.920 francs aux Européens, néant aux indigènes, d'où économie continue de 3.500 francs par an.

Enfin, la récapitulation des dépenses des trois phases conduit aux constatations suivantes :

Pas d'aléa, puisque le plus ou moins de rapidité de succès ne peut influer que sur la durée de la première phase la moins coûteuse (2.500 francs) ; en mettant tout au pis et s'il arrivait que pour telle ou telle section la phase dure deux années ou même trois au lieu d'une, tout se bornerait à une dépense supplémentaire de une fois ou deux fois 2.500 francs, ce qui, après tout, est secondaire puisque, quelles que soient ces avances, le budget local les récupérera toutes ultérieurement.

Bilan de la transformation en trois ans de chaque section noire en section touareg : *Budget local* 15.000 francs d'avances (première phase : un goum d'auxiliaires 2.500 francs ; deuxième phase : un goum d'auxiliaires 2.500 francs et un goum de gardes 5.000 francs ; troisième phase : un goum de gardes 5.000 francs). *Budget colonial* 16.000 francs d'économies acquises (deuxième phase : demi-section méhariste remise à pied 8.000 francs ; troisième phase, même cause, 8.000 francs.

La transformation faite et dans le jeu de l'organisation nouvelle le budget local réalise une économie annuelle d'autant de fois 2.500 qu'il y a eu de sections transformées (suppression aux indigènes des indemnité de service méhariste) qui se continue même après amortissement des avances de transformation ; le budget colonial n'a qu'exactement les mêmes frais antérieurs et reste par conséquent bénéficiaire définitif des économies de transformation.

La substitution dans les troupes méharistes du recrutement touareg au recrutement noir, outre ses avantages d'ordre général, se trouvera donc être une opération financière fructueuse pour les deux budgets à la fois.

Avenir.

La section méhariste touareg, dont l'organisation future vient d'être esquissée, gardera le rôle qui, toutes les tâches préalables accomplies, est maintenant attribué à la section méhariste noire ; mais ce rôle, elle l'assurera avec une facilité et une aisance impossibles à cette dernière.

Elle ne fera pas oublier les tirailleurs méharistes d'aujourd'hui, d'autant plus méritants que, moins bien faits pour l'emploi, partant ayant plus de difficultés à le remplir et qui, par cela même que dans ces conditions ils ont su s'élever à la hauteur des besoins sont, eux et les officiers dont les efforts ont produit ce résultat, dignes d'une admiration sans réserves.

D'ailleurs, au combat, les sections méharistes touareg pourront être fières quand elles égaleront seulement les sections méharistes noires et quand elles arriveront à inscrire dans leurs annales des noms d'engagements comme ceux d'Orida, Agadem, Achegour, Ha, obcurs pour d'autres sans doute mais pas pour elles, car elles compteront sûrement dans leurs rangs des berbères ralliés maintenant qui servaient alors dans le camp adverse et qui pourront dire la valeur du tirailleur méhariste noir.

Mais en dehors du combat et dans leur utilisation journalière, les unités touareg pourront prétendre à être quelque chose de plus que leurs devancières ; si, avec le tirailleur noir, la section méhariste est et doit rester au sens strict du mot de l'« infanterie montée », c'est-à-dire une troupe se transportant sur des animaux mais n'agissant qu'à pied, avec des tirailleurs Berbères elle pourra devenir une arme spéciale, analogue à une cavalerie qui ne combattrait jamais qu'à pied, une troupe qui, réservé le cas de combat, pourrait *agir en selle*, notamment dans l'exploration, la surprise, la poursuite, etc...

Mais c'est là un avenir dont il faut se borner à laisser seulement entrevoir la possibilité ou la probabilité ; le préciser davantage serait prématuré et hasardeux : il faut d'abord constituer la section méhariste touareg ; pour l'employer ensuite l'on peut s'en remettre en toute confiance à nos officiers spécialistes ; selon ce qu'elle se révélera être exactement, ils sauront juger de son mode de maniement, ils concevront des règles d'utilisation qui seront certainement différentes de celles de la section méhariste noire, et, comme ils y sont parvenus pour cette dernière, ils arriveront à obtenir de la troupe nouvelle le maximum de rendement.

Tout ce que l'on peut dire à l'heure actuelle, et on peut le dire parce que l'expérience de la section méhariste noire en est un sûr garant, c'est que, lorsque nous aurons créé les sections méharistes touareg, sans sacrifices financiers, mais, au contraire, en réalisant des économies budgétaires appréciables, nous aurons doté notre organisation de remarquables outils militaires excellemment appropriés à leur rôle de croisière entre les oasis, de police du désert et d'occupation des marches sahariennes pour la défense contre les rezzous venant de points situés hors de la zone d'influence française.

Nous aurons de plus donné un nouvel exemple de la puissance et de la souplesse de notre génie militaire, en démontrant, avec des Touareg comme auparavant avec des noirs, que, quelles que soient les particularités locales et l'appropriation de tactique qu'elles entraînent, quels que soient les éléments humains à mettre en œuvre et la nouveauté des méthodes de commandement que leur maniement exige, nos cadres coloniaux sont de suite adaptés et peuvent, de quelques guerriers du pays semblables à tous les autres, faire une troupe régulière devant laquelle céderont toutes les bandes faites des mêmes hommes, mais sans chefs français.

Nous aurons aussi appliqué jusqu'à sa consécration terminale le principe qui restera une des caractéristiques de la colonisation contemporaine : à chaque étape de conquête, puiser dans le pays qui vient d'être soumis les éléments guerriers qui serviront à conquérir le suivant ; après avoir en 1856, sous Faidherbe, soumis le Cayor et le Bas-Sénégal avec des troupes blanches parce qu'il fallait bien un point de départ, après y avoir pris les tirailleurs Ouolofs et Séréres pour gagner le Haut-Fleuve, après les avoir mêlés de tirailleurs Sarakholés et Toucouleurs pour arriver au Niger, après avoir avec quelques-uns de ces derniers et surtout les tirailleurs Bambaras parcouru la Boucle et atteint le Tchad, après avoir en dernier lieu monté tant bien que mal à chameau certains des tirailleurs précédents renforcés de tirailleurs Mossis et Djermas pour pénétrer les confins Sahariens, nous aurons puisé dans ceux-ci les tirailleurs méharistes touareg ; et si nous nous bornons à leur demander de faire la police de leur pays comme les tirailleurs ou miliciens noirs le feront aussi maintenant chacun chez eux, c'est parce que les frontières de l'Afrique occidentale française partout atteintes ne laissent plus rien à conquérir, et parce que la phase finale de la conquête est d'assurer la paix ; ce sera d'ailleurs un suprême triomphe d'économie politique africaine que d'avoir réussi à faire du nomade Berbère, élément ethnique perturbateur et destructeur, un organe d'ordre et un instrument de civilisation.

FIN

Saint-Amand (Cher). — Imprimerie BUSSIÈRE.

Le Budget local des colonies, par G. François, sous-chef au Ministère
des Colonies, préface de M. Lucien Hubert, député. 3e édition revue et
augmentée. (Ouvrage honoré d'une souscription du Ministère des Colonies).
— 1908. 1 vol. in-8° de 330 pages. . . . . 6 fr.

Le Guide des Carrières coloniales, par G. François, sous-chef au Ministère des Colonies. Memento complet des carrières administratives coloniales (conditions d'admission, d'avancement, soldes, séjours, congés,
passages, retraites, etc.). — 1908. 1 fort vol. in-18 . . . . . . 3 fr. 50

Manuel de Législation coloniale, par G. François et Rouget, accompagné de 16 tableaux synoptiques résumés et de 14 cartes dressées par
M. Meunier, carthographe au Ministère des Colonies. — 1909. 1 vol. grand
in-18 de 409 pages . . . . 6 fr.

L'expansion coloniale au Congo français, par F. Rouget, rédacteur au
Ministère des Colonies, avec une introduction par Emile Gentil, commis-
saire général du Gouvernement au Congo français, illustré de 28 reproduction photographiques, 12 cartes et croquis et une grande carte en
couleurs. — 1906. 1 vol. de 942 pages . . . . 10 fr.

Notre Œuvre coloniale, par A. Messimy, député de la Seine. — 1910.
1 vol. in-12 de 420 pages avec annexes, tableaux, graphiques . . . 5 fr.

L'Œuvre de la Troisième République en Afrique occidentale. **L'expansion
française et la formation territoriale**, par A. Terrier, secrétaire général du Comité de l'Afrique française, et Ch. Mourey, chef de section à
l'Office colonial. — 1910. 1 vol. in-8° avec figures et cartes . . 7 fr. 50

L'Œuvre de la Troisième République en Afrique occidentale. **L'organisation administrative et la vie économique**, par G. François, délégué
du Gouvernement général de l'Afrique occidentale française, et M. Olivier,
délégué-adjoint du Gouvernement général de l'Afrique occidentale française. — 1910. 1 vol. in-8° avec figures et cartes . . . . 7 fr. 50

**La Colonisation à la Nouvelle-Calédonie. Colonisation pénale.
Colonisation libre**, par J.-B. Albbati, docteur en droit, rédacteur au
Ministère des Colonies. Ouvrage honoré d'une souscription officielle du
Ministère des Colonies). — 1909. 1 vol. in-8°. . . . . 6 fr.

Etudes sur l'agriculture en Tunisie. *La situation actuelle. Les progrès
à réaliser. Bétail. Culture. Coopération et Crédit agricole*. par Jean
Crozet. — 1 fort vol. in-12 . . . . 5 fr.

Minerais et Minéraux du Tonkin, par G. Dupouy, chimiste au Service
des mines de l'Indo-Chine. — 1902. 1 vol. in-8° . . . . 6 fr.

**Législation minière des Colonies françaises et Pays de Protecto-
rat :** *Afrique continentale (Algérie et Tunisie exceptées. Afrique occidentale française. Congo français. Cote des Somalis.* — 1909. Brochure
rédigée par les soins du Comité central des Houillères de France,
in-8 . . . . 2 fr. 50

Le Pays Mossi. *Le pays et les peuples de la partie centrale de la boucle
du Niger*, par le lieutenant Lucien Marc, avec reproductions photographiques. — 1909. 1 vol. in-8° de 280 pages. . . . . 6 fr.